JN241253

運政研叢書

008

地方都市　生活交通の将来像

"スマートシュリンク"への羅針盤

越智秀信 =著

Japan Transport and Tourism Research Institute

運輸総合研究所 =発行

 JTTRI
Japan Transport and Tourism Research Institute

はじめに

　一般財団法人運輸総合研究所は、1968年の設立当初より、運輸交通・観光に関するシンクタンクとして、研究・調査や政策提言、各種セミナーの開催等に精力的に取り組んできたが、現在、国際社会は急激に変化し、また、経済社会環境も、新たなテクノロジーの発展とともに大きく変わりつつある。

　このような状況の中で、本研究所が、中長期的課題に対し、科学的知見に裏付けられた研究・調査を継続的に行い、これを基に、適時適切に政策課題や政策代替案を提起することの意義はますます大きくなっていると考えている。

　本研究所の研究は、日本財団の財政的支援を受けて実施しており、その成果は、毎月のコロキウム、セミナーやシンポジウムでの発表に加え、「運輸政策研究」の論文、「ITPSレポート」、「運政研叢書」として出版している。

　特に、「運政研叢書」は、専門家や研究者のみならず、交通・観光分野以外の方々も含め、広く読んでいただきたい研究成果を図書として出版するものであり、これまでに『物流EDI』（水流正英著、1998年）、『新時代の国内観光』（室谷正裕著、1998年）、『空港経営』（添田慎二著、2000年）、『港湾の競争戦略－トランシップとロジスティクスの融合－』（古市正彦著、2005年）、『地域交通戦略のフロンティア－英国のダイナミズムに学ぶ－』（中野宏幸著、2008年）、『首都圏空港の未来－オープンスカイと成田・羽田空港の容量拡大－』（首都圏空港将来像検討調査委員会編、2010年）、『循環型社会の廃棄物マネジメントと静脈物流－ゴミから資源へ－』（尹　鍾進著、2011年）が公刊されている。

　このたび、これらに続く第8巻として、『地方都市　生活交通の将来像"スマートシュリンク"への羅針盤』（越智秀信著、2019年）を発刊する運びとなった。

　本書が多くの関係者にとって有益なものとなるよう願う次第である。

一般財団法人運輸総合研究所

会長　宿利正史

序文

　一般財団法人運輸総合研究所は、研究員の研究成果を「運政研叢書」として適宜発刊しており、本書はその8巻目である。

　著者の越智秀信氏は、旧運輸省から国土交通省を通じて長く行政官として活躍し、2014年から2018年まで運輸総合研究所の主任研究員を務められた。研究所では一貫して地域交通の研究を進められ、その成果は研究所主催の研究報告会やコロキウムで発表するとともに、研究論文としてまとめられている。本書『地方都市　生活交通の将来像"スマートシュリンク"への羅針盤』は、その集大成となるものである。

　越智氏の研究スタイルは、事実関係を克明に記述して分析し、その中でリアルな政策提言を行うことにある。本書において筆者は、いわゆる「社会構造の変化」を前提とした都市と地方部のあり方、交通政策のあり方を論じている。ここで筆者の言う「社会構造の変化」とは、少子高齢化という人口構成の変化、社会資本の老朽化に加えて、住宅の老朽化・空家、高齢者の貧困、若年者教育、医療・福祉等の新しい社会問題の深刻化、国地方の財政の逼迫等々である。

　分析内容に関する1つの特長は、都市や地方を巧みに分類しそれぞれの構造変化の特長を把握、それぞれの来し方行く末を分析していることである。この分類は、まさに実態を踏まえたユニークなものであり、記述内容の詳細さとともに著者の研鑽と問題意識の賜物である。それとともに論じられるのは、もちろん交通政策である。それぞれの都市や地域がどのような交通政策を講じてきたか、その内容成果はいかなるものであるかこれらが立体的に論じられている。

　以上のような分析に基づいて、著者は限界的な「まち」とその交通に対して重要な方向性を提示する。それは、「スマートシュリンク」である。人口減と高齢化によって成立が危ぶまれる「まち」は、現状集落の機能の維持にとどまらず、移転（移住）を含む空間的な再編をする必要がある。

一方、それに対する交通、移動の確保には大胆な制度改革が必要である。具体的には「自治体、住民、交通関係者等の合意の下、①第一種免許保有者が『地区限定』で、乗り合いバス運転者になれる仕組み（道路交通法）、②一般私人（個人）運営による自家用有償運送（道路運送法）」を特区制度のもとに導入する仕組みである。

　本書における提案は、大胆であると同時にきわめて常識的なものであるようにも思われる。行政官出身らしくその実施に向けた制度、仕組みについても著者は詳細に論じている。この新しい叢書の発刊にあたり、本書が多くの関係者にとって有益なものとなることを願う次第である。

一般財団法人運輸総合研究所

所長　山内弘隆

地方都市　生活交通の将来像
"スマートシュリンク"への羅針盤

目　次

はじめに
序文

はじめに　研究の視点

1. 社会構造の劇的な変化

　日本の人口は2000年代後半から減少局面に入り、今後、数十年にわたって減少が続くと見込まれる。それも現在は年に約30万人程度の減少だが、10年後には年約80万人、20年後には年約100万人の減少になる。これは、政令指定市が毎年1つずつ消滅していく計算になる。総人口は20年後（2035年）には約1,500万人以上減少して1億1,200万人、2048年には1億人を切り、2060年には約8,700万人にまで減少すると推計されている[1]。

　すでに日本は相当な高齢化社会であり、高齢化率は2014年10月時点で26％を超えている[2]。今後も高齢化率の上昇は続き、7年後（2025年）に約30％、20年後には約33％、2060年には約40％に達すると推計されている。高齢者の中でも75歳以上の人口増加が著しく、2018年には65〜74歳の人口を上回り、2035年に全人口の約20％、2060年に約27％に達する。さらに、単独世帯、特に高齢者の単独世帯が急増し、2035年には全世帯5,000万弱のうち、10％弱が75歳以上の単独世帯になる。このような急激な人口減少・高齢化を人類は経験したことがない。

　また、高度成長期を中心に整備した各種社会インフラは約40年経過したものも多く、その老朽化対策が喫緊の課題である。老朽化に伴い、維持管理・更新コストが膨らみ、今後は一層増加し、予算の確保も困難になると考えられる。

　一方で、国・地方の財政状況は現在、相当厳しい。人口減少・高齢化等により、今後、急激に社会保障費が膨らみ、税収が減少し、さらに厳しい状況になることも容易に想像される。財政状況の悪化は、社会インフラの維持管理・更新にも悪影響をもたらす。

　さらに、住宅問題（空家、公的住宅不足）、貧困問題（一部高齢者、子供等）、医療・介護問題（施設要員不足、社会保障費急増等）など新たな社会問題が山積している。

1　国立社会保障・人口問題研究所の将来推計による。本研究における将来人口推計データはすべて同研究所のものを利用している。
2　内閣府「平成27年度版　高齢社会白書」

2.　まちの問題と交通問題

　人は住み、生活を営む。社会構造の変化に対応して、各人の生き方、生活の仕方にも変化が生じる。社会構造の変化、財政状況の悪化などから、従来と同様のサービスを全国一律に享受することは困難になってくるであろう。

　その際、人が生き、生活を営む場をどうするかが最大の課題となる。どのような場所に住み、社会生活を営むか。それによって各種施策が変わってくるだけでなく、サービスが供給できなくなる場所が生じるかもしれない。

　しかし、人口減少・高齢化等はほぼ全国例外なく生じ、そのスピードはとてつもなく早く、大規模であり、首都圏は時期的には最も遅いがその最たるものである。各種施策が時期や地域等にパーフェクトに対処できるとは到底考えられない。人が全く外出せず、生きていけるのならともかく、何らかの形で人・ものの移動が必要である以上、交通問題が必然的に生じる。

　「まち」の問題、「交通」の問題は社会構造の変化に伴い、その内容は変化する。本研究では、人口減少・高齢化対策などについて地方において中心になることが期待されている地方の中枢都市、それも政令指定市ほどの人口を有しない、人口50万人未満程度の県庁所在市を主たる対象として、将来の「まち」や、「交通」に関する考察を行うものである。その際、将来の世代に過度な負担をかけないようにするにはどうすればよいか、また、今できることは何かということもあわせて考えたい。

3.　研究の視点

　本研究では、まず社会構造の変化（人口構成、社会資本、財政状況等）及び交通を巡る現在の状況と予測可能な将来の状況を整理し、それを前提として、各地において、一部の「まち」と「公共交通」に関して、過去及び現在に講じられた施策を客観的に分析するが、その当否を論じることが目的ではない。

　そのうえで、各県における行政・経済の中心であり、地方創生の中心的役割を果たすと期待されている人口50万人未満程度の県庁所在市において、約20年後の姿を見据え、市により時間差、規模の差はあるものの確実にシュリンクしていく将来のために、今のうちから検討しておくべき課題

を抽出し、考え方を整理する。その課題の解決のため、「まち」と「交通」の両面について、将来に過度な負担をかけることなく、現在行われている施策をさらに一歩進めた新しい施策を提案することを目的とする。

　本研究における意見・主張に係るものは、すべて筆者の個人的見解である。

第1章　社会構造の変化

1. 人口

1−1 人口の急激な減少、高齢化

　日本の人口は2008年の1億2,808万人をピークとして、2010年（1億2,806万人）以降は連続して減少傾向になり、数十年にわたり、減少が続くと見込まれている。特に、生産年齢人口の減少が著しい（図1.1、図1.2）。

　2010年に1億2,806万人［生産年齢人口8,174万人］だったのが、2035年には1億1,212万人（▲1,594万人、▲12.4％）［同6,343万人（▲1,831万人、▲22.4％）］、2060年に8,674万人（▲4,132万人、▲32.3％）［同4,419万人（▲3,755万人、▲45.9％）］となり、2035年は60年前の1975年11,194万人、2060年は約100年前の1955年9,008万人のレベルに戻る。1955年から100年かけて9,000万人から4,000万人（約45％）増えて1億3,000万人に達した後、また戻る。それも50年ずつ増加、減少である。厳密には減少の速度の方が早い。年間人口減少数を見ると、2013年約30万人だったが、2025年約80万人、2035年約100万人に達し、毎年、政令指定市が1つずつ消滅していくような感じである。

　高齢化について見ると、65歳以上は2010年2,948万人（高齢化率23.0％）だったが、2025年3,640万人（同30.3％；同じ総人口約12,000万人の1985年は約10％）、2035年3,740万人（同33.4％）、2060年3,464万人（同39.9％）にまで達する。団塊の世代が全員後期高齢者になる2025年に3,548万人（同30.4％）、2042年には最大の3,878万人（同36.8％）となる。地域差も大きく、高齢者数がピークとなる時期は、地方の中でもより小規模な自治体の方が早い。また、2025年頃にピークを過ぎるが、その後、政令指定市や三大都市圏（近畿圏、中部圏、首都圏の順）で急増する。

　高齢者のうち増加が著しいのは75歳以上であり、65〜74歳と比較すると、2010年65〜74歳1,529万人・75歳以上1,419万人、2035年同1,495万人・同2,245万人、2060年同1,128万人・同2,336万人である。2018年に75歳人口が65〜74歳人口を上回る。2025〜50年頃までを見ると、高齢者総数は約3,650万〜3,900万人、うち75歳以上は約2,200万〜2,400万人という状況である。総人口に占める割合は、65〜74歳が2010年から2060年まで約12〜16％（総数では2017年がピークで1,760万人）、75歳以上は一貫して上昇し11〜27％である。

　世帯数を見てみると、総数は2030年（約5,300万世帯）頃まで増加し、

図1.1　人口ピラミッド

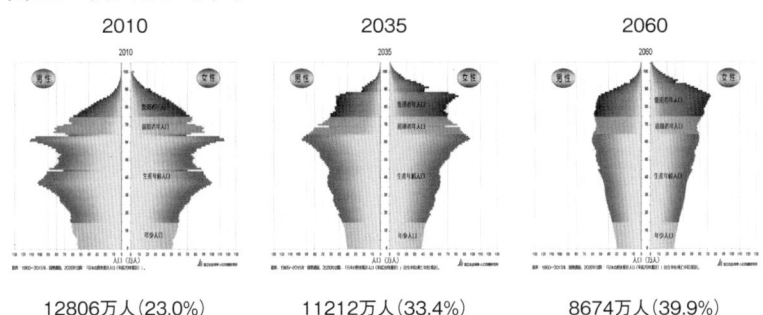

2010	2035	2060
12806万人（23.0%）	11212万人（33.4%）	8674万人（39.9%）

出典　国立社会・人口問題研究所HP

図1.2　人口構成

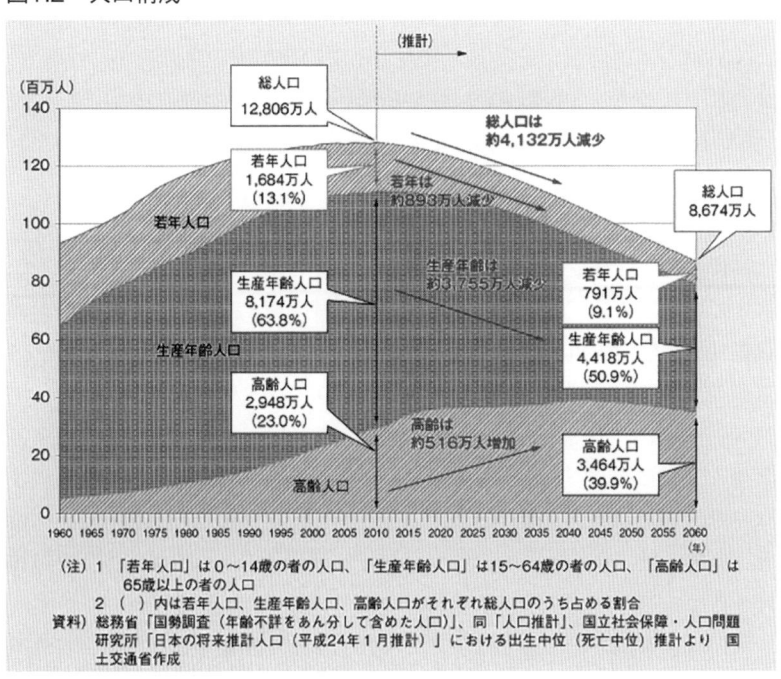

出典　国土交通省資料

その後は減少に転ずる。1世帯当たり人口は減少し続け、単独世帯いわゆる「おひとりさま」が増える。高齢化により高齢者世帯は増加するが、特に高齢者単独世帯、それも75歳以上の単独世帯の増加が著しい。その状況は都市部、特に、東京圏、大阪圏において顕著である（高齢者人口に対する単独世帯の割合は、2035年全国平均20.4％に対し、東京都同27.7％、大阪府同25.3％）。

　ここ数年、高齢者世帯は年約数％増加しているが、2035年の全世帯数（4,956万世帯）に対する割合は高齢者世帯約41％（単独世帯15.4％）、75歳以上世帯約24％（同9.4％）に達する。高齢者世帯2,022万（単独世帯762万）のうち、75歳以上世帯は1,174万（同466万）であるが、2010年と比べ単独世帯は、高齢者世帯全部で264万・53％増、うち75歳以上世帯で197万・73％増となる。

　2035年の人口構成を見ると、75歳以上が約20％、19歳以下が約14％と、合わせて1/3を超え、移動困難、医療・介護、就労、就学などの対策に関して、「住む場所」「足」の確保の問題が大きくなると考えられる。

1－2　地域差

　高齢化、人口減少ともに地方の方が早い。

　すでに地方の高齢化は相当進み、高齢化率は2012年に秋田県30.7％、島根県30.0％等、2040年には秋田県43.8％、青森県41.5％等である。一方、東京都、愛知県の高齢化率は2012年・2060年でそれぞれ21.3％・33.5％、21.4％・32.4％である。どの都道府県も、高齢化率が約30年間で約12％上昇することになる。高齢者1人を何人の生産年齢者で支えているかを表すデータ（高齢者数を生産年齢人口で除した値）を2012年と2040年で比べると、秋田県は約50％から約90％へ、東京都は約30％から約60％へとほぼ倍増する。

　人口減少も地方ではすでに著しく、2005年から2010年に秋田県、青森県では年率約1％減少する一方、東京都は年率0.9％、神奈川県は0.6％、沖縄県は0.5％増加している。秋田県、青森県は1980年代から一貫して人口が減少し、2000年代から急減している。2040年には2010年と比較して、人口が秋田県約36％、青森県約32％が減少する。この両県の将来人口ビジョン

（2015）では、出生率が回復し、約30％減と見込まれている。

　大阪圏は2015年頃から、東京圏・名古屋圏は2020年頃から、人口減少局面に入ると推計されているが、三大都市圏で人口減少が遅くなる原因は、地方からの（特に若者の）「移住（社会増）」である。

　首都圏（東京・神奈川・埼玉・千葉）の高齢化については、2010年から2040年に386万人（約1.5倍）、75歳以上高齢者は2025年までの10年間に175万人（約1.44倍）増加する。最後に首都圏で、すさまじい高齢化で高齢者数の増加が生じるのである。

　一方、一部増加傾向の道県もあるが、多くの県では高齢者数すら減少し続ける現象が起きる。減少が始まる年度は以下の通りに予想される。

2020年　島根

2025年　岩手・秋田・富山・和歌山・山口・徳島・香川・愛媛・高知

2030年　北海道・青森・宮城・新潟・石川・長野・岐阜・鳥取・長崎・熊本・鹿児島等

2035年　なし

2040年　福岡県、大阪圏

2045年　中部圏、首都圏

　人口減少と財政力の関係について見ると、財政力の弱い県ほど人口減少が著しくなると予想される。対2010年で2025年・2040年を見ると、財政力指数（2012年度）が0.7以上の場合はそれぞれ1.9％・10.2％の減少だが、0.3～0.5は10.0％・23.0％、0.3未満は11.1％・24.1％である。ちなみに、財政力指数0.5未満の道県は30に上る（0.3未満は北東北、山陰、南四国、南九州、沖縄など）。

　この理由は、人口減少がさらなる財政悪化を招き、施策が必ずしも十分に施せなくなり、さらに人口減少を招くという悪循環に陥るからと考えられる。また、経済回復は地方法人税収の回復を招くが、法人の本社が大都市に集中しているため、地方自治体間の財政力格差が拡大する可能性が大きい。ちなみに、地方税の人口1人当たりの税収額（2012）の全国平均を100として、100を超えるのは5都府県にすぎず、最大と最小の差は2.5倍といわれる（最大は東京164.6、最低は沖縄65.6）。

　こうした高齢化率の上昇、高齢者数の増加、人口の急激な減少といった

状況は、県庁所在市への人口集中が進んでいる県や多くの地方都市でも見られる。すなわち、県庁所在市は、県内の他の市町村と比べて高齢化率が相対的に低い。人口減少率も、那覇を除き同様である（しかし、青森市は2015年、年率1％減少の局面に入った）。これは、就労・就学が原因で県庁所在市への「移動・移住」が起こること等によるものと考えられる。

　俯瞰するならば、人口減少・高齢化が進捗した結果、全国ベースでは数十年にわたり、人口の低密度化と地域偏在が同時に進行する。2050年には、人口が2010年の半分以下になる地点（1km²単位）が、現在の居住地域は国土の約5割だが6割以上を占めることになる。市区町村別の人口規模で見ると、規模が小さい自治体ほど人口減少率が高い傾向が見られ、現在人口が1万人未満の市区町村はおよそ半分の人口に減少する[3]。小規模・財政力の弱い自治体ほど早く低密度化するが、それは県内でも同様の現象である。地方都市、県庁所在市を含む地方中核市、政令指定市、最後に名古屋圏、首都圏と約20年程度の差はあるが順を追って進行し、高齢化もあわせ、首都圏で最後に最大規模の人口動態の変化が起こる（図1.3、図1.4、図1.5）。

2. 社会資本の老朽化、新たな社会問題
2－1　社会資本の老朽化

　第2次世界大戦により国土、特に都市部が焦土と化した我が国では、現在ある社会資本は1960年以降の高度成長期に整備されたものが多い。道路・橋梁・住宅・上水道（1期）は1970年代前半、学校は1980年代前半、上水道（2期）・下水道は2000年頃にその整備のピークを迎えている。このため、建設後50年以上を経過する社会資本の割合は年々上昇し、国土交通省によると、2012年・2022年・2032年と見ると、道路・橋梁は16％・40％・65％、河川管理は24％・40％・62％となる。ほぼ同時期に大量に整備した社会資本が、ほぼ同時期に老朽化・劣化する（図1.6）。

　これら老朽化した社会資本の維持更新は非常に大きい問題であり、国・地方自治体の財政が悪化する中、国土交通省が、同省所管社会資本8部門（2009年度に総ストック約300兆円）について、今後の総投資額を2010年か

3、4　国土交通省「国土のグランドデザイン2050」（2014）

図1.3　人口増減の状況

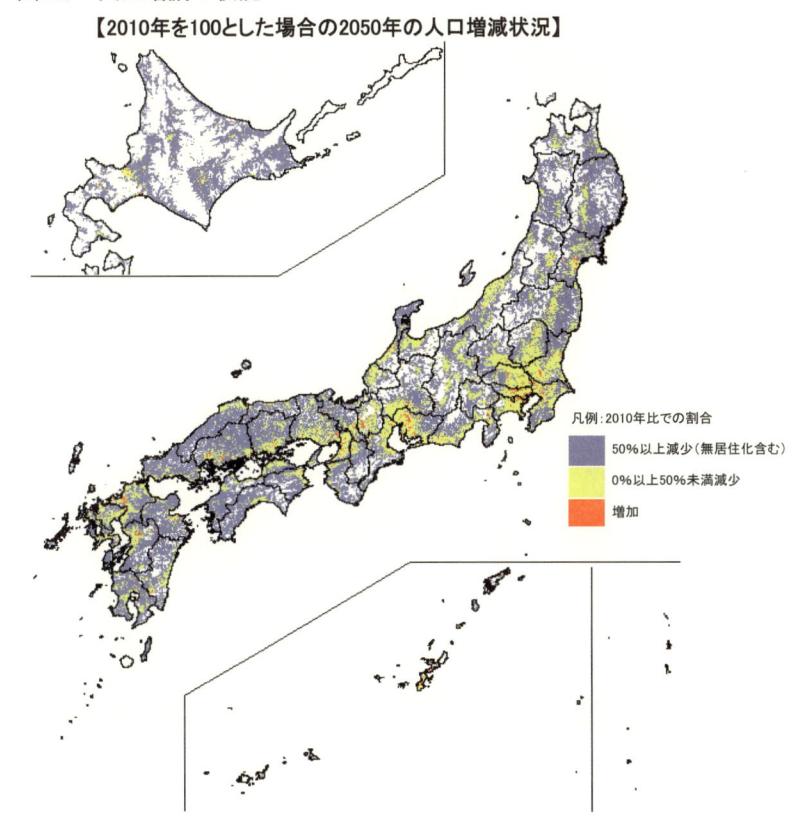

【2010年を100とした場合の2050年の人口増減状況】

凡例：2010年比での割合

■ 50%以上減少（無居住化含む）

■ 0%以上50%未満減少

■ 増加

出典　国土交通省資料[4]

　ら一定、維持更新費用を過去から一定という前提を置いて試算したところ、2037年に維持管理更新費が投資総額を上回り、2011〜60年の維持管理更新の総所要額約190兆円中、約30兆円（約16％）分が更新不可能としている[5]（図1.7）。

　市民生活に直結する社会資本の維持管理・更新に関しては、国より地方公共団体の方が果たす役割は大きく、約9割を担っている。しかしながら、維持更新台帳がある地方自治体は約半数、維持更新のとりまとめ部局があ

5、6　国土交通省「平成25年度版　国土交通白書」

図1.4 規模別人口増減数

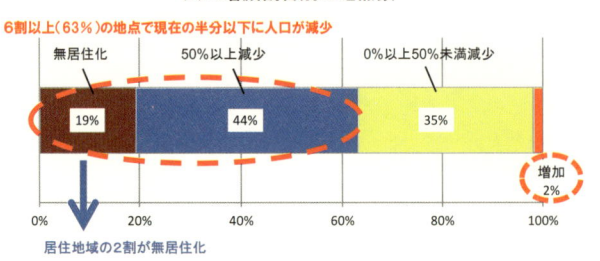

人口増減割合別の地点数

6割以上（63%）の地点で現在の半分以下に人口が減少

無居住化	50%以上減少	0%以上50%未満減少	増加
19%	44%	35%	2%

居住地域の2割が無居住化

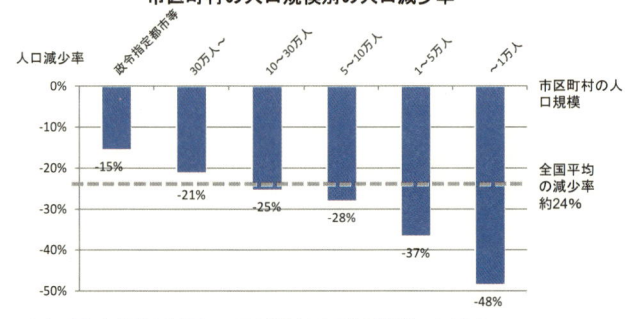

市区町村の人口規模別の人口減少率

人口減少率　政令指定都市等　30万人～　10～30万人　5～10万人　1～5万人　～1万人

-15%　-21%　-25%　-28%　-37%　-48%

市区町村の人口規模

全国平均の減少率約24%

（出典）総務省「国勢調査報告」、国土交通省国土政策局推計値により作成。

出典　国土交通省資料[4]

図1.5 地域別高齢者人口・高齢化率

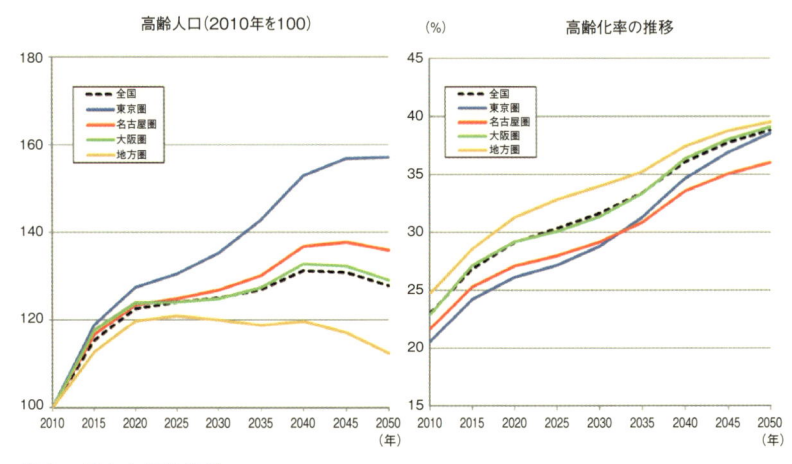

高齢人口（2010年を100）　　　(%)　　高齢化率の推移

全国
東京圏
名古屋圏
大阪圏
地方圏

出典　国土交通省資料

図1.6　国土交通省8分野のインフラのヴィンテージ

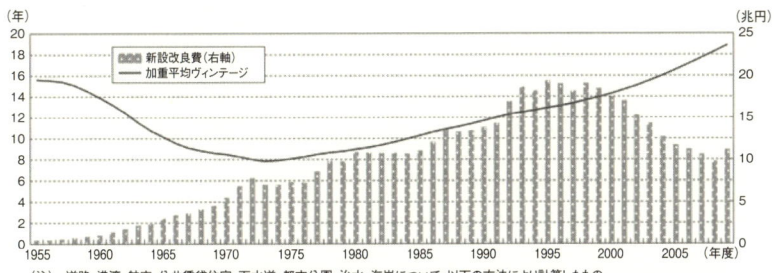

（注）　道路、港湾、航空、公共賃貸住宅、下水道、都市公園、治水、海岸について、以下の方法により計算したもの。
　①1953年の各分野の新規投資額を、公的総固定資本形成の伸び率で割り戻すことにより、1885年から1953年の間の投資額を求める。
　②1885年時点の社会資本ストックを0（したがって、1885年時点のヴィンテージも0）とするとともに、各年の投資額は「日本の社会資本2012」に示された耐用年数だけ存続する（サドンデス法）と仮定。
　③任意の年において、各年の投資額の経過年数を、当該年の投資額がストックに占めるをウェイトとして加重平均。
資料）野村総合研究所作成によるインフラ各分野のヴィンテージに関するデータ、内閣府「日本の社会資本2012」より国土交通省作成

出典　国土交通省資料[5]

図1.7　維持更新費用に関する推移（実績と試算）

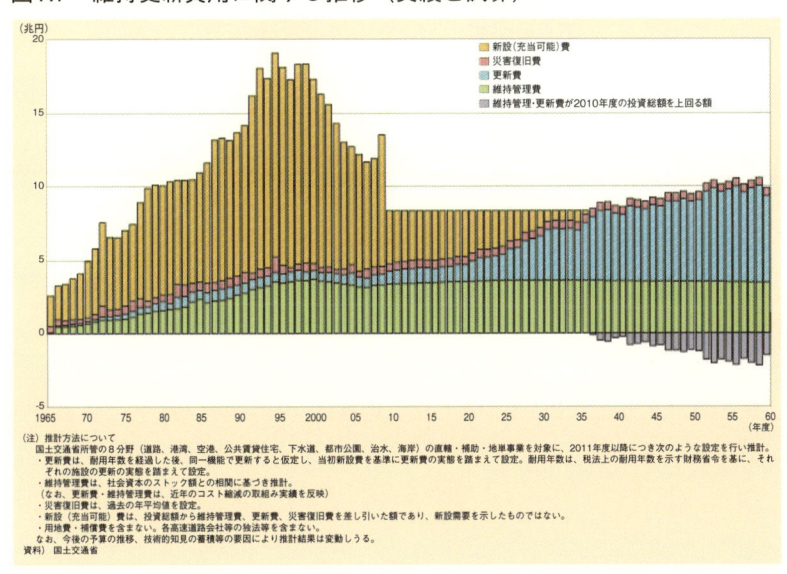

出典　国土交通省資料[5]

るのは1割強、全国の通行止めの橋梁数（15m以上）約1,400基のうち、国・高速道路会社所有や管理はほとんどなく、約1割強が都道府県政令指定市、残り8割強が市区町村である[6]。

　地方自治体は財政難から維持更新に非常に苦労し、十分な対応ができていないケースも多い。このため地方財政法が改正され、老朽化した公共施設を解体・集約した「最適化事業」に地方債を3/4まで充てることができるようになったが、これは資産縮小のための費用を将来の世代が負担することを意味し、決して好ましいものとは言えない。安易に拡大利用することなく、真にやむを得ない場合に限るべきである。

2−2　新たな社会問題

2−2−1　住宅の老朽化、空家問題

　日本各地は戦火で荒廃したが、朝鮮戦争特需という予想外の出来事も経て、めざましい勢いで戦後復興を果たした。戦災により、戦後約420万戸とも言われる住宅不足が発生し、住む家も十分ではない状態だった。しかし、1947〜49年の第1次ベビーブームで年250万人以上の出生に続き、1971〜74年の第2次ベビーブームで年200万人以上の出生等という急激な人口増加が起こった。これに対応するため、高度成長期にかけて公営住宅や民間事業者による住宅建設が全国的に進められ、三大都市圏では大規模な「ニュータウン」（首都圏：多摩、港北、千葉　大阪圏：千里、泉北　名古屋圏：高蔵寺　等）も建設された。また、県庁所在市を始めとする地方都市でも「ニュータウン」が建設され、住居1戸当たりの面積も広がり、「ウサギ小屋」も徐々にではあるが、改善されていった。

　同時期に生じた急激な人口と住宅の増加は、同時期に高齢化と住宅の老朽化を起こす。

　現在、公営住宅居住者は世帯数ベースで約6%（公営約5%、公団・公社約2%）、賃貸住宅の約2割を占める。公営住宅は1970年代後半には建設が減少し、最近は公営住宅戸数（約220万戸）が微減、新築や建替えではなく、買取り・借上げが増加している。1970〜80年代に建設されたものでも約40年が経過し、建替時期にさしかかっている。木造・準耐火のものは市街化調整区域に建設されたものも多く、また、償却年数である30〜40年を経過

しているケースが多い[7]。10年前の2006年には、約53％に当たる115万戸が築後30年以上経過していた（「公営住宅長寿命化計画2009」）。

　日本の高度成長を支えた公営住宅が老朽化するとともに、入居者も高齢化し、公営住宅の24％は高齢者単独世帯、生活保護受給世帯は約12％（日本全体では約3％）と言われている[8]。なお、高齢者単独世帯は約4割が共同住宅、約1/3が借家で暮らす。さらに、廉価な家賃の公営住宅には「本当に困っている」人を入居させるという方針の下、公営住宅に入居できる収入基準を下げ、2015年より月額（各種控除後）約20万円から約16万円に変更。一方賃料は上がり、居住困難者が増加する可能性が高いことは否めないため「住宅セーフティネット法」に基づき、住宅確保要配慮者に対して、公的賃貸住宅の供給促進と民間賃貸住宅に係る支援が行われた。しかし、後述するような地方自治体等の財政悪化等もあって、十分な対策が講じられているかについては、疑問が残る。

　一方、マンション（3階建て以上、鉄筋コンクリート等構造）の老朽化も深刻な問題になりつつある。2012年末、全国に約590万戸のマンションがある（共同住宅全体では約2,200万戸）が、その半分以上は首都圏4都県にあり、首都圏のマンション居住者の割合は約20％強に達する。このうち、1981年6月以前に建築されたものは約106万戸、60歳以上のみ居住が40％を超える（国土交通省資料）。2030年に築後40年超の物件は約235万戸、築後50年超のものは約106万戸に達する。建築後30年を超えると空家率が高くなると言われ、既存不適格の物件も少なくなく、また、建替費用まで積み立てていないため、修繕積立金が不足しているケースも少なくないと考えられる。

　一方、総住宅戸数は約6,063万戸（世帯数約5,200万）と2008年に比べて約305万戸（約5.3％）増加している。この間、人口は減少し続けているので、当然空家は多くなる。空家数は約820万戸（東京圏で約200万戸）で、約63万戸（約8.3％）増、空家率は13.8％（0.4％増）となった[7]。新築住宅が増加する一方、空家が増加するという現象が起きているのである。このため、

7　総務省統計局 「住宅・土地統計調査」（2013）
8　朝日新聞調査（『朝日新聞』2014年12月13日朝刊）

2015年に一部の空家（危険な廃屋等「特定空家」）については固定資産税減免の優遇措置の対象から除外する税制改正がなされた。空家問題は戸建て等にとどまらず、老朽化するマンションに飛び火する可能性が高く、一層、問題が複雑化・深刻化することが懸念される（図1.8、図1.9、図1.10、図1.11）。

2−2−2　一部高齢者の貧困問題

　生活保護の問題も深刻である。生活保護費は2015年度現在、年約3.7兆円（国民1人当たり約3万円負担）が支給されている。現在、生活保護を受給している世帯は約163万超（2015.10）と過去最高、かつ、増加傾向にある。内訳は、高齢者世帯が80万（49％。高齢者世帯総数の約5％）、障害者世帯が44万（27％）、母子世帯が10万（6％）だが、最近、60〜64歳の世帯が急増している。実保護人数は約217万人（全人口の約2％弱）で、うち高齢者は約80万人である。高齢者は等価再配分所得のジニ係数が0.36と他の世代より高い（表1.1）。

図1.8　総住宅数、空家数及び空家率の推移−全国（昭和48〜平成25年）

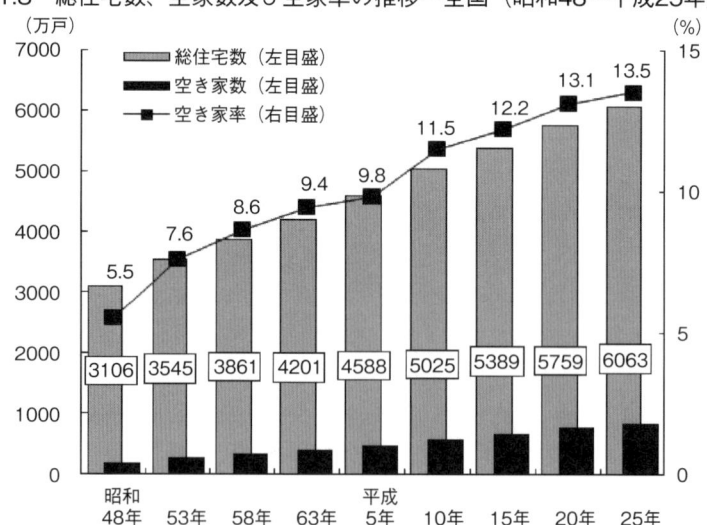

出典　総務省統計局　「住宅・土地統計調査」[7]（2013年）

図1.9 所有の関係別住宅数－全国（平成20年、25年）

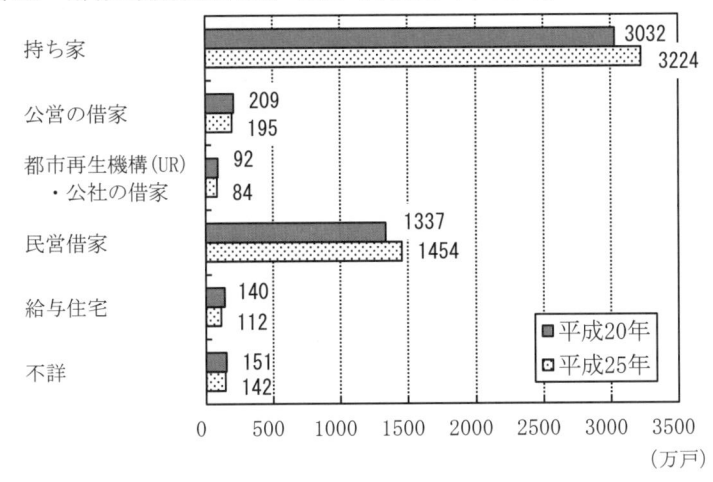

出典 総務省統計局 「住宅・土地統計調査」[7]（2013年）

図1.10 建築後30、40、50年超のマンション数

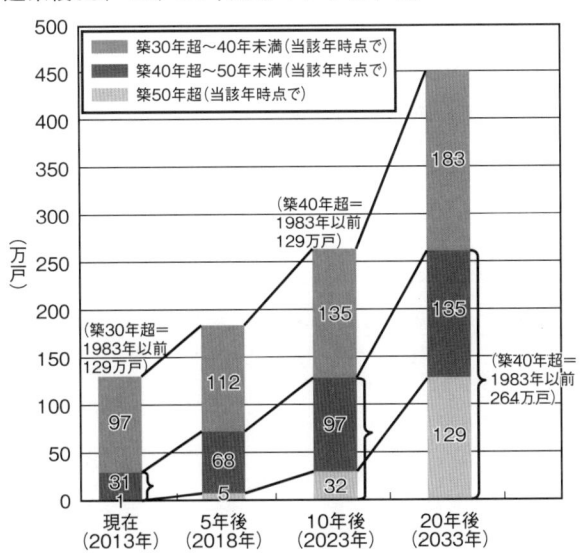

出典 国土交通省「平成25年版 国土交通白書」[5]

図1.11　マンション居住者の高齢化

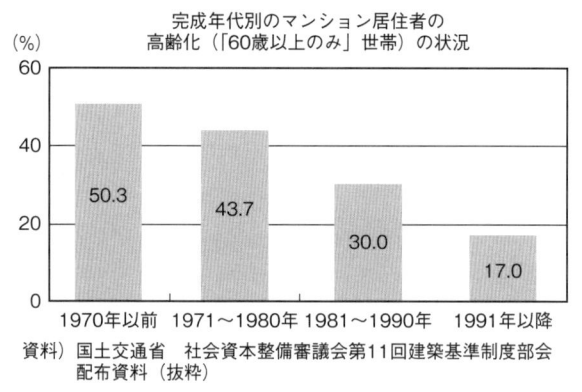

完成年代別のマンション居住者の
高齢化（「60歳以上のみ」世帯）の状況

資料）国土交通省　社会資本整備審議会第11回建築基準制度部会
配布資料（抜粋）

出典　国土交通省「平成25年版　国土交通白書」[5]

表1.1　被生活保護者・世帯数

	27年9月				【参考】前月 27年8月	【参考】前年同月 26年9月

1．被保護実人員（保護停止中を含む。）

		対前月差	対前年 同月差	対前年同 月伸び率		
総数	2,163,584	(228)	(−1,325)	(−0.1%)	2,163,356	2,164,909
保護率（人口百人当）	1.71%				1.70%	1.70%

2．被保護世帯数（保護停止中を含む。）

総数	1,629,598	(874)	(17,645)	(1.1%)	1,628,724	1,611,953

3．世帯類型別世帯数及び割合（保護停止中を含まない。）

			対前月差	対前年同月差	対前年同月伸び率		
総数	1,620,726		(781)	(17,394)	(1.1%)	1,619,945	1,603,332
		構成割合					
高齢者世帯	800,301	49.4%	(1,198)	(41,187)	(5.4%)	799,103	759,114
母子世帯	104,723	6.5%	(107)	(−3,784)	(−3.5%)	104,616	108,507
傷病者・障害者世帯計	443,138	27.3%	(−13)	(−12,186)	(−2.7%)	443,151	455,324
その他の世帯	272,564	16.8%	(−511)	(−7,823)	(−2.8%)	273,075	280,387

※保護率の算出は、当月の被保護実人員を同月の総務省「人口推計（概算値）」で除した。

出典　厚生労働省HP

　高齢化がさらに進み、高齢者単独世帯が増える一方、年金支給額の引下げや高齢者医療費負担の実質引上げ等が実施されると、特に家計収入が公的年金のみの世帯（約6割を占める）の人は経済的に厳しくなり、生活保護を必要とする人が増加する可能性が大きい。その際、終の棲家、孤独死といった住宅問題が先鋭化する可能性が大きい[9]。また、医療・介護等に

係る移動の「足」の問題も生じる。さらに、医療・介護の施設・要員の著しい不足が予想される地域からの「移住」の可能性も出てくる（後述　第1章2−2−4）。

2−2−3　子供、小中学校問題

　少子化により子供の数は激減しているが、このまま推移すると、現在、約1,000万人いる小中学生は2035年に約650万人と2/3になる。小中学校は約3.2万校（300人に1校）あるが、高度成長期に建築されたものも多く、老朽化が著しい。現在耐震化工事などが行われているが、建替え等は国・地方自治体の財政難等から十分に行うことが困難で、長寿命化工事を行っているのが現状である。一方、生徒数の減少から統廃合も行われており[10]、住む場所を変えないでよくするために、文部科学省が2015年に児童等の設置基準を「バスを利用し1時間以内で通学」に緩和したが、これを受けて、スクールバスを増やして児童等の通学を支援する自治体が増加すると考えられる[11]。

　一方、保育園児についても同様に約360万人から約200万人に減少すると見込まれるが、非正規雇用者が多い若い親世代の収入は必ずしも高くなく、都市部を中心に保育所・託児所のニーズの高い地域が見られる（特に東京近郊で著しい）。

　また、子供がいる現役世帯の相対的貧困率及び子供の相対的貧困率が近年、上昇傾向にあり、ともに約16％に達している。大人1人の家庭では約50％に上る[12]。この子供に係る貧困問題も、住宅等の問題を生じさせる可能性が大きい（図1.12）。

9　東京都文京区では、都営・区営住宅は満室状態、孤独死を恐れて貸さない等のために、高齢者が民間賃貸住宅に入居するのが困難なケースも見られることから、高齢者に賃貸する大家に最大2万円の補助を出す、見守りサービスに係る費用も区が負担する等の対策を2015年から始めた（同区HP等による）。
10　人口減少が著しく、財政破綻した北海道夕張市では、市の面積は東京都程度あるにもかかわらず、小中学校が6校から1校になった。
11　茨城県行方市は、スクールバスの積極的導入で小中学校の統廃合を進め、6校を1校に減らし、バスの台数は18台→40台へ増やした。年2億円赤字（負担内訳：国補助8,000万円、児童等2,000万円、市1億円）
12　内閣府「平成26年度版こども・若者白書」

図1.12　子供がいる世帯等の相対的貧困率

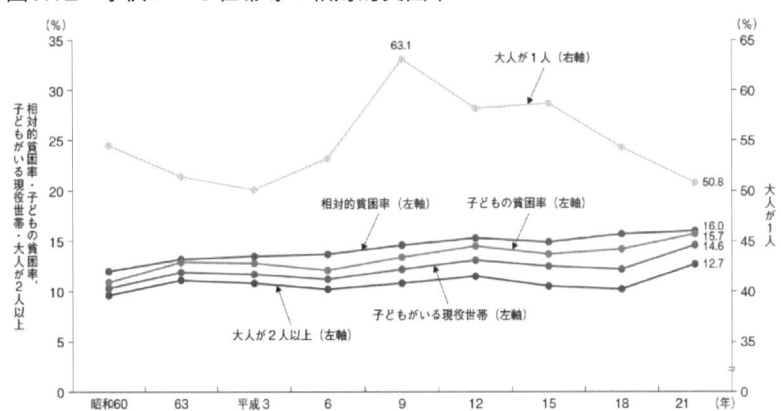

(注)　1　平成6年の数値は，兵庫県を除いたものである。
　　　2　貧困率は，OECDの作成基準に基づいて算出している。
　　　3　大人とは18歳以上の者，子どもとは17歳以下の者をいい，現役世帯とは世帯主が18歳以上65歳未満の世帯をいう。
　　　4　等価可処分所得金額不詳の世帯員は除く。
資料：厚生労働省「国民生活基礎調査」

出典　厚生労働省HP

2−2−4　医療・介護問題

　急激な高齢化により、団塊の世代全員が65歳以上高齢者になる2015年の高齢者数は1,750万人で高齢化率約27％。その後、数年間で高齢化率は年率約1％上昇し75歳以上は1,646万人であったが、同世代が全員75歳以上になる2025年には高齢者数3,658万人（同約30％）・75歳以上2,179万人に、2035年には高齢者数3,740万人（同約33％）・75歳以上2,245万人に達する。高齢者数はその後、2042年に3,878万人（同約37％）、高齢化率は2060年に約40％となり、ピークを迎える。

　この間、総人口は1億2,660万人、1億2,066万人、1億1,212万人と減少し続ける。

　特に75歳以上の高齢者数は年50万人以上増加し、医療・介護等で大きな課題を抱えることになる。2012年の社会保障給付費109兆円のうち、72兆円を高齢者給付費が占める（図1.13、図1.14、表1.2、表1.3）。

　団塊の世代が全員、後期高齢者になる2025年頃には地方の高齢者数はピークになり、首都圏でも約300万人（75歳以上は約170万人）増加するため、厚生労働省は2025年を大きな節目として、各種対策を講じている。

図1.13　人口構成の推移

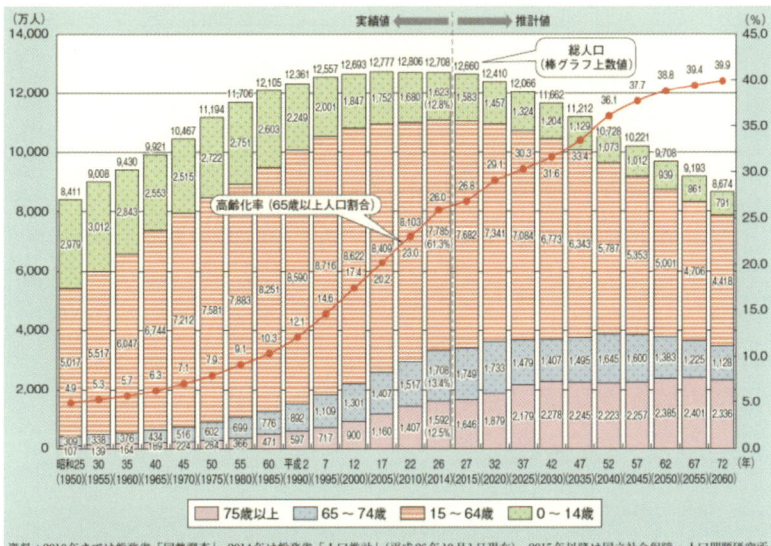

資料：2010年までは総務省「国勢調査」、2014年は総務省「人口推計」（平成26年10月1日現在）、2015年以降は国立社会保障・人口問題研究所「日本の将来推計人口（平成24年1月推計）」の出生中位・死亡中位仮定による推計結果
（注）1950年～2010年の総数は年齢不詳を含む。高齢化率の算出には分母から年齢不詳を除いている。

出典　国土交通省「平成25年度版　国土交通白書」

図1.14　社会保障給付費の推移

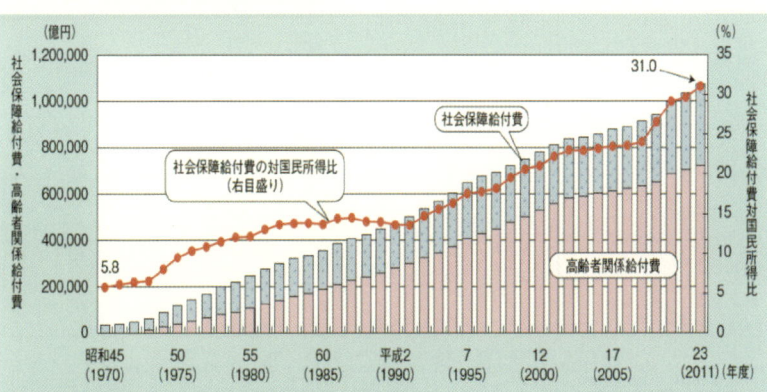

資料：国立社会保障・人口問題研究所「平成23年度社会保障費用統計」
（注1）高齢者関係給付費とは、年金保険給付費、高齢者医療給付費、老人福祉サービス給付費及び高年齢雇用継続給付費を合わせたもので昭和48年度から集計
（注2）高齢者医療給付費は、平成19年度までは旧老人保健制度からの医療給付額、平成20年度は後期高齢者医療制度からの医療給付費及び旧老人保健制度からの平成20年3月分の医療給付額等が含まれている。

出典　国土交通省資料

表1.2　社会保障給付費の将来推計

		2012(平成24)		2015(平成27)		2020(平成32)		2025(平成37)	
		兆円	(GDP比)	兆円	(GDP比)	兆円	(GDP比)	兆円	(GDP比)
給付費		109.5	22.8	119.8	23.5	134.4	24.1	148.9	24.4
				(118.7)	(23.3)	(131.8)	(23.6)	(144.8)	(23.7)
	年金	53.8	11.2	56.5	11.1	58.5	10.5	60.4	9.9
	医療	35.1	7.3	39.5	7.8	46.9	8.4	54.0	8.9
				(39.1)	(7.7)	(46.1)	(8.3)	(53.3)	(8.7)
	介護	8.4	1.8	10.5	2.1	14.9	2.7	19.8	3.2
				(9.9)	(2.0)	(13.1)	(2.3)	(16.4)	(2.7)
	子ども・子育て	4.8	1.0	5.5	1.1	5.8	1.0	5.6	0.9
	その他	7.4	1.5	7.8	1.5	8.4	1.5	9.0	1.5
負担額		101.2	21.1	111.7	21.9	129.5	23.2	146.2	23.9
				(110.6)	(21.7)	(126.8)	(22.7)	(142.1)	(23.3)
	年金	45.5	9.5	48.3	9.5	53.6	9.6	57.7	9.5
	医療	35.1	7.3	39.5	7.8	46.9	8.4	54.0	8.9
				(39.1)	(7.7)	(46.1)	(8.3)	(53.3)	(8.7)
	介護	8.4	1.8	10.5	2.1	14.9	2.7	19.8	3.2
				(9.9)	(2.0)	(13.1)	(2.3)	(16.4)	(2.7)
	子ども・子育て	4.8	1.0	5.5	1.1	5.8	1.0	5.6	0.9
	その他	7.4	1.5	7.8	1.5	8.4	1.5	9.0	1.5
(参考)GDP		479.6		509.8		558.0		610.6	

注1：「社会保障改革の具体策、工程及び費用試算」を踏まえ、充実と重点化・効率化の効果を反映している。
　　（ただし、「Ⅱ　医療介護等　②保険者機能の強化を通じた医療・介護保険制度のセーフティネット機能の強化・給付の重点化、逆進性対
　　　策」および「Ⅲ　年金」の効果は、反映していない。）
注2：（　）内は医療介護について充実と重点化・効率化を行わず、現状を投影した場合の給付費等である。
注3：上図の子ども・子育ては、新制度の実施等を前提に、保育所、幼稚園、延長保育、地域子育て支援拠点、一時預かり、子どものための現金給付、
　　　育児休業給付、出産手当金、社会的養護、妊婦健診等を含めた計数である。
注4：医療の負担には補正予算対応分が含まれている。

出典　厚生労働省HP

表1.3　社会保障費（保険料・公費負担）の将来推計

		2012(平成24)		2015(平成27)		2020(平成32)		2025(平成37)	
		兆円	(GDP比)	兆円	(GDP比)	兆円	(GDP比)	兆円	(GDP比)
負担額		101.2	21.1	111.7	21.9	129.5	23.2	146.2	23.9
				(110.6)	(21.7)	(126.8)	(22.7)	(142.1)	(23.3)
	年金	45.5	9.5	48.3	9.5	53.6	9.6	57.7	9.5
	医療	35.1	7.3	39.5	7.8	46.9	8.4	54.0	8.9
				(39.1)	(7.7)	(46.1)	(8.3)	(53.3)	(8.7)
	介護	8.4	1.8	10.5	2.1	14.9	2.7	19.8	3.2
				(9.9)	(2.0)	(13.1)	(2.3)	(16.4)	(2.7)
	子ども・子育て	4.8	1.0	5.5	1.1	5.8	1.0	5.6	0.9
	その他	7.4	1.5	7.8	1.5	8.4	1.5	9.0	1.5
保険料負担		60.6	12.6	66.3	13.0	76.5	13.7	85.7	14.0
				(65.7)	(12.9)	(75.3)	(13.5)	(83.9)	(13.7)
	年金	33.1	6.9	35.4	7.0	40.4	7.2	44.1	7.2
	医療	20.1	4.2	22.3	4.4	25.5	4.6	28.5	4.7
				(22.0)	(4.3)	(25.0)	(4.5)	(28.2)	(4.6)
	介護	3.7	0.8	4.6	0.9	6.5	1.2	8.7	1.4
				(4.3)	(0.8)	(5.7)	(1.0)	(7.2)	(1.2)
	子ども・子育て	0.8	0.2	0.9	0.2	0.9	0.2	0.9	0.1
	その他	2.9	0.6	3.1	0.6	3.3	0.6	3.6	0.6
公費負担		40.6	8.5	45.4	8.9	52.9	9.5	60.5	9.9
				(44.9)	(8.8)	(51.6)	(9.2)	(58.3)	(9.5)
	年金	12.4	2.6	12.9	2.5	13.2	2.4	13.7	2.2
	医療	15.0	3.1	17.2	3.4	21.4	3.8	25.5	4.2
				(17.0)	(3.3)	(21.1)	(3.8)	(25.2)	(4.1)
	介護	4.8	1.0	6.0	1.2	8.4	1.5	11.1	1.8
				(5.6)	(1.1)	(7.3)	(1.3)	(9.2)	(1.5)
	子ども・子育て	3.9	0.8	4.6	0.9	4.9	0.9	4.8	0.8
	その他	4.5	0.9	4.7	0.9	5.1	0.9	5.4	0.9
(参考)GDP		479.6		509.8		558.0		610.6	

注1：「社会保障改革の具体策、工程及び費用試算」を踏まえ、充実と重点化・効率化の効果を反映している。
　　（ただし、「Ⅱ　医療介護等　②保険者機能の強化を通じた医療・介護保険制度のセーフティネット機能の強化・給付の重点化、逆進性対
　　　策」および「Ⅲ　年金」の効果は、反映していない。）
注2：（　）内は医療介護について充実と重点化・効率化を行わず、現状を投影した場合の給付費等である。
注3：上図の子ども・子育ては、新制度の実施等を前提に、保育所、幼稚園、延長保育、地域子育て支援拠点、一時預かり、子どものための現金給付、
　　　育児休業給付、出産手当金、社会的養護、妊婦健診等を含めた計数である。
注4：医療の負担には補正予算対応分が含まれている。

出典　厚生労働省HP

　東京都整備計画「長期ビジョン」は約1.8万人分の整備計画があるが、2025年首都圏（1都3県）の介護施設は約13万人分不足している。介護職員は全国で約37.7万人、そのうち東京都だけで約3.6万人が不足すると言われている。この要因として、介護職従事者の低賃金、長い労働時間等の劣悪な条件を指摘されている。

　医療施設では、健康寿命を過ぎる75歳以上高齢者用の生活支援型施設、介護施設の整備が不可欠である。また、地域格差の問題点が浮上しており、病床数では最大約3倍の差や医師数、急性期病床、生活支援型病床の需給バランスがある。この解決策として、機能別病床数の報告制度をスタートさせ、地域別整備目標を設定し、整備を推進することとなっている（「医療介護総合確保推進法」（2014）に基づいた「地域医療構想」（図1.15））。現在、過疎県は急性期施設が過剰気味で生活支援型施設が不足しているが、高齢者数がピークに達する2025年頃からは生活支援型施設も徐々に余裕が出てくると考えられる。一方、首都圏を始めとする大都市部では今後高齢者が爆発的に急増するため、少なくとも2050年頃までは生活支援型施設が著しく不足する可能性が高い。

図1.15　地域医療構想

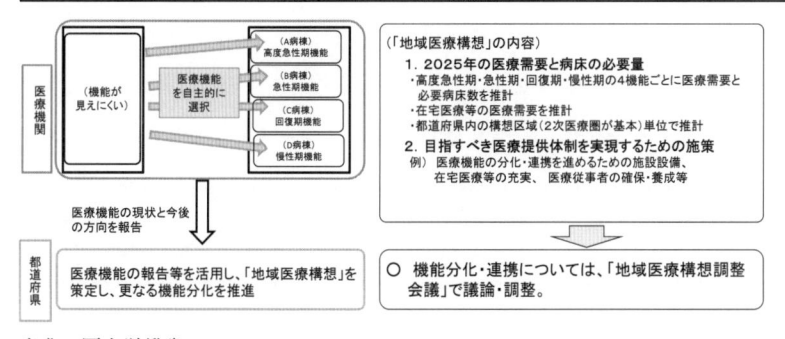

出典　厚生労働省HP

医療・介護施設の整備は重要であるが、財政的にも限界があるため、施設から地域へという「地域包括ケアシステム」を構築する施策が各種講じられている（図1.16）。現在、高齢者関係の医療費は約22兆円と医療費全体の約56%を占めるため、医療費削減の観点から、在宅医療、在宅介護・訪問介護により注力することとしている。

さらに、認知症高齢者の急増が指摘されている。2025年に日常生活自立度Ⅱ以上（日常生活に支障を来すような症状・行動や意思疎通の困難さが多少見られても、誰かが注意すれば自立できる状態）の認知症高齢者が約470万人以上に達すると予想されており、単独世帯・夫婦のみの世帯が約1,350万（全体の約26%）に上ることを考え合わせると、社会的な大問題になる可能性がある（表1.4）。

このような状況から、自らの自治体内では医療・介護施設の整備が十分にできないと考え、他の自治体と協力して住民の高齢者施設を整備し、そ

図1.16　地域包括ケアシステム

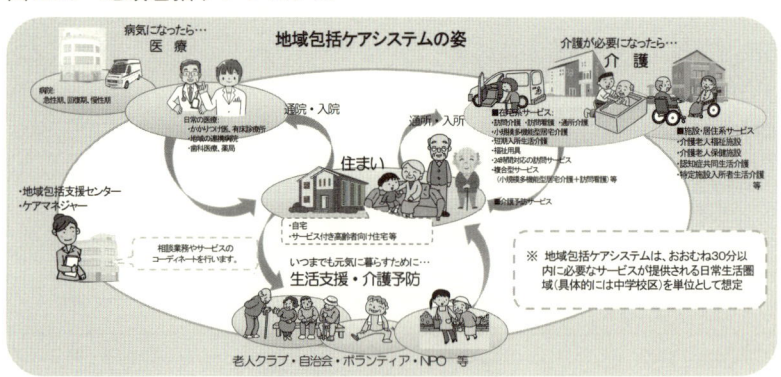

出典　厚生労働省HP

表1.4　「認知症高齢者の日常生活自立度」Ⅱ以上の高齢者数の推移

将来推計

（単位：万人）

将来推計（年）	平成22年 (2010)	平成27年 (2015)	平成32年 (2020)	平成37年 (2025)
日常生活自立度 Ⅱ以上	280	345	410	470
	9.5%	10.2%	11.3%	12.8%

※平成24年（2012）を推計すると、３０５万人となる。
※下段は65歳以上人口に対する比率

出典　厚生労働省HP

の建設整備費に加えて、介護費用も負担する自治体が出てきている[13]。また、すでに東京都在住の75歳超高齢者約5,000人以上が近隣県に「介護施設移住」していると言われる。10年以内に近隣県の介護施設は当該県の要介護者で埋まる可能性が高い。

　高齢化に伴って死亡者数も増加の一途をたどり、2035年には約170万人と推定され、終末期医療・介護・住居の問題も顕在化する可能性が大きい。

3.　財政問題

3−1　国の財政

　我が国の財政は、高齢化等による社会保障費の急増、長期債務残高の急増などが要因で極めて厳しい状況にある。2015年度予算を見てみると、予算規模は約100兆円であるが、うち税収は約55兆円、国債は約37兆円と、約4割を借金（赤字国債）に頼る構造になっている。一方、歳出は社会保障費関係が約32兆円、地方交付税交付金等が約16兆円、償還費等の国債費は約23兆円でうち利子が約4割。義務的経費が7割を占める約72兆円と極めて硬直化している。長期債務残高は、2016年3月見込みで約837兆円とGDP約520兆円の約1.6倍となっている。長期債務残高は、最近12年間、地方が約200兆円弱とほぼ一定であるのに対し、国は約493兆円（2003年）と急増している。これはリーマンショックなどの不景気の時期に国の税収が伸びなかったこと。景気回復のための財政出動なども行われ、歳出削減が十分にできなかったこと。また、税収が伸びなかった地方へ、国債からの財政支援を地方交付税で行ったことなどによる（図1.17、図1.18）。

　社会保障費、国債費は毎年増加しており、特に社会保障費は高齢化などでさらに増加すると見込まれる。2012年に社会保障給付費は109兆円で対GDP比31％だったが、2025年には149兆円と見込まれる。これは特に医療介護関係の給付費の伸びが大きく、年金約60兆円、医療約54兆円、介護約20兆円となる。中でも高齢者に対する給付の増加が著しく2012年に約72兆円。全体の7割弱だった。この社会保障費の約4割が公費負担であるため、

13　東京都杉並区は自区民用特養（約100人）を整備、その介護費用を負担することで静岡県南伊豆町と合意、東京都豊島区と埼玉県秩父市等にも同様の動きがある（杉並区HP、豊島区HP他）。

図1.17　2015年度　政府一般会計歳出予算

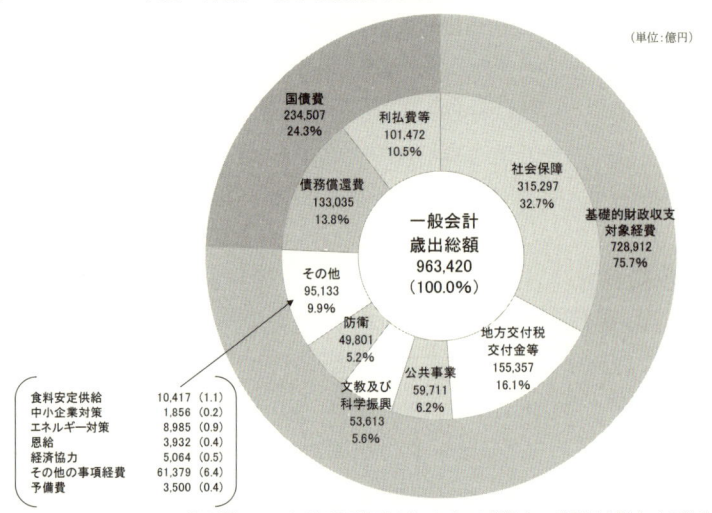

（単位：億円）

食料安定供給　10,417 (1.1)
中小企業対策　1,856 (0.2)
エネルギー対策　8,985 (0.9)
恩給　3,932 (0.4)
経済協力　5,064 (0.5)
その他の事項経費　61,379 (6.4)
予備費　3,500 (0.4)

（注1）計数については、それぞれ四捨五入によっているので、端数において合計とは合致しないものがある。
（注2）一般歳出※における社会保障関係費の割合：55.0%
　　　　※ 一般歳出は、基礎的財政収支対象経費から地方交付税交付金等を除いたもの

出典　財務省HP

図1.18　一般会計税収、歳出総額及び公債発行額の推移

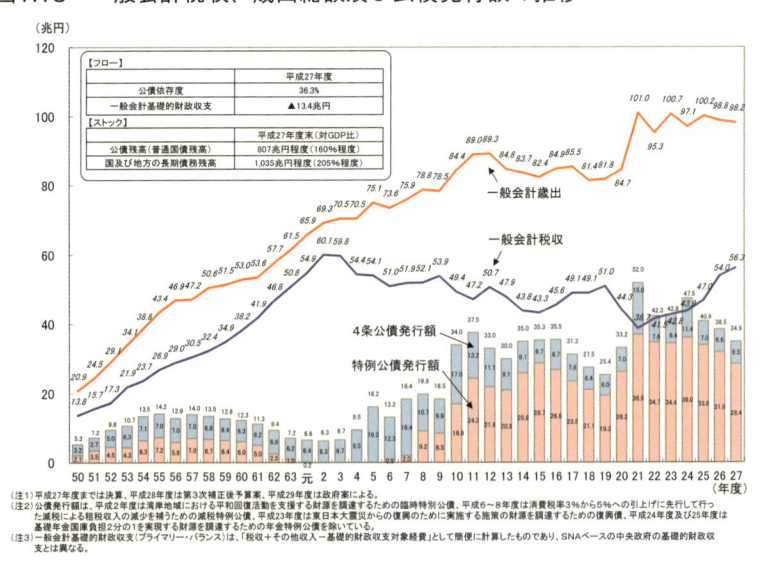

（注1）平成27年度までは決算、平成28年度は第3次補正後予算案、平成29年度は政府案による。
（注2）公債発行額は、平成2年度は湾岸地域における平和回復活動を支援する財源を調達するための臨時特別公債、平成6〜8年度は消費税率3%から5%への引上げに先行して行った減税による租税収入の減少を補うための減税特例公債、平成23年度は東日本大震災からの復興のために実施する施策の財源を調達するための復興債、平成24年度及び25年度は基礎年金国庫負担2分の1を実現する財源を調達するための年金特例公債を除いている。
（注3）一般会計基礎的財政収支（プライマリー・バランス）は、「税収＋その他収入－基礎的財政収支対象経費」として簡便に計算したものであり、SNAベースの中央政府の基礎的財政収支とは異なる。

出典　財務省HP

図1.19 国の歳出と長期債務残高の推移

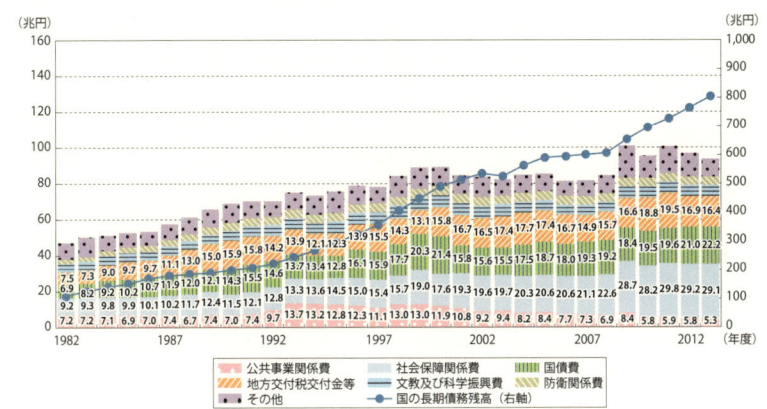

(注) 歳出について、2012年までは決算額、2013年は当初予算額。
資料) 財務省「財政関係基礎データ（2014年4月）」、「財政統計」より国土交通省作成

出典 国土交通省資料

国及び地方財政に与える影響は今後ますます大きくなる。公費負担は2012年約40兆円だったが、2025年には、1.5倍の約60兆円に達する見込みである（図1.19、表1.2、表1.3）。

3−2 地方の財政

地方財政も同様に厳しく、都道府県、市町村から成る地方自治体の財政規模は約100兆円で2012年度において都道府県約50兆円、市町村55兆円。経常収支率は2016年度において92.1％。硬直化した自治体が多い市町村レベルでは、一般的に小規模な市町村ほど収支率が高いが、政令指定市は逆に平均95.8％と非常に高く硬直的。43都道府県は地方債残高が多いこともあり、市町村より高く43都道府県が90〜100％。これは大幅な税収減、元利償還金と債務負担行為の支出増による公債費等増加が原因である。内訳を見てみると、義務的経費は歳出の約50％で、内訳は人件費約24％・約23兆円、扶助費13％・約13兆円。これは国が3/4を負担している児童福祉費約50％、生活保護費約30％等にあたり、公債費が約14％の約13兆円となっている（図1.20〜図1.24）。

今後は人口減少等による個人住民税の税収減、特に高齢者医療・介護の

図1.20 歳入別決算額の構成比（2012）

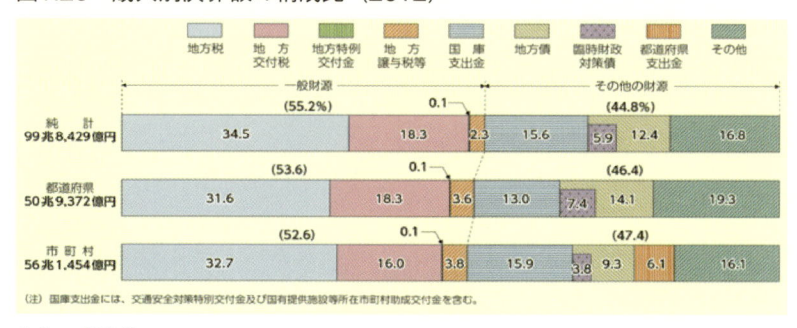

（注）国庫支出金には、交通安全対策特別交付金及び国有提供施設所在市町村助成交付金を含む。

出典　総務省HP

図1.21 目的別歳出決算額の構成比（2012）

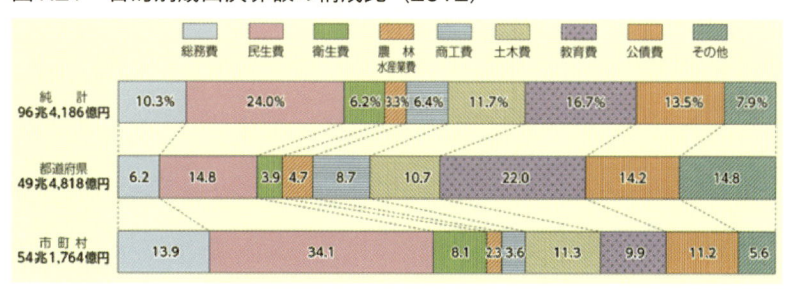

出典　総務省HP

図1.22 性質別歳出決算額の構成比（2012）

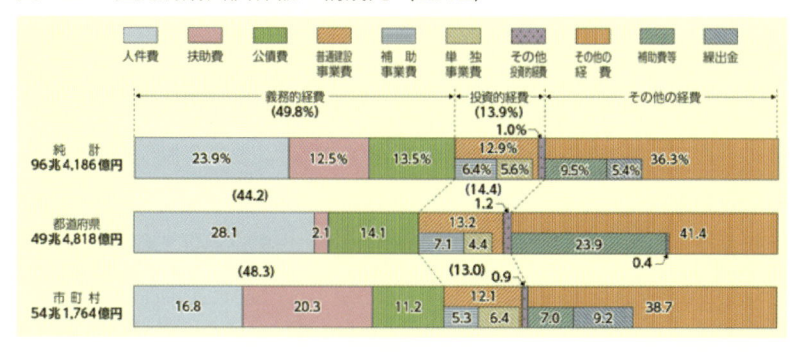

出典　総務省HP

図1.23 地方公共団体の経常収支率、実質公債費比率の推移

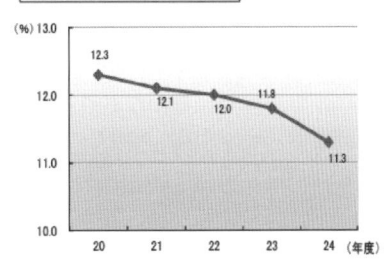

〈経常収支比率の推移〉　〈実質公債費比率の推移〉

出典　総務省「平成26年版　地方財政白書」

図1.24 地方公共団体の長期財務残高の推移

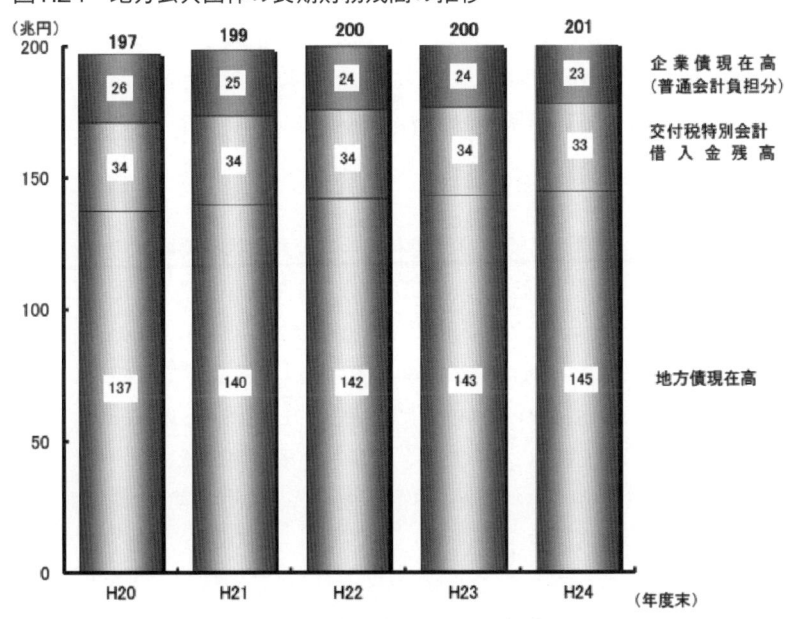

(注)企業債現在高(普通会計負担分)は、決算統計をベースとした推計値である。

出典　総務省「平成26年版　地方財政白書」

社会保障給付費の急増が見込まれ、ますます厳しくなることが予想される。社会保障費の公費負担割合は国が約73％、地方自治体が約27％。

　財政の健全性を示す実質公債費比率は10.4％と改善している。また、無借金の団体は実質1,730団体中598団体と言われる。しかしこれは、地方債償還に地方交付税措置がなされることが前提であり、臨時財政対策債は約50兆円で国の赤字国債が財源になっている。これも一因で国の長期債務残高が急増しているが、いつまでも赤字国債頼みでは国家財政が持たなくなる。

　地方財政の今後の課題として、人口減少・高齢化による税収減、社会保障費の急増、社会インフラの維持管理更新費用の財源、平成の大合併時の特別措置による影響などが挙げられる。

① 人口減少・高齢化による税収減

　まず、地方の歳入の約1割を占める個人住民税（地方税収は歳入の約1/3）であるが、人口減少により大きな減収になる。財政力の弱い県ほど人口減少が激しい傾向が見られるが、その流れに拍車をかけることになる。

② 社会保障費の急増

　社会保障費の急増は、前述した通り、その公費負担分約40％の約27％を負担する地方の財政を直撃する。2012年度に約109兆円であった社会保障給付費のうち公費負担は約40兆円だったが、2025年度には約1.4倍の149兆円となり、公費負担は約1.5倍の約60兆円に達する。公費負担の内訳を見ると、年金は約12兆円から約14兆円、医療は約15兆円から約26兆円、介護は約5兆円から約11兆円になるなど、医療・介護の伸びが高く、これは高齢化によるところが大きい（2012年度、社会保障給付費約109兆円中、高齢者給付は約72兆円。表1.2、表1.3）。

③ 社会インフラの維持管理更新費用の財源

　現在、国民健康保険の運営主体は市町村であるが、2018年度から都道府県に移管となった。これは財政力の弱い小さな市町村にとって、運営が困難になってきているためであり、国民健康保健会計はどこも赤字で市町村が補填している。

④ 平成の大合併時の特別措置による影響

　平成の大合併の際に講じられた特例措置はいくつかあるが、合併算定替の特例、合併特例債は今後、地方財政に大きな影響を与えると考えられる。

　合併算定替の特例は、合併前に受けていた交付税を合併後5〜10年間は全額保障し、その後5年間で段階的に縮小するというものであるが、2014年度から3年間は、合併支所に要する経費を交付税算定に反映させる激変緩和措置が講じられた。合併支所とは新旧庁舎に係るもので、これに要する経費を反映させるというのは、合併の本来の趣旨であるスリム化を減殺する側面もある。これは、交付税が地方財政にとって死活問題であるという一例である。合併市427市の歳入総額に占める交付税の平均は26.6％、合併しなかった363市のそれは15.3％と言われる。

　合併特例債は、合併に伴い、特に必要になる経費については地方債の起債が認められ（充当率95％）、かつ、その償還（元利償還金）にあたっては10年間、基準財政需要に含まれ、70％が交付税の対象になり、残る30％が次世代の負担になる。この特例債を使って不要不急の「ハコモノ」を整備した自治体も少なくない。

　さらに、社会インフラの老朽化が著しく、耐震工事や解体・集約の必要がある施設があるものの、財政難から実施できない自治体も少なくないことから、管理計画を策定して、公共施設の解体・集約化等を図る場合は（「最適化事業」）、地方財政法の改正で地方債の起債が認められるようになった。しかし充当率は75％であり、残る25％は次世代負担になる。次世代の負担で資産の減耗・除却を行うことになるのだから、厳に必要な場合に限って利用すべきと考える（前述　2−1）。

　また、公営企業の収支が悪化し、特に下水道、病院において2014年の会計制度変更により隠れ借金が顕在化。これはインフラ資産等が資本から債務に変更され、減価償却費、減損等を計上する必要が出てきたためである。さらに上下水道、病院等に係る公営企業・特別会計は人口減少による利用料減少、維持コスト増加等により、自治体財政にとって負担になると考えられる。また、再整備のための資金が内部留保されているケースは非常に少ないと考えられる。これは、整備の際、起債で賄ったケースが多いが、利用料などが再整備費用を織り込んだものになっていないためである。

　地方税の偏在化による地域差も大きい。地方税の人口1人当たり税収額（2012年度決算）を見てみると、全国平均を100として、100を超えるのは、東京165、神奈川108等わずか5都府県にすぎない。ほかは青森73、秋田70、鳥取74、島根76、高知71、長崎71、宮崎72、鹿児島72、沖縄66等となっており、最大と最小の格差は2.5倍、35.6兆円に達している。これは法人住民税、法人事業税が大都市圏に集中していることが大きな要因である。

第2章　交通を巡る状況の変化

1. 自家用車、運転免許の保有状況

　1969年以降、自動車運転免許保有者は一貫して増加し、2013年末現在、約8,200万人と総人口約1億2,700万人の約65％を占めるに至っている[14]。女性の増加が著しく、免許保有者の約45％・約3,600万人である。年齢別に見てみると、2013年末、男女とも40〜44歳が最も多く、約11％・約920万人に上る。65〜74歳は約9％・約1,100万人、75歳以上は約5％・約400万人であるが、70歳（特に75歳）以上の高齢者は急減する。しかし、運転免許の返納者は約14万人と非常に少ない。

　2013年末に40〜44歳の人は、約70歳に達する2040年頃までは十分に運転が可能である。また、死亡・返納がないとして試算すると、その頃の65〜74歳保有者は約1,800万人に上り、その頃の総人口約1億1,000万人の約16％、6人に1人にあたる。

　「旅客自動車であるものを旅客自動車運送事業に係る旅客を運送する目的で運転する」（道路交通法第86条）際に必要になる第二種免許の保有者は55歳以上の男性が圧倒的に多く、大型第二種66.5％、中型第二種約83.9％である。一方、女性の第二種免許保有者は約6万人と非常に少ない。大型第二種免許保有者の40歳以下は約10％弱だが、75歳以上は約20％と、若年層が非常に少ない。最近数年間、第二種免許保有者は約2％減、特に40歳未満（特に若者）の減少が顕著である。これは40歳未満人口の減少に加え、保有率の点でも減少している。一方、第一種免許保有者はほぼ横ばいであるが、若者の保有者は「車離れ」が言われるように減少している。

　自家用車の保有状況を見ると、全国では約80％となっているが、5万人以上の都市では90％近い世帯が自家用車を保有しており、県庁所在市も同様の保有状況である。60歳以上の単独世帯では約33％と際立って低くなっている。

　近年減少傾向にある交通事故死者数は、高齢者においても同様に連続して減少し、2012年2,264人だが、全体に占める割合は年々上昇し、51.3％になっている。この主な要因は高齢者人口の増加であり、10万人当たりの死亡者数も高齢者7.4人と連続して減少している。

14　警察庁「平成25年版運転免許統計」

　高齢者の移動手段を見ると、高齢者の自家用車利用は全国的に連続して増加しており、前期高齢者が後期高齢者より約1割高く、地方部で約60%に達し、トリップ原単位を見ると、後期高齢者は前期高齢者の約6割である[15]。

2. 乗合バス事業等
2−1　乗合バス事業

　乗合バスを巡る経営環境は極めて厳しく、事業者数は2006年10月の改正道路運送法の施行以降、コミュニティバスへの新規参入、分社化等で増加しているが、輸送人員で見ると、2011年度には1998年度に比べて約20%減の41億1,770万人（対前年度比▲1%）、輸送人キロは293億人キロ（同▲0.3%）である。乗用車保有台数は1998年度から約20%増の約5,800万台（約2人に1台）。

　経営状況は、次の表の通り、民営公営ともに厳しく、また、地方部で特に厳しい。民営、公営ともに人件費の縮減が大きい。大都市部、地方部ともに、収入減以上に費用を減少させ、収支改善を図っている。長期で見ると、特に地方部で輸送人員、営業収入の減少が著しく、赤字が常態化している（図2.1、表2.1、表2.2）。

　2012年度の原価構成（実車走行キロ当たり）を見てみると、人件費

図2.1　乗合バスの輸送人員等

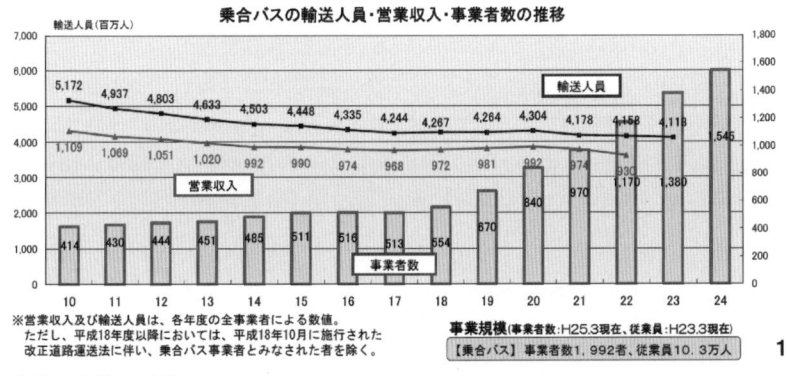

出典　国土交通省HP

15　国土交通省「全国都市交通特性調査」（2012）

表2.1　乗合バス事業者の経営状況（民営・公営）

30両以上保有事業者255社（重複除くと、245社）　　　　　　　　（単位　億円）

2012年度	収入	支出	損益	経常収支率	
民営	5599	5805	▲206	96.5%	赤字160社/232社
公営	1538	1726	▲188	89.1%	赤字21局/23局
合計	7137	7531	▲394	94.8%	赤字181社

日本バス協会資料[13]より、筆者作成

表2.2　乗合バス事業者の経営状況（大都市部・地方部経常収支率）

年度	1998	2008	2013	
大都市部	89.4	96.6	99.5	収入微減、人件費2%減
83社	収入4343億円	支出4365億円	損益▲23億円	赤字31社（37.3%）
地方部	88.9	88.0	88.3	収入微減、人件費2%減
172社	収入2794億円	支出3165億円	損益▲371億円	赤字150社（87.2%）

日本バス協会資料[13]より、筆者作成

56.3％で公営、大都市部がやや下がり、燃料費9.4％で民営・公営とも近年上昇傾向、車両修繕・償却費11.0％で公営は減少（最近9年間、民営・公営とも10％以上である）となっている。人件費比率は、最近10年間で約1割減少している（運転者の労働時間は長くなり、収入は減少の一途をたどっている）。また、実車走行キロ当たり収入・費用とも公営の方が大きく、特に人件費は1.66倍（公営/区営）である[16]。

　乗合バス事業者の運行する約3/4（73.7％）の系統が赤字系統、事業者全体でも約3/4（72.7％）が赤字という厳しい経営環境であることから、路線廃止も相次ぎ、2008～13年度で合計8,160kmが完全廃止された。総許可キロは2011年度約42万kmとなった。路線1km当たり平均運行回数は1970年度約16回だったが、1989年度約11回、2009年度約7.3回となった。この結果、公共交通空白地（バス停から500mで、鉄道駅から1kmの圏外）は3万6,477km^2、可住地面積の約30％に拡大している[16]。

　さらに、事業撤退、経営破綻も相次ぎ、1999年以降、民事再生法、会社更生法、産業活力再生特別措置法関係等といった法的整理の事例が全国で

16　日本バス協会「日本のバス事業」（2013）

表2.3　バス、タクシー事業における運転者の状況

	バス	タクシー	全産業
運転者数	13万人	34万人	
女性比率	1.4%	2.3%	42.8%
平均年齢（歳）	48.3	58.3	42.0
月労働時間（時間）	209	196	177
年間所得（万円）	440	297	469

出典　総務省統計局「労働力調査」、厚生労働省「賃金構造基本統計調査」、日本バス協会「日本のバス事業」、全国ハイヤータクシー連合会「ハイヤータクシー年鑑」

生じている。

　こうした中で、運転者の状況は、平均年齢が上がり、収入が下がり、労働時間が長いという、非常に厳しい労働環境に置かれている。全運転者に占める高齢運転者の割合は16.4%で、前年より0.7%増加している。女性運転者は1,000人を超え、微増しているが、全体の1%程度にとどまる（表2.3）。

　輸送人員の減少（1998〜2012年▲約20%）による収入減を、人件費削減でカバー（同年収▲約200万円）した結果と考えられる。なお、運転者の年収を見ると、公営バス654万円（同▲22%）、民営バス446万円（同▲28%）、全産業（男）530万円（同▲約7%）である。また、期末要員数に対する入職者、退職者の割合は10年前の2002年度に比べて5ポイント上昇し、約8%と出入りが激しい。離職率は1年で29%、4年で48%と非常に高い[16]。

　先に述べた通り、第二種免許保有者は圧倒的に55歳以上の男性が多く、それぞれ大型66.5%、中型83.9%を占め、他方女性は約6万人と非常に少ない。大型第二種免許における40歳未満の割合は10%弱、一方、75歳以上は約20%に上る。最近数年で、第二種免許保有者数は2.5%程度減少したが、特に40歳未満の減少が顕著であり、人口減以上のスピードである。また、大型第二種免許保有者は男性64歳以下が約56万人で56.7%、このうちバスは約8万人である（2011）。

　すでに、バス、トラック、自動車整備業等における労働力不足問題が生じているが、このまま推移すると、女性、若年層が圧倒的に少なく、低年収、長い労働時間等といった労働環境が劣悪な産業である乗合バス事業に

おける労働力不足の深刻化は、人口減少により加速することが懸念される。

　乗合バス事業に対する補助の状況を見ると、国庫補助金（生活交通路線維持費補助。地域間幹線系統確保維持費・2001年3月末（平成の大合併前）市町村を基準）として運行費補助72.3億円、車両購入費5.5億円、自治体補助として都道府県単独41.8億円（このうち車両購入費1.5億円）、市町村単独427.6億円（同4.0億円）である。

　このほか、総務省では路線バスの維持等に要する経費に対して、負担額の8割の地方財政措置を講じている。さらに、福祉の観点から自治体の補助による敬老乗車券等があり、相当の額に上っているが、福祉関係予算に含まれており全貌把握が難しい[16]。

　このように、自治体によって交通政策への補助等は大きく異なるが、特定補助金から地方交付税へという流れにある。これは規制緩和以降、地方バスに係る補助等で地方の役割が徐々に大きくなってきていて、地方バスに係る政策の地方分権の流れと軌を一にする。

2−2　コミュニティバス、自家用有償運送

　乗合バス事業の経営が厳しく、撤退する路線や事業廃止等が増加する一方、市民生活の足を守る必要性は大きい。規制緩和の流れの中で、規制、補助ともにその主役は国から地方へと移ってきており、地方自治体が関与する「コミュニティバス」（法的な定義はない）は全国で多数運行されている。2006年の道路運送法改正以前は旧80条バスと称して、廃止された路線バスに代わり、市町村が運営するバス、いわゆる「白ナンバー」があった。

　2013年度、1,226自治体、数にして3,063の「コミュニティバス」が運行されているが、運営・運行主体、運賃、リスク負担等形態の在り方は多岐にわたる。

　いくつか特徴を挙げてみると、以下の通りである。

・運営主体は自治体、乗合・貸切バス、タクシー、スクールバス等の運行業務を事業者等に委託するケースが多い。また、開設時の協議で車両費、運行赤字等に補助金（委託費）を出す場合が多い。

・運営主体はNPOで、一部自治体が補助する「コミュニティバス」も増えてきている。

・人口5万〜20万人の自治体において「コミュニティバス」多く導入されている[14]。

・バス車両使用路線型（循環・往復）が多く、50〜60％を占めている[17]。

・均一運賃（100・200円等）が約2/3[17]。

・利用者数は3人/便が最も多く、10人／便以下が約5割[17]。

・収支率0.5以下が約7割[17]。

・岐阜県の例では、1路線当たり市民負担額平均700円（300円未満が60％以上、1,000円超が20％）。路線1km当たりバスに依存する人口を見ると、100人未満が16％、1,000人以上が約18％[18]。

・財政力が弱いと路線バス等の維持が困難になるため、自治体の財政力により大きく様相が異なる。

　また、自治体が運営する小学校等スクールバスは公立小中学校の統合等の影響で増加の一途をたどっている。例えば、小学校の設置基準が緩和され、バス1時間以内で通学可能であればよくなった[19]。スクールバス運行時間帯は朝夕の限定だが、せっかく運行しているのだからと、生活の足として利用する自治体も増加している。上越市はスクールバス混乗もタクシー、乗合タクシーとともに「公共交通機関」と位置付けている（「上越市総合公共交通計画」）。

　スクールバスは無料であることから、一般乗客を有料で利用させる際には、運営自治体は道路運送法第79条に基づく登録をして、自家用有償旅客運送（同法第78条）[20]を行うことができる[21]。なお、スクールバス混乗の場合、文部科学大臣への承認申請が別途必要である。

　へき地の患者輸送車を患者輸送に障害がない等の一定の条件下に、混乗、有料化が可能である。しかし、厚生労働大臣への承認申請が必要で、へき地巡回診療車や障害者福祉バスへの混乗は認められていない。

17　平成21年地域交通コーディネイター会議における山崎研究員（（財）豊田交通研究所）の報告。

18　竹内伝史・古田英隆「コミュニティバス事業の総括の試み」（2009）

19　茨城県行方市の事例（前出）など。
　　へき地教育振興法第3条に基づき、へき地学校、学校統合等の通学条件の改善を図るため、スクールバス・ボートを購入する自治体に補助（補助率1/2。高度にへき地の場合　2/3）する制度が文部科学省にあるが、小学校等の統合が増え、当該予算も増額されている。

　自家用有償旅客運送は公共交通空白地と福祉の2つの目的で認められており、前者は路線バス撤退後等の市民の足を守るため、旧道路運送法時代は「旧80条バス」として、自治体運営の廃止代替バスであったものが多い。自治体運営は約2,500台、輸送人員約2,500万人。NPO等、民間が運営しているものも少なからずある。NPO等の運営内容の実態は、車両約600台、約30万人だが、その経営は厳しく、自治体が一部補助している場合が多い。

　後者は福祉サービスとして、従来からNPO等が主に担っている。自治体運営約400台、約40万人に対し、NPO等運営は約15〜40倍の約1.5万台、約600万人。高齢者の増加等から需要があるが、やはり経営が厳しく、自治体が補助している場合が多い。

　本研究との関係が深い公共交通空白地における自家用有償旅客運送は、自治体運営が収支率0.2％、NPO等民間運営が同0.4％程度なので、自治体の補助、他の事業収入等の外部補助がないと継続することはかなり厳しい（図2.2、表2.4、図2.3）。

　また、平成の大合併に伴い、従前運行していた旧市町村営バスを継承し、新市が自家用有償運送を行っている例が多い。合併の際に条件として合併協議書に明記されたケースも多いと考えられる。

　自治体運営自家用有償運送は地方中小都市の公共交通空白地、乗合バスが撤退している（事業者撤退を含む）場合に多く行われている。バス事業者が存在する場合は「コミュニティバス」と称して事業者に運行委託するケースの「青ナンバー」が非常に多いが、リース車両や市所有車両を貸し

20　自家用有償旅客運送は、道路運送法の2006年改正による第78条に基づくもので、市町村、NPO等が市町村の住民等一定の旅客の運送を登録制の下で認める。市町村が運営する公共交通空白地自家用有償運送、福祉自家用有償運送、NPO等が運営する公共交通空白地自家用有償運送、福祉自家用有償運送がある。
　　具体的には、市町村（都道府県も可）が主宰し、地域住民、バス・タクシー事業者等の関係者が参加した運営協議会（市町村運営の場合は地域公共交通会議等）において、その必要性、運送区域、収受する対価（タクシー運賃の1/2を上限）等を協議し、合意が調った場合に登録するが、その際、運行管理、運転者、整備管理、事故時対応等の安全体制などの確保が要件であり、有効期間は2年だが、重大事故等がない場合は3年にできる。更新可能。

21　特異な事例だが、奈良市では小学校の統廃合にあたり、スクールバスを新たに運行する必要が生じたが、並行する民営路線バスに大きな影響を与えると予想され、撤退の意向が示され、協議した結果、小学校の開始（2015.4）までに、地域公共交通会議の開催等のための十分な時間的余裕がなかったことから、当分の間、無料で一般乗客のスクールバス利用を認めている（車両は市が貸与し、バス事業者に運行業務を委託している）。長期的には市運営自家用有償運送に変わると思われる。
　　奈良市は人口約36万人、財政規模約1,200億円、財政力指数0.74。

出して、運行業務を委託するケースの「白ナンバー」もある。

　最近の自家用有償旅客運送に関する動きとしては、2015年度から運営主体として自治会、町内会等といった権利能力なき社団も認められた。また、地方分権政策の一環として、「手挙げ方式」による自家用有償旅客運送の事務・権限の自治体への移譲がなされた。

　過疎地の増加、高齢者増加等により、公共交通空白地・福祉ともに、一層の需要増が見込まれると考えられるが、障害者自立支援法に基づく補助金が大きいため、福祉自家用有償運送は減少する動きもある。しかし、有償運送をすると補助の対象外となる。

図2.2　自家用有償旅客運送（概要）

出典　国土交通省HP

表2.4　自家用有償旅客運送（輸送人員ほか）

（2013年3月　国土交通省調べ）

	団体数	車両数	輸送人員（推計）	運営協議会数	収支率	対価
市町村（過疎地）	429	2,513両	2,013万人（75%）	429（33%）	0.194%	142円
（福祉）	120	426両	41万人（2%）	120（9%）	0.233%	490円
過疎地団体	82	551両	30万人（1%）	87（7%）	0.42%	491円
福祉団体	2,405	15,225両	600万人（22%）	665（51%）	0.41%	1,012円

国土交通省HPより、筆者作成

図2.3　自家用有償旅客運送（収支構造）

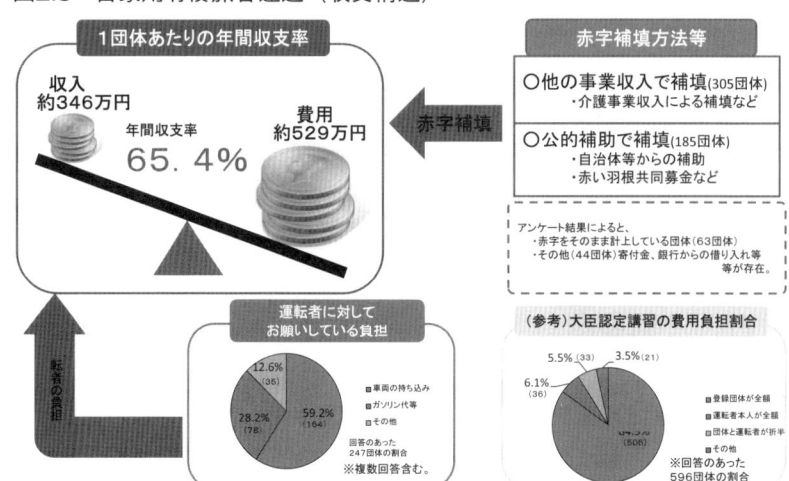

出典　国土交通省HP

　さらに、路線バスの一部を改装し、路線バス区間は貨物を積載し、その先は貨物運送事業者が宅配する「ヒトものバス」が2015年6月以降、岩手県、宮崎県で開始されている。これはバス、トラックの両方の事業者が存在し、旅客・貨物ともに需要の少ない過疎地において、より効率的にサービスを提供しようとするものである[22]。

　貨客混載の実証実験（タクシー・トラック事業者が混載。トラック事業者の場合、第二種免許を求めず、自家用有償（旅客）運送並みの講習で運行（運転）することが可能になる）が2015年に行われている。これも過疎地などで事業者を活用し、より効率的にサービスを提供しようとするものである。

　既存事業者に影響がない場合には、自家用車利用の有償貨物運送（宅配便）が2016年に可能になった。

122　路線バス事業者の長距離バス車両を改造し（45人乗り、後部13席分に壁付荷物室を設置）、貨物を積載し、運送する。バス車両による運送区間は、バスの手荷物扱いとされており、荷主の契約相手は貨物運送事業者（バス事業者は無関係）。既存制度上可能だが、改造費用が必要となる。

第3章　地方の中枢都市（政令指定都市以外の県庁所在市）の交通政策等

1. 地方の中枢都市

　平成の大合併の結果、1999年3月末時点で3,232団体あった地方自治（団）体数は約半減し、2010年3月末時点で1,730団体になった。特に、人口1万人未満の団体数は1,537から459団体と約1,100団体減少し、総減少数約1,500団体中7割強となった。平成の大合併の趣旨は、少子高齢化、人口減少などを見据え、小規模の自治体を合併して、スケールメリットを活かし、経費節減、行政効率の向上などを目指したものであった。

　現在、国土の約10％の面積を占める人口20万人以上の自治体に総人口の約半分が居住している（人口10万人以上の自治体で見ると、面積約20％・人口約2/3、人口5万人以上の自治体で見ると、面積約40％・人口約5/6）。市の数は790（東京23区は1つと数える）、5万人未満の市が約260（約1/3）、5万〜10万人が約270（約1/3）、10万〜20万人が約150（約1/5）、20万人以上が約110（約1/7）である。県庁所在市は、ほぼすべて人口20万人以上である。人口20万人に達しない県庁所在市は山口、甲府、鳥取の3市で鳥取が約19万2,500人で最少[23]（表3.1）。

　国土全体での人口の低密度化と地域的偏在が数十年にわたり同時進行し、現在の居住地域は国土の約5割だが、2050年には、2010年に比べ人口が半分以下になる地点（1km²単位）が現在の居住地域の6割以上を占めることになる。市区町村別人口規模で見ると、人口規模が小さくなるにつれて人口減少率が高くなる傾向が見られ、現在の人口が1万人未満の市区町村ではおよそ半分に減少する[24]。地方の人口規模が小さく財政力の乏しい自治体の方が概して高齢化、人口減少等が早く、かつ、著しい。高齢者の数が2040年以前に最大になる県は青森、秋田、和歌山、長崎のみで、これはこれらの県の高齢化のスピードが非常に早いからである（前出）。

　かねてから総務省では、少子高齢化、人口減少等を見据え、また、地方分権の流れを踏まえて、地方の制度改革を行ってきている。2013年6月の第30次地方制度調査会「大都市制度の改革及び基礎自治体の行政サービス

第3章に紹介する県庁所在地に係る人口、財政規模、財政力指数に関するデータは2012年度決算ベースに基づいており、出典は「全国・全地域財政力指数番付」「都道府県県庁所在地人口・面積・人口密度ランキング」である。
23　総務省「地方中枢拠点都市」関連資料
24　国土交通省「国土のグランドデザイン2050」（2014.3）

表3.1　平成の大合併前後の市町村人口・面積の変化

	H11.3.31					H22.3.31				
	団体数	人口		面積(km²)		団体数	人口		面積(km²)	
50万人以上	21	24,459,688	(20.8%)	7,910	(2.1%)	27	30,406,053	(25.5%)	14,206	(3.8%)
30万人以上50万人未満	43	16,672,731	(14.2%)	11,025	(3.0%)	45	17,334,198	(14.5%)	16,251	(4.4%)
20万人以上30万人未満	41	10,139,015	(8.6%)	7,624	(2.1%)	41	10,082,356	(8.5%)	12,109	(3.3%)
10万人以上20万人未満	115	15,609,766	(13.3%)	13,901	(3.7%)	154	21,252,161	(17.8%)	41,139	(11.1%)
5万人以上10万人未満	227	15,738,410	(13.4%)	24,690	(6.7%)	278	19,314,878	(16.2%)	63,710	(17.1%)
3万人以上5万人未満	262	10,015,674	(8.5%)	30,248	(8.2%)	259	10,015,061	(8.4%)	56,026	(15.1%)
1万人以上3万人未満	986	16,620,311	(14.1%)	101,818	(27.4%)	467	8,480,508	(7.1%)	84,580	(22.7%)
1万人未満	1,537	8,347,037	(7.1%)	173,826	(46.8%)	459	2,393,126	(2.0%)	83,930	(22.6%)
全国計	3,232	117,602,632	(100.0%)	371,040	(100.0%)	1,730	119,278,341	(100.0%)	371,950	(100.0%)
(参考)全国平均		36,387		114.8			68,947		215.0	

※　H11.3.31の人口は、平成7年国勢調査人口による。
※　H22.3.31の人口は、平成17年国勢調査人口による。

※　H11.3.31の面積は、「全国市町村要覧（平成10年度版）」の面積による。
※　H22.3.31の面積は、「全国市町村要覧（平成21年度版）」の面積による。

※　H22.1.12までに合併の官報告示を終えたもの。

出典　総務省HP

図3.1　第30次地方制度調査会答申を踏まえた地方中枢拠点都市のイメージ

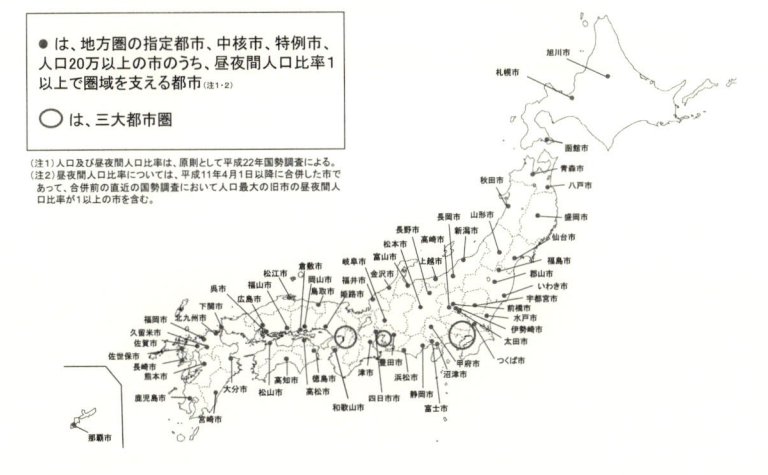

出典　総務省HP

提供体制に関する答申」に基づき、「地方中枢拠点都市圏構想」が提唱された。「地方中枢拠点都市」[25]の要件としては、三大都市圏（東京、名古屋、大阪）以外の都市で、人口20万人以上で昼夜間人口比率1以上など地方都市圏において相当規模の人口と中核性を有する政令指定市や中核市であり、全国で61市が要件を満たしている。この「地方中枢拠点都市」のイメージは、図3.1の通りであり、2009年度から創設された定住自立圏（中心市人口5万人程度以上）（図3.2）と比べ、中心市の人口要件などのハードルが高くなっており、広域連合や一部事務組合より政策範囲が広く、産学官連携・官民一体の経済戦略の策定が可能になったと言われる。

図3.2　定住自立圏のイメージ

全国の取組状況

平成30年4月1日現在の状況は、次のとおりです。

宣言中心市	134市	中心市宣言を行った市の数
定住自立圏	121圏域	定住自立圏形成協定の締結又は定住自立圏形成方針の策定により形成された定住自立圏の数
ビジョン策定中心市	118市	定住自立圏共生ビジョンを策定した宣言中心市の数

出典　総務省HP

25　「地方中枢拠点都市」は、同一概念ではあるが、「連携中枢都市」と名称変更されている（2015年1月28日、総務省要綱改正）。本稿では「地方の中枢都市」と呼ぶ。

2. 本研究の対象都市 ── 政令指定市ほど巨大ではない県庁所在市（30市）

2−1　対象都市の分類

　本研究においては、地方における中核的役割を期待されている地方の中枢都市のうち、各県における行政経済の中心であり、地方創生の中心的役割を果たすと期待されている人口50万人未満程度の政令指定市ほどは巨大ではない県庁所在市を対象とする。また、この規模の県庁所在市の都市構造は似たものが多く、また、平成の大合併の際に周辺の過疎地を市域に組み入れた市も多く、都市的・過疎的の両方の性格を有することが多いため、各種の課題が同時に表れると考えられるためである。

　対象となるのは全国で30市になるが、本研究の問題意識が人口減少・高齢化であるため、その進行のスピードから次のA〜Cの3つにグルーピングして検討を進めることとする。

　1人で移動可能と考えられる5〜74歳[26]の対2010年比減少率の条件とそれに当てはまる都市は以下の3グループである（全国は2035年に21％減、なお、全年齢人口では同約13％減少する）。

A.　2030年にすでに20％以上になる

　　→青森、秋田、奈良、和歌山、徳島、高知、長崎

B.　2035年に20％以上になる（ほぼ20％近いものも含める）

　　→盛岡、山形、前橋、富山、福井、甲府、長野、岐阜、津、鳥取、松江、山口、高松、松山、佐賀、宮崎、鹿児島

C.　2040年でも20％以下にしかならない（2040年に20％になる市は2035年にほぼ20％に達するため、A、Bのグループに入れた）

　　→水戸、宇都宮、金沢、大津、大分、那覇

　また、人口減少・高齢化の面では先進的である中小の市については、典型的な、また、特徴ある市を参考研究の対象とし、その際、大都市圏と地方で違いがあるか等についても研究する。また、中核市については、政令

26　医学的に見ると、高齢者に出てくることが多い症状は歩行障害、排泄障害、摂食障害の順。後者ほど介護に多くの要員が必要。慢性疾患が深刻化することが多い。また、歩行障害は筋肉量の減少（サルコペニア症）、骨密度の低下（75歳以上の女性に目立つ）からくることが多い。パーソントリップ調査によると、75歳以上の人のトリップは、65〜74歳の人の約6割。

指定市ほど巨大ではない県庁所在市と同様な状況かを研究する。さらに、政令指定市のうち、特に最近、政令指定市になったもの等に共通項がないかを研究することとする。

2−2　Aグループ ── 青森、秋田、奈良、和歌山、徳島、高知、長崎

　このグループの都市は地理的な共通項（北東北、南近畿、南四国など）があり、高度成長期などに首都圏、大阪圏への就職等で「移住」する人が多かった地域、大阪圏の最初のベッドタウンであった地域が多い。

　まず、地域別に見た後、7都市に共通する点について分析していきたい。

① 地域別の特徴

・青森[27]、秋田[28]

　人口・密度・将来推計、積雪による影響の大きさ、財政規模等が類似、公営バス時代があることも同じであり、事業者は公営か民営かの違いで1社であり、路線撤退に際し、税金で赤字を全額補助し、事業者にバス、乗合タクシーを運行委託している。今後の年1％強という人口減少、2035年に約40％に達する高齢化・財政状況の悪化等を考えると、現在の施策が継続できるかを市当局は非常に不安視している。

・奈良[21]、和歌山[29]

　人口・将来推計、財政規模等が類似し、大阪、京都などへの通勤・通学者も多く、鉄道があり、赤字路線バス数が少ない。中山間地域で撤退路線の代替バスとしてスクールバスと一体的な運行を行う無料コミュニティバス（奈良）がある。また、上限付補助の地元協議会運営バスの「地域バス」（バス会社に運行委託。和歌山）がある。

・徳島[30]、高知[31]

　公営、民営の差はあるが、撤退路線に赤字を全額補助しバス・乗合タクシーを運行委託している。委託先は徳島が民営バス会社、高知がそれまで運行していた民営バス会社・乗合タクシー。青森＝徳島、秋田＝高知という図式である。徳島市交通局は経営状況が悪く、市財政の大きな負担になっている市営バス改革が焦眉の急である。最終的には市営バス廃止ではない

かと予想される。

・長崎[32]

　山坂が多く島しょ部もあり、公共交通分担率が高い珍しい市である。バス事業者は強力な民営バスと県営バスで、県営バスの撤退路線に低運賃で民営バスが参入した。路線バスへの赤字補助制度はない。一方、中山間・島しょ部地域を中心に「コミュニティバス」があり、定時路線8路線、デマンド1路線、運賃300円均一7路線・対距離制1路線、乗合タクシーは5路線で運賃200円均一、いずれも市から赤字全額分の補助を受け、運行委託契約方式にて運行している。民営会社が運行費補助を受けていないため、路線を維持できなくなると、住民の足を確保するため、市が赤字全額補助のコミュニティバス、乗合タクシーを運行するという民間と公共の相互協力がある。どの路線を維持するかは、その赤字額と財政力（公費負担力）とのバランスで決まる。

　このように、地域的な特徴があるほか、財政（市民）負担の面で見ると、秋田、徳島、高知、長崎は「相当の」、青森は「突出」した市民負担をして、市民の生活交通を維持しており、一方、奈良、和歌山の市民負担はまだわずかである。

② 7市共通の事項

・市営バスを持つ市は、その経営悪化による市民負担の増加が大きな課題となっている。まずは減便・路線の統廃合等を実施し、次に、市内に民営バス会社がある場合は、非採算路線を移譲し、最終的には市営バス廃止を行って市民負担の軽減を図っている。大きな民営会社のない青森では「市民バス」と称して、民営乗合・貸切バス会社等に運行委託。これは全国的な趨勢である。

・路線廃止の際、多くの場合はそれまで赤字補助を受けているが、自治体と協議して、生活路線として必要と判断したものには、市から赤字全額分の補助を受けることを前提に、路線の維持が図られている。また、それまで運行していたバス会社に、あるいは、新たに貸切バス・タクシー会社等に委託する場合もある（秋田、高知）。いずれの市も補助＝市民負担額は増加の一途である。市運営自家用有償運送はない。

- 新しく「コミュニティバス」「乗合タクシー」として、市が生活交通を確保する際、事業者に運行委託し、安い定額運賃を採用している例がある（長崎、高知）。市保有のリース車両を借り受け、運行業務を事業者に委託、運賃無料の例がある（奈良）[21]。
- 民間の協議会の運営する乗合バス「地域バス」、乗合タクシー「コミュニティバス」に、市が運行経費の一部補助をする例が2件ある（和歌山、徳島）。
- いずれの市も、市営バス路線の完全廃止を極力防止してきた。現時点ではまだ「財政的限界」ではないが、現行維持方式が困難になる「財政的限界」がいつ到来するかが課題である。運行事業者、運転者ともに、現時点では「存在」しているが、「存在」しなくなるときが「いつ」到来するかが問題である。

2-3 Bグループ —— 盛岡、山形、前橋、富山、福井、甲府、長野、岐阜、津、鳥取、松江、山口、高松、松山、佐賀、宮崎、鹿児島

県庁所在市の1/3を占め、地理的には全国にわたる。多様な施策が講じられているが、いくつか特徴的な共通点について整理する。

① 全体
- どの市も、できる限り市民の生活交通の足を確保する姿勢の下で各種施策を実施しているが、将来、人口減少・高齢化、財政悪化等から現在の施策では限界がくると感じている。

② 循環バスに関する施策
- 中心市街地活性化のための「循環バス」が多い。
  市運営・事業者に運行委託：前橋[33]、福井[34]、長野[35]
  民営バス会社等が運営：盛岡[36]、富山[37]、津[38]、高松[39]
- 市の中心部にあるJR駅に集まるバス路線の団子運行等の非効率の改善のため、ターミナルを整備し、乗継ぎ前提の「ゾーンバス」でバス効率化

を図る。

盛岡：これだけでは成功しないと自己評価

岐阜[40]：地域公共交通網形成計画、鳥取[41]

③ 路線バス廃止、交通空白地域に関する施策

・路線バス廃止に際し、市が赤字を全額補助し、バスを維持する。
　前橋（委託運行方式）、長野（運行委託方式）、津（運行委託方式）、鹿
　児島[42]（運行委託方式）。

・路線バス廃止後、従前とは別会社に赤字全額補助の「コミュニティバス」
　（山形[43]、佐賀[44]）、「乗合タクシー」（前橋：路線バス停から自宅へのフィー
　ダーとしてデマンド型ジャンボタクシー）。

・交通空白地域で、赤字全額補助の「コミュニティバス」「乗合タクシー」
　を運行委託する松江[45]・山口[46]・鹿児島。

・路線廃止後、公営バスが継承した鹿児島。

・LRT整備に伴うバス路線廃止時に、当該第3セクターがLRTのフィーダー
　に特化して路線バス（2路線）を運行する富山。

・路線バス廃止後・交通空白地域で、住民・地元協議会が運営する「自主
　運行乗合バス」「デマンド型タクシー」に市が一部補助する山形・福井（市
　推進）、岐阜（市推進）、鳥取・高松（バス事業者の自主運行例もある）、
　宮崎[47]。

・交通空白地域で、「乗合タクシー」（定時定路線型・デマンド型）に運行
　委託する長野・鹿児島（バス停フィーダー）。

④ 合併旧町村営バスに関する施策

・合併旧町村営バスを継承、市が運営し事業者に運行委託する富山、津、
　松江、高松、佐賀。

・合併旧町村営バスを継承、市運営自家用有償運送を行う富山、福井、長
　野、津、佐賀。

・合併旧村地区で在住高齢者に限定した市運営デマンド型乗合タクシーの
　富山。

・なお、「コミュニティバス」「乗合タクシー」等がない市もある（盛岡、

甲府[48]、松山[49]。後の2市は2015年4月、運行開始)。

2−4 Cグループ ── 水戸、宇都宮、金沢、大津、大分、那覇

地理的には金沢と大津が比較的近い程度である。

「まち」が若く（高齢化率も低い）、人口減少も遅いこともあって、近年廃止されたバス路線がない（水戸[50]、宇都宮[51]、大津[52]）。また、民営バス事業者への赤字補助制度がない（水戸、大分[53]）。高齢者福祉対策としての乗車証などがあるのは、大分のみである。

中心市街地の活性化のため、中心市街地の循環バス（市が運営し事業者へ運行委託）を実施している（宇都宮、金沢[54]）。

生活交通に関しては、（市運営の公共交通空白地）コミュニティバス（運行委託）・乗合タクシー・市町村運営有償運送などがほとんどない。例外は、宇都宮における地元協議会が運営する定時定路線型の乗合タクシーへの市一部補助（協議会に対する補助）、広域合併で過疎地域を多く抱えた大分[53]におけるデマンド型の乗合タクシー「ふれあい交通」（市がタクシー事業者（協会）へ運行委託、協会が事業者選定）。

宇都宮は、他の県庁所在市に比べて人口減少が遅く2016年に初めて人口が自然減になり、2017年には人口減少が始まった。交通面では、公共交通空白地が市の可住地面積の約62％、人口の約33％（約17万人）が居住しているとの認識もあり、市の郊外部（市役所本庁管轄区域外）19地区のうち、すでに13地区で「地域内交通」（定時定路線型・デマンド型、タクシー・ジャンボタクシー車両）が地元協議会運営・事業者運行委託・市一部補助（上限2/3）の形で運行され、5地区でも導入を検討中である。Cグループにも、他のグループと同様の影が次第に忍び寄っているということである。

なお、那覇[55]は他の都市が、バス路線廃止・減便等の縮小計画が目白押しであるのに対して、モノレール延伸計画、BRT計画など新路線施設整備型の計画など別世界である。

2−5 A〜Cグループ全体 ── 政令指定市ほど巨大ではない県庁所在市（30市）

A、BグループとCグループでは、生活交通に関する対策の様相が大きく

異なる。これは全国平均の人口減少・高齢化よりも進行速度が早い（A、B）か、否か（C）の影響が大きいと考えられる（Cでも市域の旧合併町村地域が多い周辺には萌芽が見られる）。

　そこで、A、Bグループを合わせて、その講じられている交通政策を整理する。

・公営企業（市営バス）を持つ市は、その経営悪化（市民負担の増加）が大きな課題であり、まずは減便・路線の統廃合等を実施する。次に、市内に民営バス会社がある場合は、非採算路線を民間への移管（秋田、岐阜、山口）・運行委託（青森・秋田（交通局時代）、徳島）、最終的には市営バスを廃止（秋田、岐阜、山口）し、市民負担軽減を図る（全国的趨勢）。市営バスのサービスレベルを大幅に引き下げるのは困難で、運行委託の乗合バスで維持（デマンドタクシーはない）。

・中心市街地の「循環型コミュニティバス」（中心市街地活性化政策）は、運営主体が市（運行委託 福井、長野）と民間団体（運行委託 山形、富山、津）の両方がある。

・中心部から郊外乗換拠点までの幹線・支線と、その乗換拠点から周辺部への「コミュニティバス」「乗合タクシー」もある（「ゾーンバス」）（盛岡、岐阜、高知）。乗合バスの長所とされた乗換えなしのサービスより、効率性・採算性を優先する取組み。

・市町村合併前から旧市町村営バスを運行していた場合（有料無料の両方あり）、合併後の新市が自家用有償運送を継続することが多く、合併協議書にその旨を記載している例も多い。長野、富山（一部）、福井、津、松江、山口、佐賀、松本（運行管理業務を民間委託、白ナンバー）、運行委託に切り替えた富山（一部）、高松、鹿児島。

・合併後、新たな路線撤退後に市が自家用有償運送を実施した例はない。

・路線廃止・交通空白地域の生活交通を守るために、自治体が税金を投入して維持する路線か否かの判断に際しては自治体と協議し、多くの場合、それまで赤字補助を受けている。生活路線として必要と判断したものには、市の補助が前提だが、実質赤字全額を補填されている。路線は運行委託等され維持が図られている。委託先はそれまで運行していたバス会社や貸切バス・タクシー会社等の場合もある。どの市も補助＝市民の負

担額は増加の一途をたどっているのが現状である。

・路線廃止時、市が赤字補填を前提に、それまで運行していた事業者に運行依頼して路線を維持するケースも多い。秋田（市交通局の廃止後）、前橋、長野、高知、鹿児島、松本（協議路線として協調・単独補助）。

・路線廃止後等の公共交通空白地帯で、市が赤字を全額補填して運営し、バス、タクシーの民間事業者に運行委託して「コミュニティバス」「デマンド型乗合タクシー」を走らせるケースが多く、100〜200円といった低額の定額運賃も多い。山形、前橋、富山、福井、長野、津、松江、高知、佐賀、長崎、鹿児島（市交通局が継承した路線も多い）。

・路線廃止後等の公共交通空白地帯で民間が運営し、市が補助する。一部補助の市が多く、以下が該当する。

山形、津、鳥取、宮崎。

・上限付きの一部補助の市。「地域バス」「コミュニティバス」「デマンド型乗合タクシー」が増加している。上限付きの一部補助は、以下が該当。

岐阜（18地区、小学校区41/全50が対象）（上限1,000万円）

福井（上限800万円）

和歌山（上限は運営費の85％）

山口（乗合タクシー上限70％）

高松（上限は乗合タクシーのみ）

・廃止代替バス路線を市運営自家用有償運送にしたケースもある（佐賀）。

・路線型市運営コミュニティバス等と市運営有償運送の併存はない（富山、福井、長崎）。

・路線バス運行費を補助（一部）するが、赤字全額補助、「市運営コミュニティバス」、市運営自家用有償運送等が未だ行われていない市も少ないながらある（盛岡（スクールバス・患者輸送車への混乗あり）、甲府（2015年4月から、市運営自家用有償運送開始）、奈良（スクールバスと一体的に運行され2015年4月から、市運営自家用「無償」運送が開始）、松山（島しょ部で持込車両（ボランティア）の民間が運営する公共交通空白地有償運送が2015年4月から、開始））。

いずれの市も、路線バスサービスの完全廃止を極力防止してきた（現時点では未だ「財政的限界」には達していない。現在行っている維持の方式

が困難になる「自治体の財政的限界」がいつ到来するか？　各市ともに不安視している（市（民）負担で見ると、青森が一般歳出の約1.2％（約14億円）と突出している。続いて長野が約0.8％）。

　また、運行事業者（道路運送法第4条）、運転者（第二種免許）ともに、現時点では「存在」している。「存在」しなくなるときがいつ到来するか？

　この2つの点が「いつ」到来するか、明言することは困難であるが、市によって時期の違いはあるもののそれほど遠い将来ではない、と考えられる。

2−6　青森市の例

　全国の県庁所在市の中で、早くから人口減少・高齢化が急激に進む一方、コンパクトシティ構想を狙った各種施策を講じ、また、市内公共交通機関には鉄道軌道系がなく、圧倒的なシェアを誇る市営バスが市民の足を担い、赤字経営への市民の税負担も多いという各種諸問題が顕著に表れていると考えられる青森市の例を見てみる。

　青森市では人口減少、高齢化が著しく進む中、東北整備新幹線の盛岡以遠の延伸工事が着工された1990年代からコンパクトシティ構想を打ち出し、市全域を市交通局がほぼ独占的に、非常に手厚い乗合バスサービスを提供している。これは、民営バス事業者がいないため、「（公共・交通）サービス」と「市民負担」の関係が早く先鋭化する可能性が高い、と考えられるからである。特徴的な点を挙げると、以下の通り。

・人口減少・高齢化が著しい

　人口は、2010年30万人（高齢化率24％）で、最近の減少は年約3,000人となり、約1％を超えた。2035年、全国平均的な年齢構成（同33％）となる予測の前に、すでに青森市は2025年で到達するのである。そして、2035年には22.3万人（同38％）になる。一般会計は約1,200億円規模、財政力指数0.54。

・コンパクトシティ政策

　全国に先駆け1991年に構想されたが、その原因は市域の拡大・希薄化等による除雪である。これは市予算の約3％を占める最大費用となった。また、道路や上下水道等公共インフラ維持コストの増加である。高度成長期

に、郊外に住宅・商業施設が無秩序に約7.1万人増規模の民間開発が行われ、代わりに中心部の人口が約1.7万人減少し、希薄な町に変貌した。

このため、市域をインナー、ミッド、アウターの3地域に分類し、中心市街地活性化を目的として、駅前周辺に公共施設・商業施設・医療施設等を整備するとともに、郊外部の開発を制限した。しかし、住替事業は郊外の住宅が売れないのが現実で、期待したほど成果が出ないまま終わったというのが市の分析である。

・「市営バス」改革

市内全域43路線、市民の約96％をカバーし、公営バスとしては、東京都営バスに次ぐ歴史があり、ほぼ独占的に運行している。しかし、人口の年率約1％減以上の輸送量が減少（年約3％減）で、毎年、一般会計から繰り入れても巨額の赤字で、市内在住高齢者市民用福祉パス（「いき・粋乗車証」。月1,000円で購入）等を含め、公営（公務員人件費等）であることが原因の負担も含めると、市民負担は約14億円、一般歳出の約1.2％に上ると試算される。

バス路線を都市づくりプランと整合性の取れた3つの性格「骨格」「幹線」「支線（フィーダー）」に分類し、路線別収支を市民に公開している。「フィーダー路線」を中心に非採算路線を順次、事業者への運行委託を開始した（入札で運行事業者を決定、路線により路線バス事業者、貸切バス事業者等が受託、赤字分を市が補填。現在は、9路線運行）。

具体的には、市営バス全路線を営業係数から支線（フィーダー）化対象路線として、2023年度の48路線中黒字の10路線を抽出し、バス交通に関する戦略目標の公共交通カバー率96％を維持するとともに、自動車交通CO_2排出量の削減を掲げた。その基本スキームは、利便性向上のためバス路線を再編成することで、路線を「骨格」「幹線」「支線」の3つに分類して、まちづくりの「インナー」「ミッド」「アウター」との整合性を取る。また、「骨格」は中心市街地を中心に東西南北方向、「幹線」は骨格路線を補完し、市街地を広範囲にカバー、「支線」は少ない需要にも対応できる郊外路線。骨格、幹線は市営バス（公営企業）、支線は市（行政）が運営すると、官民の棲み分けを狙っている。また、公共交通に関して、画一的なサービスから多様

図3.3　青森市のバス路線再編のイメージ

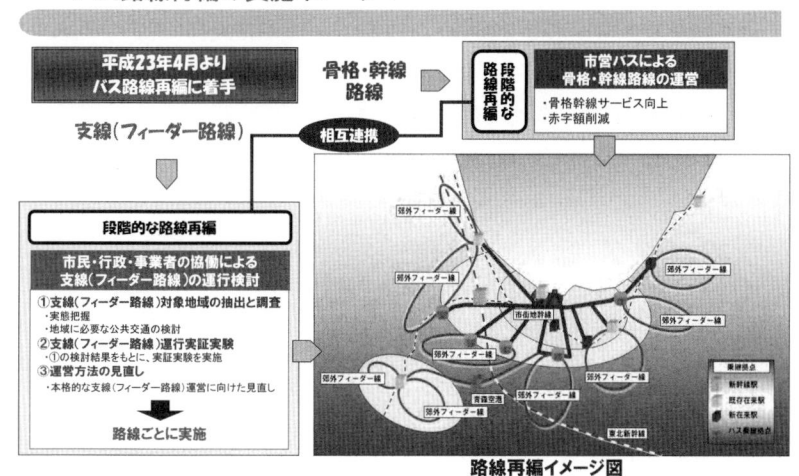

出典　青森市HP

表3.2　骨格・幹線・支線（フィーダー）

区分	路線の主な役割	路線の設定方針	利用者のメリット	運営主体
骨格	・走行性、定時性、運行頻度に関して高水準な路線	・交通需要量の多い路線 ・青森市の主要な交通流動パターンと整合した路線（中心部に向かう放射路線） ・バス優先施策が可能となる多車線路線	・運行距離が短くなり、バスの定時性が向上する ・路線が整理され、わかりやすいバス路線網となる	市営バス（公営企業）
幹線	・骨格路線を補完する路線 ・市街地内を広範囲に渡ってサービスする路線	・交通需要量の比較的多い路線 ・主としてインナーシティ、ミッドシティにおける現況のバス起終点や主要施設が路線端末部となるよう設定	・わかりやすい路線網となる	
支線（フィーダー）	・生活交通の確保	・主としてアウターシティに位置する郊外集落地区をサービスする ・接続箇所は、骨格路線および幹線路線の起終点部、現況の主要施設、交通施設、あるいは現況バスの起終点部を前提に路線設定	・需要の少ない地域でも一定水準の運行本数の確保が可能となる	市（行政）

出典　青森市HP

　なサービスにするため、運営方法の見直しをした（「コミュニティバス」「乗合タクシー」等へ転換。市営バス廃止の代替的「市民バス」）（図3.3、表3.2）。
　ところが、「市民バス」を運行後、サービスレベルの低下のためか利用者数が減少し、市が精算時に全額赤字補塡するので、結果的に市民の負担が増加してしまった。将来人口、年齢構成、居住地等を勘案すると、とても人口の96％をカバーできるバス路線の維持は不可能で、抜本的縮小策を検討する必要があると市担当者は認識している。

　なお、合併した浪岡地区（旧浪岡町）に「コミュニティバス」がある。通院者は無料である既存の市立浪岡病院の通院バスに代わり、2009年11月〜10年6月まで社会実験を行い、2012年4月から本格運行、運営は青森市、運行を弘南バス（道路運送法第4条乗合）が受託、運賃200円である。しかし、市立浪岡病院通院者は既存通り、無料である。

　ここまでの「市営バス」に関する歴史的な変化を見ると、下記のようにまとめられる。

　1914年、公営バス（ドル箱）　→　〜1962年、路線拡大（民営会社株式取得も）　→　モータリゼーション進展　→　輸送人員の大幅減＋肥大化した路線網（長大路線多い）により経費増加　→　収支の急激な悪化　→　再建計画策定（数次）　→　2004年、車両整備を民間委託　→　同年、運行・車両管理を民間委託　→　市町合併で合併町に過疎地域コミュニティバス（運営委託、運賃200円均一）　→　2009年、「公営バス再編計画」（路線網の見直し、運行委託＝公営企業として再編の限界）、「青森市総合都市交通戦略」（バス交通戦略）策定　→　市民バス（廃止路線と同ルートを民間事業者に運行委託（廃止前の市営バスと同額運賃）。2015年4月時点で10路線）　→　運行の管理委託を順次廃止

・「まちと交通サービスをシュリンク」するしかないのではないか（市担当者）

　市内の「インナー」「ミッド」のエリアで、2040年頃には人口集中地区（DID）は消滅するかもしれない、市の機能が維持できなくなるおそれがあると市担当者は懸念。それにあわせ、バス路線網、経営形態の検討が必要である。具体的には、市営バスの高い人件費が大きな負担となっている。また、住民の多くは、バスの利用とは市民として享受すべき権利であり、小学校とともに市内各地区の最低限の社会インフラ・行政サービスと考えている。しかし、引受け手となる民営乗合バス事業者がいない。将来は市運営公共交通空白地有償運送か、住民同士の世帯間送迎しかなくなるおそれがある。

　このように、市民が路線バスを必須の都市施設と考えているが利用は減少し、一方、民営バス事業者の引受け手がなく、路線バスに係る市民負担

が突出する青森市は県庁所在市の中で最も早く大きな問題に直面する可能性が高い。

　2016年時点での青森市等へのヒアリング等を踏まえた都市政策、交通政策等の状況は上述の通りであるが、その後、市長選等があり、また、中心市街地にも大きな変化が見られたので付け加えたい。

　中心市街地活性化のために第三セクター会社を設立し、青森駅にほど近い市内中心部に大型商業施設「アウガ（AUGA）」（9階建て）を1991年に整備したが、当初はある程度の利用があったものの、その後は利用者数が伸び悩み、整備費用が巨額の負債となって、当該第三セクター会社の経営が行き詰まり、市政運営上の大きな懸案事項にもなった結果、2018年2月末をもって1〜4階の商業施設は全店閉館し、その後は集約された市の行政窓口部門すべて（「駅前庁舎」と呼ばれる）が入居した（他の商業施設の出店はかなわなかった）。その結果、従前の5〜6階の「青森市男女共同参画プラザ（通称「カダール」）」、6〜9階の「青森市民図書館」を合わせ全館が市の施設（駐車場は522台分ある）になった（なお、地下1階は依然として魚、野菜等の地元商店、少数の飲食施設が占める）。「アウガ（AUGA）」は建設当初は全国的にコンパクトシティ、中心市街地活性化等の好事例として評価されていたが、「ハコモノ」を建設しても中心市街地活性化ができるわけではないという事例になってしまった。皮肉なことに、この場所に移転前の市庁舎（ただし、行政窓口以外のセクションは残った）は青森駅からやや離れた場所にあり、市民が庁舎訪問する際にはマイカーに頼ることが多かったが、「駅前庁舎」は青森駅前にあるバスターミナルにバスのほぼ全路線が発着するため、市営バス利用が増えているようである。また、訪れる市民もアクセスが便利になり、シャッター街になりつつあるが駅近くの新町商店街等で生活物資等を購入することができ、便利になったという声が多かった。

　1991年からの約26年を振り返ると、まちが膨張し、青森駅に近い本来の中心部から人、商業施設、行政機関等が拡散したため、コンパクトシティ化、中心市街地活性化等を図ろうと、大型商業施設（AUGA）、賑わい広場的な広場（パサージュ）等を中心部に整備して賑わいを取り戻そうとし

たが、思うようにいかず、これら施設整備のための巨額費用に係る借金が残り、大型商業施設内の商業施設は撤退し、市役所の窓口業務を入居させ、それまでの市役所庁舎は一部耐震工事を行うが、大半は取り壊して防災拠点として公園等にするという、現在及び将来市民の巨額の税金を使って、まるで「宴の後」の様相を呈している。市営バスだけは市役所等利用者を中心に利用客が伸び、市交通局の赤字（市民の税金）の減少に寄与するという「笑えない現実」がそこにある。整備新幹線青森延伸に沸いた青森市民はこの現実をどう見ているだろうか。

　他の地方都市でも中心市街地活性化のために整備された「ハコモノ」も利用者が減って、似たような状況に陥っていることも少なくないと考えられる。青森では、市営バスも利用者数が伸び悩み、市民バスを進めるという政策はひと区切りがついて、市当局は事態を当面静観するとしている。

27　青森市　…人口約30万人、財政規模約1,200億円、財政力指数0.54

　「市民バス」と称して、市営バス路線（市内全域ではほぼ独占状態）のうち、フィーダー路線を一部（10路線）、事業者に運行委託（第3章2‐6参照）。

28　秋田市　…人口約32万人、財政規模約1,300億円、財政力指数0.62

　経営悪化から徐々に市営バス路線を民間移譲してきたが、2005年路線バスへの市単独補助を制度化し、2006年市営バスを廃止し民間事業者に全路線移管、その後郊外部の路線バス撤退に際し、生活路線として必要なものを「マイタウンバス」と称し、全額赤字補助してバス・タクシー事業者に運行委託した。5路線11地区が、市営バス廃止後も増加した。それでも市営バス時代の1996年拠出金約11億円に比較すると、委託費は約1/4の負担で済み、市民の負担は軽減された。

　乗合サービスへの市民負担約3.5億円、約1,100円/人。タクシー利用券補助も検討されたが、約16億円という約10倍の市負担になると試算されたため、路線バスへの支援継続を決定。民営バス事業者の収入約15億円、費用19億円、補助金2.5億円（2007）。

　高齢者の福祉対策として、70歳以上の市民を対象に100円/回で市内バス路線に乗車できる「コインバス」を導入したが、その後、対象年齢を引き下げ68歳以上とした。

　中心市街地活性化のため循環バスをバス事業者に運行委託（運賃100円、21便/日、中型2台）し、運行収入の5%をインセンティブとして控除後、負担金を拠出した。

　また、市街地の拡大による行政コストが増大し、市街地低密度化による投資効率の低い都市形成を図るようになった。要点は以下の通りである（2005）。

・人口密度49人/ha

・インフラ維持更新費29,000円/人　→　2040年、39人/ha、36,000円/人

・自動車交通への依存が高く道路交通問題の顕在化（交通弱者対策、環境問題等）。

・公共交通利用の減少。

・都市機能・大規模商業施設の郊外展開が主な原因による、中心市街地の衰退からの脱却を目指し、コンパクトシティ化を図るが、現実には拡散が止まらない。

　基本的な考え方は、「地域公共交通総合連携計画」（2011）、「地域公共交通網形成計画」（2016）ともに変わっていない。県庁所在市として青森とともに厳しい状況である。

29　和歌山市　…人口約34万人、財政規模約1,400億円、財政力指数0.79

　民営バス1社で赤字補助（2013年度、2路線1,776万円）、ノンステップバス購入費を補助し、2010年度、5両416万円を講じる。生活交通対策として、2012年に「地域バスガイドライン」を策定、概ね5年ごと見直し、2016年に改正。地域主体で目的を地域バス導入に特化した団体「地域組織」を設立、運営主体となる場合（事業者に運行委託）に市が補助等を行う。2014年12月現在、紀三井寺団地線の1路線。かつては路線バスが運行されていたが廃止され、地元住民が従来の路線の一部を鉄道駅から団地まで延長し、協議会が運営し（従前の）路線バス事業者に運行委託した（2013・4運行開始）。市が運営する形態はない。

　この「地域バス」には、下記のようにいくつかの条件がある。

・定時定路線、概ね8時間運行/1台1日、年間約2万km、4往復以上/日、有償運送、原則11人以上の車両（交通不便地域が概ね25%以上、既存バス路線と競合を避ける）。

・地域の合意を得て、地域バス運営協議会を立上げ、市へ申請、地域公共交通会議での合意が得られれば、運行事業者を選定し、乗合バス事業の許可申請、車両は市が調達・無償貸与。

・1年間試験運行、その後1年間本格運行。試験運行時、運転経費の90%を上限に市が補助、本格運行時は80%を上限に市が補助（2012年策定当初、市街化調整区域は85%を上限としていた）。

・本格運行開始後、6か月経過後、地域バス利用状況、地域負担（運賃収入、協賛金等；

市補助の上限が運行経費の80％、20％地域負担）が可能か、基本的には運営協議会が判断。市の予算が確保されない場合、利用者が極端に少ない場合（運賃収入が運行経費の10％を切る場合）は運行継続できない。

・目標値として収支率50％を目指す（住民の乗車運動等により、2014年度運賃収入は20％近い）。

30　徳島市　…人口約26万人、財政規模約900億円、財政力指数0.80

　市営と民営が競合しており、市営バス利用者は1966年度のピークから1/9、市営バスへ繰入金が約6億～7億円と言われる。交通局の公企業会計は、収入8億6,841万円、支出8億7,012万円、▲171万円（下記、高齢者パス分は収入計上）、累積▲5,161万円（一般会計からの繰入れ等の詳細不明）。

　行財政改革としての交通改革が喫緊の課題であり、まず、「徳島市におけるバス事業の在り方と方向性について」（2008）で、市営バスの全20路線の評価・検討にあたっては、黒字化が難しく福祉的な観点から運行維持が必要な路線を「福祉路線」として、市が税金で10路線運営・維持している。その他の10路線を「企業路線」として位置付け、引き続き市交通局が運行する「公営企業路線」と、大幅に経常経費を削減しても収益改善の見込みのない「移行対象路線」とに選別した。移行対象路線とは、県内の他市の公営バス並みの経常費用368円/kmで改善しても赤字になる路線を緊急度が高い順に3分類したものである。すなわち、A 民営並み費用270円/kmまで改善しても赤字路線、B 民営並みなら黒字化、乗車密度が市営バスの平均7.6人未満の路線、C 民営並みなら黒字化、乗車密度が市営バスの平均7.6人以上といった内容である。

　さらに、2010年に策定した「地域公共交通総合連携計画」において、収支率等を基準に全市営バス路線のうち、民営バス並み費用でも採算が取れない路線を中心に、民営バスに赤字分を補填した7路線を運行委託した。さらに2014年、民営バスとの競合などの基準を追加して民営バスへの委託路線の増加などを内容とする「地域公共交通総合連携計画」を見直し、19路線中17路線を事業者に運行委託した。運行当初は、委託路線数9路線。ここから増加し17路線となった。逆に、全路線数は運行当初20路線から減少の19路線。この1路線を再編させたことにより、市負担を大幅に軽減させることに成功した。

　また、民間「応神ふれあいバス運行協議会」が運営する乗合タクシーのコミュニティバス1路線を運行。週3便、運賃300円均一、乗合タクシー（タクシー会社運行委託）1台、2011年12月より運行開始した。市が運行経費の一部補助している。高齢者福祉対策として、市営バス無料乗車証を市内在住70歳以上に交付、一方、民営徳島バスが独自に65歳以上市民に割引率の高い「ながいき定期券」発行しているが、これは高速バスには利用できない。

　なお、徳島県内では公営バス廃止の動きが広まっており、鳴門市は2013年3月末、市営バス事業を廃止、徳島バスが承継運行しており、市が赤字補助した「鳴門地域バス」が3路線を維持している。小松島市は2015年3月末、市営バス事業廃止、市が赤字補助し、徳島バスが承継運行している。

31　高知市　…人口約34万人、財政規模約1,500億円、財政力指数0.54

　公共交通分担率は3％と非常に低く、中山間地域、田園地域で幹線道路には接しない、離れている集落が公共交通空白地帯となっており、郊外の路線はすべて補助対象路線か廃止代替路線が31路線ある。中山間地域はそのうちの30路線、田園地域は1路線。廃止にあたり、生活路線として必要なものは行政が民営バス会社等と協定を締結し補助を前提とし委託運行とするか、協定はないが赤字補助前提となった。しかし、利用客減少から赤字補助額が急増して2011年度には生活路線運行維持補助金8,800万円＋廃止路線代替6,100万円合わせて約1.5億円、2013年度には生活バス路線維持補助1.08億円＋廃止代替バス運行費補助6,300万円、合わせて1.7億円となり、その維持が厳しくなっている。

　2011年策定の「地域公共交通総合連携計画」に基づいて、中山間地域に「地域交通」の導入を目指す構想を打ち出した。その内容は、市役所支庁舎周辺に「支線」（市中心部からの廃止路線代替バス）と「地域内線」との乗換ポイントを設け、11人以上／車両による1便／時程度の路線定期運行の支線の充実に加え、11人未満／車両による需要応答型の地域内線の導入（2012年度から実証運行、鏡地域・土佐山地域）する。また、田園地域も同様の地域交通の導入を目指す（市内の「都市幹線」「支線」と「地域内線」の乗換ポイントを設け、「地域内線」は東ゾーン、西ゾーンの2ゾーンに分け、循環型路線定期運行、東ゾーンは11人以上／車両、西ゾーンは11人未満／車両の導入、2012年度から実証運行予定ものだった。しかし、2013年10月より中山間地域（上記鏡地域・土佐山地域の2地域）で乗合タクシー（11人未満／車両）「愛あい号」「かわせみ号」を本格運行したが、田園地域は未実施である。その後、「地域公共交通総合連携計画」を改訂、「地域公共交通網形成計画」（2016.6）を策定し、中心部は放射状路線、プラス型ネットワークによる分散型ターミナル（4か所を基点）乗合バス、定時定路線、郊外部は乗換拠点として70か所の基点、周辺部・過疎地帯はデマンド型乗合タクシー、定時定路線型で乗換拠点を基点として「乗換前提」とする地域公共交通を目指している。

　2015年4月、土佐電気軌道、高知県交通が共同・新設・分割され、「とさでん交通」として再生した。

32　**長崎市**　…人口約43万人、財政規模約2,200億円、財政力指数0.54

　山坂が多く平野部は少ないため、公共交通分担率は比較的高い。市内バスや長崎バス、長崎県営バス等が運行し、そのうち優良路線は長崎バスの路線が多いとされる。また、路線バスへの赤字補助はない。
・長崎市運営の「コミュニティバス」8路線。
・路線定期型の運行では長崎バス・タクシー会社等への運行委託、赤字全額補填。
　路線により異なる運賃体系（対キロ、島しょは運賃100円均一）。
　エリアは、合併前の町村地域。
・「デマンド交通」（琴海地区、タクシー会社への運行委託、赤字全額補填）
　運賃300円均一。
　市のホームページでは「コミュニティバス」に分類される。
　エリアは合併前の町村地域。
・乗合タクシー（5地区、路線定期型の運行でタクシー会社への運行委託　赤字全額補填）
　運賃200円均一、エリアは合併前の旧長崎市内地域。
　このように、コミュニティバス、乗合タクシーが多くの路線・地区で運行されているが、生活交通へ市の関与の仕方は、多数ある島しょ部への施策とのバランスも考えられる。また、高齢者福祉政策の観点から、5,000円程度の市内電車・バス共通利用券を市内在住70歳以上の人に交付している。

33　**前橋市**　…人口約38万人、財政規模約1,400億円、財政力指数0.76

　バス会社が民営6社と多く、バス路線を行政の関与（補助）の観点から、「自主路線」「委託運行」「コミュニティ交通」に3分割し、自主路線はバス事業者が独立採算で運行、委託運行＝赤字分は行政（市民）負担、民間事業者に運行を委託。「コミュニティ交通」には、以下のようにいくつかの種類がある。
・中心市街地活性化のため循環バス
　「マイバス」4ルート、所要約1時間、運賃100円
　「街なか回遊バス」2ルート、週末のみ、運賃150円
・巡回バス「るんるんバス」
　2009年、合併旧富士見村地区で、定時定路線運行されていたものを承継、1年の試行後、2013年11月、バス停からバス停へのデマンド型乗合（ジャンボ）タクシーになった。

運賃210円、バス停数約150か所（バス停数が多くきめ細かいサービスが可能）。
・巡回バス「ふるさとバス」
2004年、合併した大胡・宮城・粕川の3地区、2007年、バス停からバス停へのデマンド型乗合（ジャンボ）タクシー、運賃210円、バス停数約240か所。なお、同地区で合併前は定時定路線型の6路線だったが2路線（1路線は休止扱い）となり、1路線は朝一便で需要が少ないため休止の可能性が大。
バス関係補助金3億円（福祉関係補助除く）、群馬県全域において65歳以上を対象に敬老共通バスカード（実質割引率30％以上）。

34 **福井市** …人口約27万人、財政規模約1,400億円、財政力指数0.83
民営バス4社（うち1社は第3セクター）。
・中心市街地のコミュニティバス「すまいる号」
第3セクターで地元商店街中心の「まちづくり福井」が運営。循環4ルート、運賃100円、民営バスに運行委託。
・「地域コミュニティバス」
6路線。定時定路線型（運賃100〜200円、車両はバス・ジャンボタクシー）・デマンド型（運賃200〜300円、ジャンボタクシー・セダンタクシー）、NPO等運営協議会が運営し、市が欠損補助（全額補助。ただし、年間上限額は、定時定路線型800万円、デマンド型600万円）。
・「乗合タクシー」
2地区（運賃200円、ジャンボタクシー）。
・「地域バス」
市運営自家用有償運送・スクールバス等を活用。合併3地域6ルート（運賃100円）。
バス、乗合タクシー事業者への運行費補助約1億3,900万円（うち、上記の「乗合タクシー」は約1,100万円）、福祉政策としての「高齢者パス」の制度はない。

35 **長野市** …人口約38万人、財政規模約1,600億円、財政力指数0.68
広域合併のためか旧合併町村のサービスを継承している例が多く、次のようにいろいろな形態がある。
・「市営バス」
市運営自家用有償運送6地区26路線（スクールバス混乗4路線を含む）。2005年1月、1町3村、2010年1月、1町1村との合併に伴い、合併協議書に明記して、旧町村で運行されていた「町村営バス」を「市バス」として継続運行（バス・タクシー会社に運行業務委託）。運賃は、1路線は廃止代替バスと競合区間があるため当該区間は対距離、それ以外は200円均一。車両はマイクロバス、ワゴン。約1億円負担。
・「委託バス」（一部補助）
4路線、約450万円補助。
・「廃止路線代替バス」
8路線。7路線は民営バス事業者、1路線は鉄道事業者が運行していたが、当該不採算でバスまたは鉄道を撤退する状況になった際、市（廃止鉄道路線1路線は沿線3市）が生活路線として必要と判断し事業者と協定を結び、市の補助要綱に基づき、想定運行経常損失の全額を補助することとなっている（運行事業者は従前と同じ場合が多い、運賃は従前と同じ）。
約9,000万円補助。
・「循環バス」
4路線。中心市街地循環「ぐるりん号」1路線（運賃150円均一）、地域循環コミュニティバス3路線（「東北ぐるりん号」、運賃200円均一。「篠ノ井ぐるりん号」、運賃200円均一。「茶臼山動物園線（ZOOぐる）」、運賃150円均一）。いずれも民営バス事業者に委託、想

定赤字分全額補助。約3,000万円補助。
・中山間地域「事前予約型乗合タクシー」
　6地区。週3日運行、運賃200円均一、ほぼ通常タクシー車両。2地区は路線バス廃止後のエリア。タクシー事業者に運行委託、想定赤字分全額補助。約1,400万円補助。
・「乗合タクシー」
　10路線。運賃200円均一、ジャンボタクシー。公共交通空白地域、タクシー会社に運行委託、想定赤字分全額補助。約1,400万円補助。
・「お出かけパスポート」
　市内在住70歳以上に、路線バス・市営バス・乗合タクシーが1回100円で市内区間を乗車可能になるICカードを配布（合併町村民には大きな魅力であった）。市負担約1.4億円。
・上記に係る市負担総額は約4億円（一般歳出約1,500億円の約0.27％）、鉄道を含む交通関係全体（交通安全、スクールバス、ICカード費用等含む）で11.77億円（一般会計歳出の0.77％）。市当局は広域合併による各種政策に係る交通関係補助が大きくなったと感じており、これ以上の補助額の増加をおそれている。
・さらに、路線バス補助4路線、生活路線車両購入費補助。
　2014年1月、「市公共交通ビジョン」を策定したが、2015年3月、北陸新幹線金沢延伸等（北陸方面からの訪問客も期待）から、2015年4月、同ビジョンを改定した。市域が非常に広いため（約835km²）、「一房のぶどう」の大きさ（需要）の違う「粒」（拠点）に、どのような「枝」で栄養を送るか（市内自動車分担率は約7割に近く、公共交通は約6％）という考え方である。
　長野県との放射状線は民間路線バス、鉄道駅周辺はコミュニティバス（行政主体）、中山間・交通空白地域は市バス・乗合タクシーで定時定路線・デマンド運行（行政主体）という交通手段で、人口の約85％をカバー（バス停から300m以内等）することを目標としている。また、交通空白地域での移動手段確保策を見直し、利用実態、空白地域の範囲を把握することが必要である。その後、運行継続の基準を地域公共交通会議で設定し、運行継続基準に満たない場合は、地域住民（団体）主体で運行方法を決議し、地域・企業等が応援経費を負担する等のさまざまな手法を行政等がサポートして選択するという考え方を公表している。
　これまでの意識は維持・確保ができなくなるとの認識であったが、公共交通は「自分や地域の問題」との意識に変わることが必要である。バス会社の欠損を年間約1.5億円と想定すると、市民に「あと2回乗車」を期待したい。具体的には、市が片道無料券2枚/人を配布、欠損分の半分は利用者が負担し、半分は市民の税金で補填するという方法である。

36　**盛岡市**　…人口約30万人、財政規模約1,100億円、財政力指数0.66
　人口規模、積雪等の自然環境は青森市、秋田市と大差ないが、人口減少・高齢化が相対的に遅い。大学を除いて、ほとんどの主要施設が市内中心部に残るが、市内中心部にあった医大が約10km離れた郊外に移転中であることが懸念材料である。
　市単独補助はないが、バス事業者が3社で競争が激しく、比較的公共交通が利用されている。その例が、中心部の活性化に役立っている都心循環バス「でんでんむし」であり（民営バス会社が運営・運行、黒字、運賃100円均一、9:00～19:00運行）、非常に利用者が多く、高齢者の立ち乗りも多々見られる。
　JR盛岡駅から郊外の大規模団地間等で「ゾーンバス」を実施し、一地域であるが市内北部の松園地区では成功している。これはバス専用レーン（「基幹バス」）に加え、ミニターミナルの整備で効果が上がったためである。「ゾーンバス」の費用約16億円中、市が6億円負担した。この事例から、市は専用レーンだけでの成功は難しいと認識している。また、コミュニティバスなどはないが、「行政バス」を活用している。具体的には、山間部のスクールバス・患者輸送車両への混乗である。
　高齢者福祉対策として、「お出かけパス」がある。これは、70歳以上の高齢者は居住地

から市内中心部へのアクセスに限り乗り放題。対象はバス全路線で、利用者負担は5,400円/半年となっている。

37 富山市 …人口約42万人、財政規模約1,600億円、財政力指数0.77

コンパクトシティ構想を標榜しており、富山型コンパクトなまちづくりと公共交通活性化対策を一体として推進中。「お団子と串」というユニークな公共交通機関優遇策を都市政策として講じている。市内公共交通機関（路面電車、鉄道、バス）の幹線を「串」、その駅・バス停及び周辺を「お団子」に見立て、そのエリアに居住人口を集める戦略である。公共交通沿線居住推進事業として、鉄道駅から半径500m、高運行頻度バス路線（概ね60回以上/日）のバス停から半径300mの用途地域決定済活用地に住宅を取得・建設する場合に市が補助する制度がある。「地域公共交通網形成計画」（2016策定）。

広域合併のため、旧合併町村のサービスを継承する例が多く、交通面でもいろいろな形態があり、民営バス会社が2社（全額出資の親子会社）ある。

・「市営コミュニティバス」
4地区5路線。2005年合併旧町村エリア、民間バス会社への運行委託1地区（赤字分は全額補填）・市自家用有償運送3地区。

・「地域自主運行コミュニティバス」
4地区。地元協議会が運営、市は運行費補助9/20上限・車両無償貸与等、バス会社運行委託。

・「乗合タクシー」
大沢野地域に居住する70歳以上または65歳以上の高齢者世帯で、交通移動に不便な人を限定に「シルバータクシー利用証」を配布。デマンド型、運賃300円/乗車、市運営、タクシー会社に運行委託（入札）し補助（精算条項はない）。

・「まいどはやバス」
民間会社（「まちづくりとやま」）の運営コミュニティバスで、中心市街地循環、100円均一、昼間運行。

・「フィーダーバス」
富山ライトレール整備時に撤退したバス路線に、富山ライトレール会社（市等出資）が運営・運行する（ライトレールへの接続路線）2路線のコミュニティバス。

・高齢者対策のバス式敬老乗車券
市内在住の65歳以上が対象、9:00～17:00運行、市内各地から中心部へ100円/乗車、利用者の負担金1,000円。

38 津市 …人口約28万人、財政規模約1,000億円、財政力指数0.74

民営バス1社（三重交通）。広域合併もあり、いろいろな形態のバス等がある。

・廃止代替バス「津市自主運行バス」
8路線。バス等会社に運行委託。広域合併のため、従来からある「津市コミュニティバス」との整合性を図る必要があると言われている。

・「ぐるっと・つーバス」
中心市街地をNPO法人「バスネット津」が運営するコミュニティバス。運賃100円。2004年から運行。近くにバス路線があったことから、市コミュニティバスができず、民営バス会社も引き受けずにいたが、住民、商店街、病院等からの運行要望及び一部負担と市からの補助を得て、現在は三重交通に運行委託されている。

・「津市コミュニティバス」
以下の8地域、運賃200円（一部対距離制）。市町村合併時に3年かけて検討するとの合併協議書に基づき検討した結果、地域別にばらばらであったが市内共通ルールを策定、2010年に「津市コミュニティバス」になった。

・白山地域運行（3ルート）…合併前、旧白山町が「町民バス」（運賃250円、1986年～）を運行していた。

- ・河芸地域運行（2ルート）…合併前、旧河芸町が「町民バス「スマイルGO」」（無料、2004年〜）を運行していた。
- ・芸濃地域運行（4巡回ルート）…合併前、旧芸濃町が「町民バス」（運賃100円、2003年〜）を運行していた。
- ・美里地域運行（2ルート）…合併前、旧美里村が「村民バス」（運賃100円、2003年〜）を運行していた。
- ・安濃地域運行（4ルート）…合併前、旧安濃町が「巡回バス」を無料で運行していた。
- ・美杉地域運行（往復1ルート）…合併前、旧美里村が「村民バス」（対距離制、1992年〜）を運行していた。2006年合併後も同じ運賃体系（200〜700円）だった。
- ・久居地域運行（5ルート）…合併前、旧久居市が無料で「福祉バス」を運営してきたためそれを当面継続。
- ・一志地域運行（2ルート）…旧一志町が運営する「デマンドタクシー」（交通空白地域で住民登録、自宅と指定施設まで運賃200円）。タクシー会社に運行委託。
- ・「乗合タクシー」
  地元協議会が中心になって運営し、高松山団地に住む住人が登録し、乗合ワゴンをタクシー会社に運行委託。市が一部補助している。運賃300円、週2.5日。
- ・2015年度から、交通空白2地区で地元自治会が運営する「乗合タクシー」が運行開始。タクシー会社に運行委託。市が一部補助している。運賃300円、週1日。市は、交通空白地区で住民が希望する場合は同様の方式を導入する考えを「地域公共交通網形成計画」（2015）で明らかにしている。

39　**高松市**　…人口約42万人、財政規模約1,600億円、財政力指数0.80

- ・「まちバス」中心市街地活性化を目的とした路線（中心市街地・丸亀町の商店街振興組合がバス会社に運行委託。運賃100円）。
- ・「コミュニティバス」
  3地区。貸切バス会社に運行委託。運賃200円。合併旧町営バスを継承。「最低限度運行」（週3日、1日3往復）については3割、それ以上の頻度の運行部分は5割の地元負担を前提に、残る赤字分は市が補助。
- ・「香川シャトル」（香川・香南町、運賃は対距離制、乗合バス事業者が自主運行、市は赤字分のほぼ全額補助）、「太田駅サンメッセ」（運賃100円）、「県立病院」（運賃100円）（鉄道駅からのフィーダー輸送に資するとして、自主運行するバス会社に市が9/20を上限に補助）。
- ・「乗合タクシー」
  2地区。地元自治会・協議会が中心。タクシー会社に運行委託。市が一部補助。運賃300円。
  　まちづくりと公共交通利用促進策に関して一貫した取組みがなされており、「第5次高松市総合計画」（2008.2）及びそれに続く「高松市都市計画マスタープラン」（2008.12）で「多核連携型コンパクト・エコシティ」形成を目指すとしたが、財政難等から県知事の琴平電鉄連続立体交差事業中止表明（2010.3）を受け、「高松市総合都市交通計画」（2010.11）を策定し、「高松市公共交通利用促進条例」（2013.9）を制定した。さらに、県が断念した琴電連続立交事業を市が推進すべく「高松市地域公共交通網形成計画」（2015.3）、「高松市地域公共交通再編実施計画」（2016.3）を策定し、琴電連続立交事業に伴い整備される新駅等の公共交通結節拠点を整備し、近畿圏への高速バス路線整備及び結節点整備に伴うバス路線再編を打ち出した。バス路線再編の実現には関係者の合意等に時間を要することが予想されるため、地域公共交通再編実施計画の大臣認定を受けるのは、認定後5年間であり、得られる補助金の時期の問題から先送りしている。また、2016年度「高松市公共施設再編整備計画」策定及び「高松市立地適正化計画」策定を予定している（公共インフラとパラレルに検討されている）。

40 **岐阜市** …人口約42万人、財政規模約1,600億円、財政力指数0.80

　公共交通を軸にしたまちづくりに積極的で、「地域公共交通総合連携計画」（2013.8）によると、市交通部及び名鉄バスの路線譲渡によって、岐阜乗合自動車1社が運行し、市内に起終点を持つバス路線の6〜7割が赤字運行、赤字補助額は概ね1億円で推移している（赤字補助対象路線は郊外団地との路線、旧市営バスからの譲渡路線が主）。

　コミュニティバスは2006年度に導入され、現在13路線、地区数、利用者数とも年々増加（1地区を除き運賃100円、高齢者は2割引）、赤字補助額は年1億円弱の状況。

　さらに、都心型循環コミュニティバス3路線を加えて、路線バス・コミュニティバスの（日常生活移動）カバー率約85％であった現状から、次のような強化策を打ち出している。

・「幹線」「支線」「コミュニティバス」等が連携したバスネットワークの確立を目標とし、具体的な内容は以下の通り。
　・幹線は8放射を基本とし、強化策としてBRTの導入を推進、支線区間は地域のニーズに応じた運行、必要に応じ直接幹線からの乗り入れを行う。
　・幹線の運行間隔は早朝・深夜を除き終日10分以内、広域幹線はピーク時20km/h以上（市内市街地を概ね30分以内）、所要時間変動係数を15％以内。
　・支線の運行間隔1本/h、幹線と円滑な乗継ぎ（原則10分以内）を可能にするダイヤ。
　・「市民協働の手づくりコミュニティバス」を展開、試行運行期間原則2年以内、一定条件（補助基準：運行地区の高齢者密度で年間補助上限額・率がある。上限約1,000万円弱/路線）を達成すると本格運行、16地区で運行されると（2015・6達成）、市内50地区（校区）の、39地区（校区）をカバーする。
・「老人お出かけバスカード」は、市内在住の70歳以上を対象に券面額3,000円・2割引カードを1回のみ交付（チャージ後も2割引）。

　また、中心市街地活性化のため「循環コミュニティバス」3路線（市運営、運行委託はバス会社2路線、タクシー会社1路線）に加え、市内中心部の基幹的役割を果たすBRT、乗換ターミナル等の整備。拠点ターミナルはJR岐阜駅前とし、サブのトランジットセンターは方面別に複数設け、支線への乗換えに資する。そして、この試みを果たすべく全国初の「岐阜市地域公共交通網形成計画」を策定した（2015.3）。その主な内容は、次の通りである。

・公共交通カバー率（鉄道駅から1km、路線バス停から500m、コミュニティバス停から300m）は96.3％を目指す。
・岐阜駅以北では岐阜駅を中心に放射状の路線、利用者が多く、鉄道のフィーダーの役割を果たしているが、岐阜駅以南では利用者も少ない。
・全体ではバス路線の約6割が赤字路線。
・幹線バス路線上に人口の56％が居住。
・幹線バスにはBRTの導入等、支線バス、コミュニティバスと組み合わせたネットワークの形成を目指す。
・バスの路線再編を実施し、幹線バスの起終点にトランジットセンターを設け、公共交通軸沿線・拠点バス停とともに都市機能を誘導。

　このように、生活交通分野は「市民協働手づくりコミュニティバス」を重視する政策（生活交通に関して地域住民に負担と責任を求める）で地域運営協議会が運営し、事業者に運行委託（市が一部補助）する方式を推進しており、「コミュニティバス」は18路線（1地区を除き運賃100円・高齢者2割引、赤字補助計1億円弱、小学校校区50中39校区で導入を目指しすでに達成。小学校校区をコミュニティの単位・規模と考えて対策を講じる点は示唆に富む）。

　上記「岐阜市地域公共交通網形成計画」を実現するため、「岐阜市地域公共交通再編実施計画」を策定し、本邦初の大臣認定を受けた（2015.8）。

41 **鳥取市** …人口約19万人、財政規模約1,000億円、財政力指数0.51

　民営バスが2社あるが、歯止めのきかない公共交通利用者減、移動手段を公共交通に依存する人への対応、交通事業者を取り巻く厳しい経営環境、行政負担額の増加等の状況に対処する「地域公共交通総合連携計画」（2009策定、2011改定）で、以下を提案している。
・路線の役割に応じたバス路線の配置。
　JR鳥取駅から放射状に延びる現行の乗合バス路線を、主要拠点を連絡する「幹線系」と主要拠点と周辺地域・集落からの地域内サービスを担う「支線系」に再編成。また、利用客の移動ニーズに応じた路線の新設等。
・NPO等法人運営する公共交通空白地自家用有償運送の導入支援制度があり、福部地区「らっちゃんバス」（市社会福祉協議会）と「ふるさとバス」大郷・御熊・中海中地区（NPO法人OMU）の2路線がある（市が一部補助）。また、地域の自発的な取組みによる新しい移動手段の確保、既存のタクシー利用（乗合タクシー等）の利用。
　さらに、特に、人口減少・高齢化の著しい鳥取市内の南部地域に特化した「南部地域新総合公共交通計画」（2012.3策定）が以下の内容である。
　・「幹線系」は6:00〜21:00運行、10〜15分間隔の運行、朝夕を中心に急行便等を運行。運賃は現行と同じ対距離を採用するとともに、乗継拠点を整備し、支線系などとの接続を図る。
　・「支線系」は住民とともに策定、小中学校通学便は現行と同じ、それ以外はできるだけ運行回数を減少し、車両サイズも小さくする、交通空白地域を最大限なくするため、デマンド型乗合タクシーの区域運行を図り、運賃一律200円（幹線と乗継割引100円）。なお、交通空白地域を鉄道駅・バス停から400m以上離れた地域としている。
　・予想収支：幹線系▲約8,000万円、支線系▲約3,000万円、収支改善は利用者増によるもの。
　さらに、市内全域で乗合バスの撤退後、「代替タクシー」として、当該路線に乗合タクシーを運行する場合、経常損失全額を補助する施策、小中学校の遠距離通学を余儀なくされる家庭に公共交通利用の場合は定期券補助（少額の自己負担）、自家用車の場合はガソリン料金を補助（16円/km）する施策を講じている。
　具体的に市が関与するバス等の形態としては、下記の通り。
・市内中心部活性化のため、市内循環バス「くる梨」3ルート（市が運営・民営バス会社に運行委託、運賃100円、市の負担3,000万円/年）。
・「気高循環バス」4ルート（気高町内を運行、市運営自家用有償運送（29人乗り車両、運行業務を民営バスに委託）、運賃200円、市の負担1,200万円/年、市福祉バス路線、民営バスの廃止代替路線などで運行）。
　また、高齢者福祉対策として、高齢者（65歳以上、70歳以上、75歳以上で定期券代が違う）対象の割引定期券（約3割引）の施策を講じている。
　NPO法人運営の自家用有償運送に市が一部補助、2地区。

42　鹿児島市　…人口約61万人、財政規模約2,500億円、財政力指数0.68
　中心部は軌道（市営）とバス（市営、民営）。生活交通の面は以下のように各種の形態がある。
・「廃止代替バス」
　10路線。うち8路線は市交通局が継承運行、2路線は赤字補助前提で民間事業者に運行依頼。
・「桜島島内の廃止代替バス」
　1路線。交通局が継承運行。
・コミュニティバス「あいばす」
　10地区28路線。運賃150円。民間バス会社に運行委託。
・さらに利用者の少ない地域で「吉野循環バス」
　2コース。運賃150円。民間バス会社に運行委託。
・「乗合タクシー」

　1地区。デマンド型5便/日。市タクシー協会に運行委託。地区内の自宅から近傍団地の
バス停まで運賃150円、その他駅等まで650円。
・市負担は、交通局が運行する以外の上記諸対策と運行対策費補助金で計約1.8億円
・その他に「敬老パス」がある（市内在住70歳以上。普通運賃の1/3で、市営・民営を問
　わず全公共交通機関の利用が可能）。
　市交通局は「経営健全化計画」を2011年度に策定した（当時欠損額約2.5億円/年）が、
利用者減に歯止めがかからず、想定以上に欠損額が拡大したため、2014年4月に改定（欠
損額約4億円/年、累積欠損額45億円）、経営は非常に厳しい。市交通局はバスのほか、路
面電車（2路線）も運営している。

43　山形市　…人口約25万人、財政規模約900億円、財政力指数0.74

　2010年「地域公共交通総合連携計画」を策定して、市内を「中心市街地」「公共交通利用圏」
「地域生活交通圏」（路線バス以外の生活交通が必要なエリア）に三分し、エリアごとに、
それぞれ目標を設定、中心市街地から放射状に延びるバス路線に対しては、交通軸（7:00
〜8:00の1時間に2本以上バス運行）、準交通軸（1時間に1本以上バス運行）を設定して育
成を図る（市西部地区に交通軸は現在ない）。
　具体的なバス関連施策として、中心市街地活性化のための循環「コミュニティバス」1
路線（市商工会議所が運営、運賃100円）のほか、「コミュニティバス」1路線（高瀬地区、
平日2〜3便）、「地域交流バス」1路線（週1便）（ともに路線バス廃止地区で、運賃は地区
内200円、地区と市中心部の間300円、バス会社に運行委託、赤字全額を市補助（負担金
形式））、路線バス廃止後、沿線住民が運営する自主運行デマンド乗合タクシー「スマイ
ルグリーン」（週2便、市一部補助）。
　さらに、2011年路線バス撤退に伴い、「コミュニティバス」が1路線（西部循環線、運
賃はエリア内100円、エリアを超えると200円）増加。今後も公共交通の衰退が見込まれ
ることから、「地域公共交通網形成計画」（2016.3、計画期間は2016〜20年度の5年間）を
策定、「やまがた公共交通サービス向上宣言」を出し、従来以上に、まちづくりと連動し
た交通施策を推進している。

44　佐賀市　…人口約24万人、財政規模約900億円、財政力指数0.63

　「佐賀市公共交通ビジョン（2011〜20）」を2010年に策定し、都市機能集約型・地域拠
点連携型のコンパクトなまちづくりを目指し、佐賀駅から放射状に延びる幹線バス網を
維持しつつ、地域特性に応じたコミュニティバスなど（小型バス、デマンドバス、デマ
ンドタクシー）で地域の公共交通を守る方針を明らかにした。
　また、バス会社は市交通局、民営バス3社あるが、市民負担の大きい市交通局の経営悪
化に対応して「経営健全化計画」を策定、2014年11月に完了し、資金不足を解消した。
生活交通の分野は「コミュニティバス」3地域（デマンド型タクシー1地域、タクシー会
社に運行委託）、富士町コミュニティバス（市運営自家用有償運送、運賃100〜300円、町
を8ブロックに分けて月2回運行）、三瀬地区巡回バス（合併前村営バス、西ルートは市、
東ルートはNPO法人が運営）。

45　松江市　…人口約21万人、財政規模約1,000億円、財政力指数0.55※

　広域市町村合併で市域が広いため、合併前の施策を継承するとともに、市が関与する
バスは、「コミュニティバス」13地区（旧合併町村で8地区（合併前は町村営バス）、旧松
江市内の交通空白地5地区）。13地区のうち、「デマンド型乗合タクシー」（旧松江市内2地区、
地区協議会が運営、運賃200円均一が主、バス・タクシー会社に運行委託。市全額赤字補
助の方式は8地区＋1地区の一部路線）、「市運営自家用有償運送」はすべて旧合併町村4地
区（＋1地区一部路線（旧美保関町営バス継承が赤字最大、全体の約半分、数千万円））。
　「松江だんだんバス」（市内在住65歳以上の高齢者が対象で、市営バスのみ利用可能、

利用者負担は5,000円/月・2万円/半年等）、一畑電鉄バス利用者が「共通バスカード」を使用し市営バスに乗車した場合、運賃が100円割引。

　バス運行に係る市の一般会計負担金額は、民営補助、市営バスへの繰入れ、コミュニティバス、スクールバス、高齢者・障害者・通学割引で、合計7.5億円（2014年度）。

※島根県は全国で最も早く高齢者人口の減少が始まり（2020頃）、財政力指数は全国の都道府県で最も低く、0.22。

46　山口市　…人口約20万人、財政規模約800億円、財政力指数0.65

　かつては市営バスがあったが、1999年、最大の民間バス会社に完全に移譲され、現在バス会社は4社。

・「山口市コミュニティバス」
　市が運営。公共交通空白地の吉敷・湯田ルート、大内ルートの2ルートで、1時間おきに運行、運賃200円、防長交通に運行委託（赤字は全額市負担）。

・「コミュニティタクシー」
　地域住民が主体（コミュニティタクシー推進協議会等）で運営、8地域、運行はタクシー会社に委託（赤字は一部市負担）。

・興味深い施策として、「グループタクシー利用券」の交付制度がある。利用者が4人以上のグループ、自宅から公共交通機関バス停等まで1.0km以上離れている、市内在住65歳以上等の要件をすべて満たす場合、自宅からの距離により運賃額が違う（300～700円）が、年間60枚/人の利用券を交付。

・民営路線バスの廃止代替バスとして、市町村合併前から町営バス（阿東町、徳地町）が運行されていたが、合併に伴う市民の足を守るため、市運営の「生活バス」として運行されている（阿東・徳地地区）。運行形態は、阿東地区2ルートが市運営自家用有償運送、残る阿東地区ルートはタクシー会社に乗合タクシーの運行委託、徳地地区は民営バス事業者に乗合バス運行委託、全額赤字補填。

・「高齢者優待バス乗車証」　市内在住70歳以上。100円/乗車。

47　宮崎市　…人口約41万人、財政規模約1,500億円、財政力指数0.60

　県内唯一のバス会社であった宮崎交通は収支が悪化し、2005年産業再生機構及び地元等産業界の支援を受けたグループ8社の持株会社「宮交ホールディングス」の経営下に入り、支援期間中の2006年10月に弁済が完了した。

　中山間地の生活交通には以下がある。

・北地区のコミュニティバス「あやめ号」
　運賃200円、週3日運行、ジャンボタクシー、運行協議会が運営、タクシー会社に運行委託。

・「乗合タクシー」
　路線バス利用が困難な高岡地区住民限定（登録制）。運賃300～700円、週6日運行、小型タクシー、運行協議会がタクシー会社に運行委託。

・「木花巡回バス」
　運賃200円、17便/日、地域協議会が運営、貸切バス会社の宮崎観光バスに運行委託。
　宮崎交通の廃止路線を1年弱、市の赤字補助（1/2）を受けて廃止代替バスが運行していたが、利用客減で廃止、高齢者等の足を確保するため、「宮崎市コミュニティバス運営方針」に基づき、2007年12月から運行開始した。
　高齢者用バスは市内（3か月以上）在住70歳以上対象「敬老パスカ」（乗車または降車停留所が市内である宮崎交通利用、100円/回）、65～69歳対象「悠々パス（半年）」（県内発着の宮崎交通、半年定期券購入補助2,500円＋乗車時利用者負担100～500円）。
　スクールバスは6路線あり、タクシー会社に運行委託している。

48　甲府市　…人口約19万人、財政規模約700億円、財政力指数0.76

民営バスが3社（うち2社は親子会社）あるが、コミュニティバス、デマンド交通等はない。5年以上前に年次を分け、両方の実証実験の結果、コミュニティバスは北・南の循環バス2ルート、デマンド交通はJR甲府駅にあまり遠くはないが坂の多い地域で実施したが、需要がなく本格運行に至らなかった。

廃止代替バス4路線（バス会社等に運行委託。年度末の精算で赤字分全額補塡）。

2015年2月現在、昇仙峡の宮本地区住民を対象としたデマンド型の無償運送の実証実験を行った後、2015年4月以降は市運営自家用有償運送（デマンド型運行）へ移行（一部は廃止代替路線と重複）。

JR中央線は特急列車もあまり速くなく、豪雨等の自然災害にも弱く、運休も少なくなかったが、リニア建設が始まり新駅が設置されることから、市民の期待が集まっている。

49　松山市　…人口約52万人、財政規模約1,800億円、財政力指数0.69

JR、伊予鉄道（鉄道・軌道）のほか、バス5社。うち1社は中島島内のみにあるが、主たる事業者が黒字企業であり、実態は当該事業者にお任せに近い状態にある。一部の赤字路線に国・県とともに補助で対応してきた。

市・民間を問わず、廃止代替バス、コミュニティバス、乗合タクシー、過疎地自家用有償運送等はなかったが、2015年4月から島しょ部（興居島）において、社会福祉法人が運営する過疎地自家用有償運送開始（運転者、車両持込みのボランティア）、運賃500円（1人乗車）・300円（2人）・200円（3人）、地域公共交通会議のメンバー（地域代表）として個人タクシーが参加した。

50　水戸市　…人口約27万人、財政規模約1,000億円、財政力指数0.82

民営バス4社。市から路線バスへの赤字（運営費）補助はなく、コミュニティバス（市運営自家用有償運送含む）、乗合タクシーもない。

特殊な例だが、廃止になりそうな路線に関し、地元からの要望もあり、2010年度から3年間社会実験、2013年度から3年間確保維持事業しないと補助が打ち切られるとして地元の利用促進運動、沿線の水戸・那珂市の負担で維持しているものが1路線ある（市負担は約50万円）。

51　宇都宮市　…人口約52万人、財政規模約1,900億円、財政力指数0.94

「ネットワーク型コンパクトシティ」を目指し、鉄道（JR・東武）、民営バス3社のほか、東西基幹交通としてLRT新線構想（宇都宮市と隣接する芳賀町との間の路線、JR宇都宮駅をまたぐ路線の2ルートで両路線はつながる計画）がある。

公共交通空白地（鉄道駅から1,500m、バス停留所から250m以遠の区域と定義）は、市の可住地面積の約62％、人口の約33％（約17万人）が居住しているとの認識の下に、市が目指す公共交通ネットワークとして、①基幹・幹線公共交通ネットワークの構築⇒鉄道・東西基幹公共交通（LRT）・主要バス路線、②基幹・幹線公共交通ネットワークを補完する公共交通の整備⇒ミニバス・地域内交通、③交通結節点の機能強化による乗継ぎ円滑化、駐輪場整備等によるアクセス圏域の拡大を挙げている。

バスに関する施策として、次のようなものがある。
・赤字補助
　国、県、市の赤字補助（全額補助ではない）。市負担分約4,000万円。
・需要が見込まれるエリアで新規路線開設
・中心市街地における循環バス社会実験
　南循環線。道路運送法第4条事業者。補助約900万円。
・郊外住宅における循環バス社会実験
　平松本町線。道路運送法第4条事業者。補助約900万円。
・交通空白地帯の解消（市街地、郊外）。

- ・「生活交通確保プラン」（2006）に基づき、「地域内交通の導入」施策を実施
地域・事業者・市の協働。市は赤字の2/3を上限として補助。ほかに、車両補助40万円もある。
- ・地域運営協議会が運営の定時定路線型乗合タクシー1地区（ジャンボタクシー1台）「さきがけ号」。運賃150円。運賃・協賛金だけでは不足する分は同協議会に対し、市が不足分の2/3を上限として補助。2008年8月運行開始。
- ・現在試験運行中を含め、地域運営協議会が運営するデマンド型乗合タクシー12地区運賃300円・150円。運賃・協賛金だけでは不足する分は同協議会に対し、市が2/3を上限として補助、約7,000万円。
- ・旧上河内町町営バスは、このデマンド型に変更されている。
- ・福祉バスなどはない。

　宇都宮市と芳賀市にまたがり、JR宇都宮駅を東西にまたぐ新規LRT整備計画については、まず、東部の工場集積があり、通勤客で道路混雑が激しい地区について「芳賀・宇都宮東部地域公共交通網形成計画」（2015.11）を策定、その推進を図っている。JR宇都宮駅を東西にまたぐ区間については各種議論があるようである。2016年秋に市長選では推進派市長が再選したが、反対派候補と僅差であった。

52　**大津市**　…人口約34万人、財政規模約1,200億円、財政力指数0.79
　民営バス4社。現時点ではバス路線は廃止されてないが、バス事業者への赤字補助制度はある。廃止代替バス、コミュニティバス、乗合タクシー等はないが、バス事業者の社内で検討中のようだが、路線撤退の動きが複数路線ある。
　「パートナー協定締結方式」は、金沢のバストリガー方式と極似しており、大津市南部の上田上地区は実証実験を4年間行ったが、期待通りの需要がなく、引き続きどのような形態が望ましいかについて地元協議会を中心に検討を行う予定。また、2015年度から、山間部において「デマンド型乗合タクシー」の実証実験「パートナー協定方式」を行ったが、成果が上がらず廃止された。
　高齢者パス等はない。
　JR湖西線等の整備・高速化で、急激に京阪神のベッドタウンになり、まちが若い。高齢化、人口減少のスピードはともに全国平均より大幅に遅い。

53　**大分市**　…人口約48万人、財政規模約1,800億円、財政力指数0.87
　大分バス、大分交通の2社で、バス会社への赤字補助はない。2006年度に全路線バス事業者共通の系統番号に統一し、アルファベットと数字でわかりやすく、中心部から郊外への基幹路線、準基幹路線を設定した。
- ・「ふれあい交通」
8地区14ルート。最寄りのバス停まで1.5km以上離れて居住している人が対象で、2人以上必要だが、バスの発停車時刻に合わせて、最寄りのバス停までデマンド型乗合タクシーが運行、利用に際しては前日までの予約制、運賃200円、原則週6便を限度（最高10便まで。毎日運行ではない。通学用も1ルートある）。旧大分市、合併町の旧佐賀関町、旧野津原町の両方ある。タクシー協会に運行委託（協会内部で運行事業者を選定、廃止バス路線もある）。
- ・バス路線廃止の動きに際し、「ふれあい交通」の希望がある場合、調査して対応。
- ・バス路線廃止の動きに際し、地元自治会がバス会社に赤字補填をして存続する場合、当該自治会に対して、市が一部補助する。
- ・「高齢者ワンコインバス乗車証」
運賃100円/乗車。市内在住65歳以上（対象11万3,358人、登録8万4,155人）。委託料3億円（以前の「共通バスカード」を交付していた市内在住70歳以上対象者を前提に試算。以前行われていた高齢者への「共通バスカード」交付に比べて各段に安く、福祉予算の中

では大きくない）。しかし、この施策も対象者の増加、対象高齢者が通勤に利用する等
の問題が出て、現在、見直しの方向で検討中（2019.2）。

54　金沢市　…人口約47万人、財政規模約1,700億円、財政力指数0.78

　2007年金沢新交通戦略を策定、同年施行の地域公共交通活性化・再生法を受け、翌
2008年に交通まちづくり計画・地域公共交通連携計画を策定。約420年間、一度も戦災に
あわず、結果として道路整備が限界になっており、公共交通確保の重要性が特に叫ばれ
るといった都市の特性等踏まえ、適度なマイカー利用から脱却することで、自動車に依
存したまちから歩行者と公共交通を優先するまちづくりを目指す。

　計画の骨子は市を4つのゾーンに分け（「まちなかゾーン」「内・中環状ゾーン」「外環
状ゾーン」「郊外ゾーン」）、ゾーンごとに歩行者・公共交通優先ゾーン、公共交通利便ゾー
ン、公共交通とマイカーの共存ゾーンを考える。住民参加も得ながら、適正規模での移
動手段公共交通とマイカーの共存ゾーンを考える。住民参加も得ながら、適正規模での
移動手段・維持・確保を図るゾーンと交通モードについても整理。「まちなかゾーン」で
は歩行回遊ルートを設定、「金沢ふらっとバス」の追加設定、「内・中環状ゾーン」では
環状バス運行、「外環状ゾーン」では通勤時パークアンドライド用の駐車場の計画的な設
置、「郊外ゾーン」では維持が困難な路線について、居住者属性・交通需要・道路環境・
スクールバスや施設バスの有無など各地域特性に応じて、地域が主体的に行うモビリティ
確保の取組みも重要であり、取組団体に対して市も支援（情報提供、アドバイス、必要
なら財政援助）。独特なものとして、ゾーン間連携として公共交通重要路線の設定（鉄道、
12のバス路線）、バス利便性向上を希望する町会・学校等の団体への「金沢バストリガー
方式」の公募がある。

　1999年から市内中心部循環「ふらっとバス」を運営（市運営、事業者に運行委託）、現在、
循環4ルート（運賃100円）。一方、2007年に運行を開始した山間部の「オンデマンドバス」
も、2011年に定時定路線化した。

　2008年度、地元（利用）大学と協定を締結し「トリガー方式」※の実証実験（運賃100円）
を5年間実施したが、乗客数が目標に達せず、2013年度に別の形（「フリー定期券」）で当
該事業者が運行を継続。

　高齢者福祉パスなどはない。

※交通事業者と地域住民等の間で事前設定した採算ラインに達しなければ元に戻す協定
　を締結し、値下げや路線の新設・延長・増便等の施策を導入する仕組み。

55　**那覇市**　…人口約32万人、財政規模約1,300億円、財政力指数0.74

　人口は横ばいから微減、高齢化率は低く、約20%、全国平均より約10〜15年遅い。鉄
道はなく、モノレール、民営バス4社（うち、2社は親会社が同じ100%子会社）。「モデル
性の高い基幹的公共交通」（LRT、BRTを念頭に置いている）の導入を検討するなど都市
交通の混雑緩和等を主たる目標としており、多くの地方都市が抱える問題（人口減少・
高齢化）はまだ意識されていないのではないかと考えられる。交通弱者対策バリアフリー
等がある程度。

第4章　その他の都市の事例

1. 小規模な人口減少・高齢化が進んだ市の興味深い事例

　前章の県庁所在市より小規模で人口減少・高齢化が進んだ市の現状の課題は、将来における県庁所在市の状況の課題でもある。小規模で人口減少・高齢化の進んだ市はどこも程度の差こそあれ、人口減少・高齢化からくる問題、財政難に苦しんでいる。

　より人口減少・高齢化の進んだ市の特徴は以下の通りである。

・バス路線は非常に少なく、市が運営、事業者に運行委託する路線バス、乗合タクシー（デマンド型も多い）、事業者・NPO法人に運行委託や直営、公有車貸出しなど多様な形態の市運営自家用有償運送等が多い。財政難からそれができず赤字補助のみ行う市もある。

・財政難等から現行対策が困難になってきているほか、さらに人口減少、財政状況悪化等は加速度的に進行し、公共交通の維持が非常に懸念される。

・地域差が大きく、特に豪雪地帯は厳しい。同地域でも、市による違いが大きい。

　小規模な人口減少・高齢化が著しい市は、先駆的な対策を講じている例も少なくない。以下の市の負担は、年約1億～2億円（対一般会計歳出比0.2～0.5％）程度である。

・豊岡市（兵庫県）

　非常に先進的なユニークな取組みをしており、極めて示唆に富む。「地域の選択」として、サービス水準と利用、利用促進と負担を明快に整理している（図4.1）。

　路線バスが撤退した後、生活路線として乗合バスサービスが必要と判断した場合は、市運営自家用有償運送として市営バス「イナカー」を運行。業務を2社に委託し、さらに市の所有車を貸し出している。また、保険も市から支出されている。8路線あり、多くは定時定路線型・一部デマンド型、運賃100～400円、「イナカー」に見直す際には、1人超/便を存続基準、収支率20％を運行妥当性基準としている。

　利用客が減り、市営バス「イナカー」が非効率な地域は、市運営の自家用有償運送の「チクタク」を運行。「地域主体交通」と呼ぶ。4地域あり、地元協議会に運行業務を委託、市有車を貸出し（保険は市が負担）、ダイ

図4.1　豊岡市の「イナカー」「チクタク」
図4.1-1

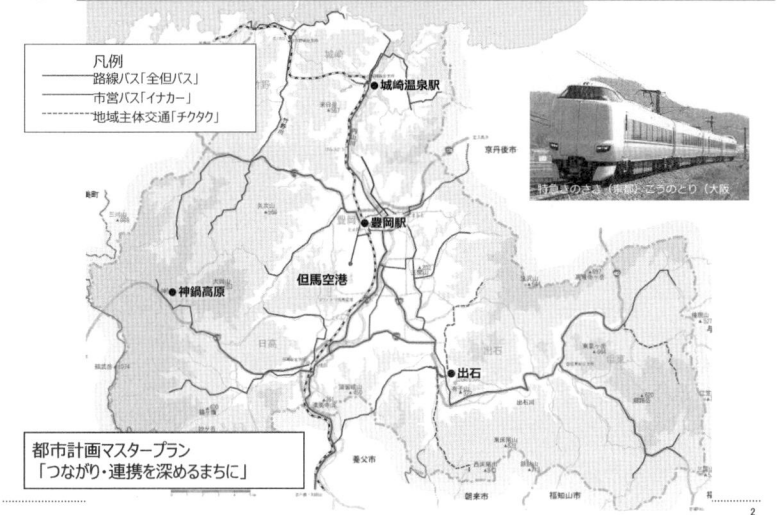

出典　豊岡市HP

図4.1-2　豊岡市の公共交通の役割

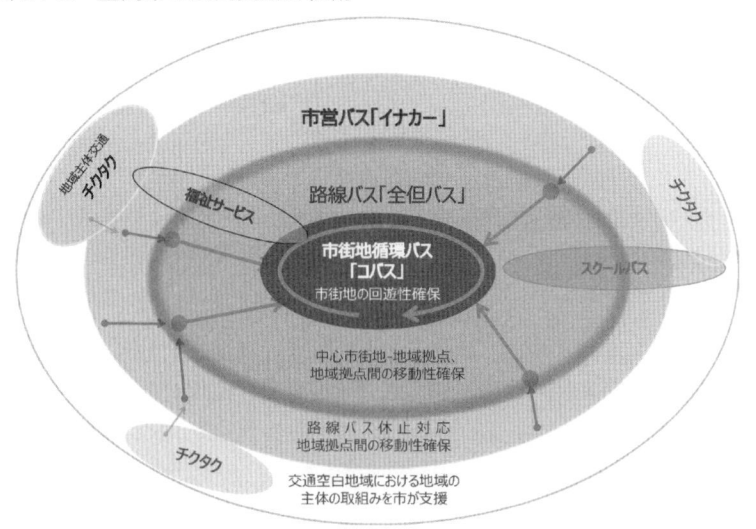

出典　豊岡市HP

図4.1-3　地域の選択（サービス水準と利用）

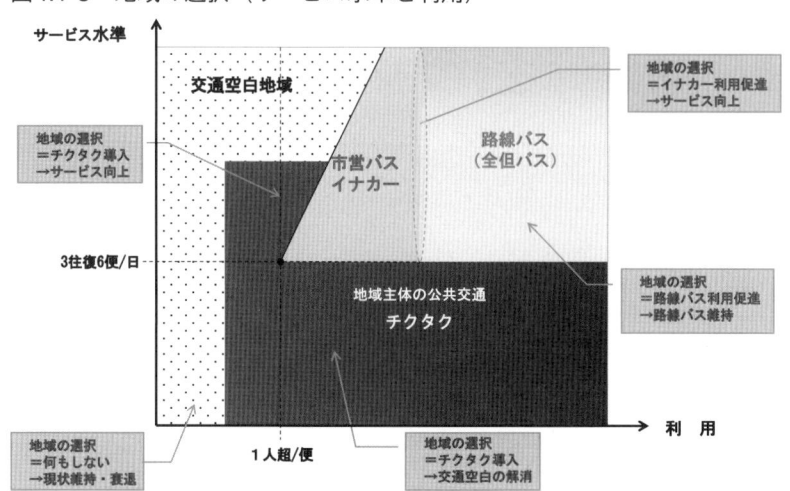

出典　豊岡市HP

図4.1-4　地域の選択（利用促進と負担）

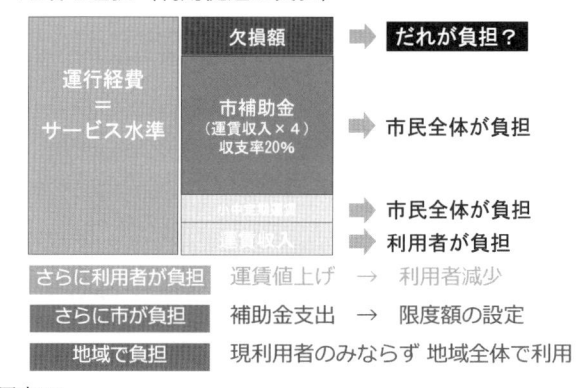

出典　豊岡市HP

ヤ・停留所は地域が決定（地域内フリー乗降）、予約制、住民登録制、運賃100〜200円。実績では、市営バス「イナカー」時代より市の負担が約100万円/地区減少している。

　市内中心部活性化のため、市街地循環バス「コバス」を運行。100円、北および南の2ルート、朝夕の通勤時は南ルートのみエクスプレス運行、

図4.1-5　リスクと責任の分担

	豊岡市	協議会	運転手	
有償運送事業	◎	―	―	事業主体は市
運行業務	△	◎	△	運行義務（予約は断われない） 管理業務（日常管理）
運転業務	△	△	◎	安全運転義務
民事（対人・対物）	◎	―	△	運転手に重大な過失がある場合
刑事（行政処分）	―	―	◎	減点、免停処分、罰金など

※改正道路運送法により、自家用有償運送に従事する運転者のうち、第一種運
　転免許所持者は、国土交通大臣認定講習を修了する必要がある。

「チクタク」市運営自家用有償運送、市有車貸出、地元協議会に運行業務
委託、運転者はボランティア

出典　豊岡市HP

市有車貸出し、路線バス会社に運行業務を委託（道路運送法第4条）、赤字
全額補助（精算払い）をしている。

　2007年の民営路線バス撤退の轍を踏まない、民営路線バスを極力維持す
ることを基本とする政策を取っている。市負担は約1億円、一般歳出の約
0.2％。

　2011年、スクールバス混乗は廃止された。理由として、「バス停まで遠
くて歩けない」「そもそも需要ない」等。

　人口約8万人、人口年約1％減少、高齢化率約33％と、すでに2035年の全
国平均の姿に到達。財政規模約500億円、財政力指数0.39。

・京丹後市（京都府）

　非常にユニークな取組みをしており、市内乗合バスは民間・市営とも上
限200円。京都交通の破綻を機に、バス活性化策を講じた。路線バスと市
営バスの棲み分け整理がされている。民営の丹海バスは10路線。

　「市営バス」は9路線、3～4便/日、旧合併町営バスを継承したものが多い。

9路線のうち、市運営自家用有償運送が8路線、そのうち、「市バス」4路線で、市所有車を貸出し、運行業務を委託。委託先はバス事業者2路線、NPO2路線。NPOへ委託地域はタクシー会社が撤退した地域でデマンド型、週3日の運行、「スクールバス混乗」が4路線、「市営バス」のうち残る1路線は事業者運行委託（道路運送法第4条。事業者が路線・運賃を決定するが、上限は200円（民営バス運賃も市内上限200円））（図4.2）。

これらに係る市の負担約1億3,000万円（上限200円運賃への補助、市バス運行等）で一般歳出の約0.3％。スクールバスは補助（地方交付税措置をされる）と「混乗」の運賃収入で維持（小中学校統合は一服した）。

さらに、タクシーすら撤退するような公共交通空白地で乗車・降車地域限定だが、地域住民・観光客等を対象に、補助金付きという条件の入札にて委託されたデマンド型乗合タクシー（EV車）を運行。運賃は500円。町域を超えるごとに＋250円、定員4人（8:30～17:30）。加えて、代行・輸送サー

図4.2　京丹後市の「市営バス」

運賃の統一化　⇒実証運行の内容を引き継ぐ
　　※　丹海バス（路線バス）を含めた市内バス運賃の統一化…公平性の確保等

＜運賃上限２００円の統一化＞

運行主体	実証前 （～H18.9.30まで）	実証運行 （H19.10.1～　）	新条例(本運行) （H22.10.1～　）
市営バス 久美浜町域	一律300円	運賃一律200円	**運賃上限200円** （80円～200円）
市営バス 弥栄町域	80円～260円	運賃上限200円 （80円～200円） 身障者・小学生は半額	身障者・小学生は半額 （10円未満の端数は切り捨て）

　　※　**参考**　丹海バスの運賃　運賃上限200円（150円～200円）

（運行路線及び事業形態）
第3条　市営バスは、次の各号に掲げる路線の区分に応じて、それぞれ当該各号に定める事業の形態によるものとする。
(1)　川上線(別表第1)　スクールバス混乗事業
(2)　佐濃北線(別表第2)　市バス事業
(3)　二区環状線(別表第3)　スクールバス混乗事業
(4)　田村線(別表第4)　スクールバス混乗事業
(5)　湊線(別表第5)　スクールバス混乗事業
(6)　佐濃南線(別表第6)　バス事業者運行事業
(7)　弥栄延利線(別表第7)　市バス事業
(8)　豊栄竹野線(別表第8)　市バス事業
(9)　宇川線(別表第9)　市バス事業
出典　京丹後市HP

ビスとして買物・図書館予約・病院予約を料金400円/15分で実施。見守代行は別途料金（2町内のみ）、限定地域にて少量貨物運送を行っている（図4.3）。

　人口6万人（1％減/年）、高齢化率は約35％と、すでに2035年の全国平均の姿に到達。財政規模約400億円、財政力指数0.33。

　京丹後市は、さらに地元NPO「気張る！ふるさと丹後町」が運営主体となる公共交通空白地自家用有償運送において、UBER JAPAN（株）の協力を得て、ICT（情報通信技術）を活用した実証実験を、2016年3月に開始した。これは法的にはNPO運営の公共交通空白地自家用有償運送そのものだが、スマートフォンを活用して、利用者の直近にいるNPO登録運転士が運送するサービスで形態としてはタクシーに近い。欧米で行われている「ラ

図4.3　京丹後市の「乗合タクシー」

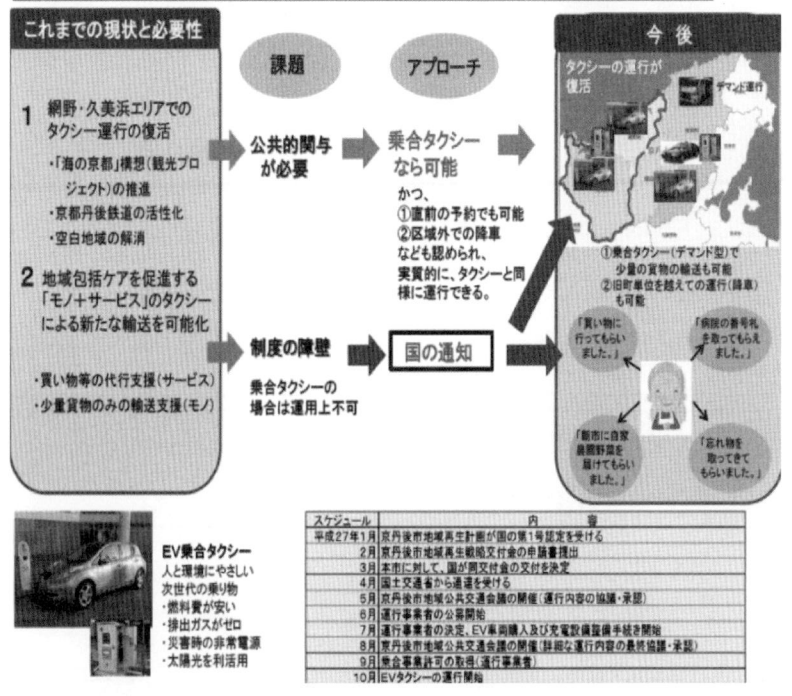

出典　京丹後市HP

イドシェア」はすべて自動車保有者と運転者に責任が委ねられており、実施主体、安全性の確保等に公的関与がなく、まさに自己責任でなされている。また、有償運送であるため、「白タク」であるとして、タクシー業界、労働組合からも反対が強かった（表4.1）。

　また、国家戦略特別区域諮問会議は、自家用有償運送の客体として、訪日観光客等の主として観光客を想定して制度拡大を決定し、同年3月、所要の法律改正が施行。

　豊岡市、京丹後市は、いずれも市運営自家用有償運送を行い、市所有の車両を貸し出し（保険は市が負担）、事業者・NPO（地元協議会）に運行委託。車両購入費を全額補助、事故時の補償について市が責任を持つことで、利用者の負担と不安を解消しようとしている。これは非常に示唆に富む施策であるが、対象地域・路線が増え、財政的に厳しくなったときなどにどうすればよいか、という問題は残る。

　次に、既存タクシーの活用が特徴的な三条市、横手市を取り上げる。

表4.1　丹後町（京丹後市）の公共交通空白地自家用有償運送

型	種類	合意形成が必要な組織	実施主体及び運行管理	サービス対象区域	ドライバー	ドライバーの安全確認
Ⓐ	ICT（情報通信技術）を活用し、新たな公共交通の実証運行が可能【公共交通空白地有償運送】※道路運送法に規定されているもの	市町村の『地域公共交通会議』	NPO法人	公共交通空白地域（丹後町を発着とし、町外着地は京丹後市内のみ）	運行主体の運転者台帳に記載された者（審査あり）	運行主体
B	昨秋、京丹後市が国に『国家戦略特区（規制緩和）』提案した【自家用車ライドシェア構想】	『国家戦略特別区域会議』	株式会社	公共交通空白地域	運行主体の運転者台帳に記載された者（審査あり）	運行主体
C	世界各国で実施されている【ライドシェア】運送事業者や運行管理はなく、スマホアプリを介し、ドライバーの自家用車で利用者の輸送を行うもの	安全・安心な運行・保障体制が確立されておらず、全て個々の自動車保有者や運転者に責任が委ねられており、日本の基準に照らすと、公共的な輸送手段として適当でないと判断されるもの。				

出典　京丹後市HP

・三条市（新潟県）

「デマンド交通」と呼ぶ乗合タクシーで、愛称は「ひめさゆり」。市内全域に611の停留所を持つ（非常にきめ細かいサービスが可能であり、示唆に富む。前橋市の巡回バスと同様の発想）。運行会社は市内タクシー会社全4社（平等が目的）、1時間前までに予約し、希望時刻・停留所で乗車、希望する停留所まで。平日8:00〜18:00運行、運賃は距離帯別で500〜3,000円。複数人乗車の場合400円/人・800円/人の2つの料金（図4.4）。

　市内中心部活性化のため、「市内循環バス」4ルート（事業者に運行委託、150円）。

　旧合併村で「無料の巡回バス」も2便/日ある（主に病院巡回）。

　人口約10万人（1％減/年）、2020年には2035年の全国平均の姿になる。財政規模550億円、財政力指数0.62。

・横手市（秋田県）

　利用者の減少等から路線バスの廃止が相次ぎ、10路線廃止（一部廃止を含む）。

　「デマンド交通」と呼ばれ、フルデマンド方式の乗合タクシーで、中心

図4.4　三条市のデマンド交通料金表

[H26.1.1版]

~1人乗車~

適用範囲		料金
〜	2km未満	500円
2km以上 〜	3km未満	600円
3km以上 〜	5km未満	700円
5km以上 〜	7km未満	900円
7km以上 〜	10km未満	1,100円
10km以上 〜	15km未満	1,500円
15km以上 〜	20km未満	1,800円
20km以上 〜	30km未満	2,500円
30km以上 〜		3,000円

※小学生以下は半額

~複数乗車~

適用範囲		料金
料金A	エリア内の移動	
	北エリア ⇔ 市街地エリア	400円/人
	南エリア ⇔ 市街地エリア	
料金B	下田エリア ⇔ 市街地エリア	
	下田エリア ⇔ 北エリア	800円/人
	下田エリア ⇔ 南エリア	
	北エリア ⇔ ⇔南エリア	

※小学生以下は半額

※「1人乗車」と「複数乗車」の区別について
　予約時点の人数ではなく、1回の運行中に乗客が2人以上となった場合に複数乗車となります。

出典　三条市HP

部バスゾーン（ほぼ市運営「循環バス」運行エリア）を除く（＝乗降不可）市全域で利用可能。市内非在住者も利用可能。「市の関与するバスサービス」と「デマンド交通」の棲み分けを図り、税金の二重投資を避けている。活性化協議会が運営し、タクシー会社に運行委託（2台×市内全10社。これは平等と市が負担する総費用の抑制が目的）、タクシー料金割引（市負担は運賃の約40％、年約5,000万円）、1時間前までに予約、365日、7:00～18:00運行（図4.5、図4.6）。

　このほか、「生活バス廃止代替路線」として、乗合タクシー2路線（デマンド型1路線。平日運行、運賃200～600円）、乗合バス2路線（週2日運行、運賃200～600円）があり、バス・タクシー事業者に運行委託をしている。

　路線バスへの補助約1億円、上記の交通政策関係の市負担は計約1.4億円（一般歳出の約0.25％）。

　福祉対策としての高齢者パスはないが、障害者は乗合バス運賃が半額。

　旧合併町営無償バスを継承したもの（平鹿町地区無償巡回バス「平鹿ふれあい交通」、旧山内町地区のコミュニティバス、旧大森村地区のシャトルバス）がある。

　市内中心部活性化のための「循環バス」2ルート（200円。活性化協議会の運営・羽後交通の運行。市一部補助（2013.10～）。365日、8:00～18:30）がある。

　市運営自家用有償運送及びスクールバス混乗はない。

　人口約9万人（年2％弱減少）、高齢化率は約35％と、すでに2035年の全国平均の姿。財政規模約550億円、財政力指数0.33。

　次に、民営バスと循環バス・地域バス（市運営・事業者に運行委託）のきれいな棲み分けができており、市による赤字補助制度がない高山市を見てみる。

・高山市（岐阜県）

　人口約9万人、財政規模約500億円、財政力指数0.53、市域は日本一広い。著名観光地。人口減少・高齢化は全国平均より約15年早い、2020年に高齢者数が最大になる。

図4.5　横手市の循環バス

出典　横手市HP

図4.6 横手市の循環バスとデマンド交通

ぜひ、公共交通をご利用ください！
横手デマンド交通 保存版 H28.10.1

のりあいくん　利用者が必要なときに予約をし、その予約に応じて運行する交通手段です。

1.運行日時
毎日 午前7:00〜午後6:00
（土・日、祝日等も運行します。）

2.利用できる方
どなたでも、ご利用できます。
（横手市民以外の方も、ご利用できます。）

3.運行範囲
横手市内全域
（中心部バスゾーンを除く。※2頁参照）

4.利用方法
ご利用の1時間以上前までに、お近くのタクシー会社へご予約ください。
予約受付時間：午前7:00〜午後8:00
◎電話でお伝えいただくこと
『デマンド利用であること・お名前・利用日時・人数・乗る場所・降りる場所』
（場合によって、住所・電話番号などをお聞きすることがあります。）

末広自動車	0182-32-0305	浅舞タクシー	0182-24-0109
つばめ自動車	0182-32-0654	沼館タクシー	0182-22-2020
		さとみタクシー	0182-22-2650
		大森タクシー	0182-26-2171
よこてタクシー	0182-36-8580	秋南タクシー	0182-42-0047

5.利用料金
1人乗車のときと複数乗車のときとで料金が異なります。
（途中から乗り合いになった場合は、複数乗車の料金となります。）

①1人乗車のとき
料金は走行距離により異なります。

タクシーメーター料金	デマンド料金
710円〜1,010円（約2kmまで）	500円
1,110円〜1,710円（約4kmまで）	600円
1,810円〜2,010円（約5kmまで）	800円
2,110円〜2,710円（約7kmまで）	1,300円
2,810円〜3,630円（約10kmまで）	1,800円
3,720円〜5,160円（約15kmまで）	2,500円
5,250円〜6,690円（約20kmまで）	4,000円

※ 1人乗車のご利用は、距離約20km（タクシーメーター料金6,690円）までとなります。

②複数乗車のとき
料金は走行エリアにより異なります。
（旧市町村単位でエリアを区切ります。）【単位：円】

着地＼出発地	横手	増田	平鹿	雄物川	大森	十文字	山内	大雄
横手	400	1300	800	1300	1300	1300	800	800
増田	1300	400	800	800	1800	800	1800	1300
平鹿	800	800	400	800	800	800	1300	800
雄物川	1300	800	800	400	800	800	1800	800
大森	1300	1800	800	800	400	1300	1300	800
十文字	1300	800	800	800	1300	400	1300	1300
山内	800	1800	1300	1800	1300	1300	400	1300
大雄	800	1300	800	800	800	1300	1300	400

※ 1人あたりの料金です。
（ご家族でご利用の場合でも、上記の料金×人数となります。）
※ 他の方との乗り合いにより、遠回りになる場合があります。

割引
次の方々は割引となります。
○小学生：半額　○小学生未満の乳幼児：無料（保護者の方と一緒にご利用ください）
○障がい者割引：5割引（身体障害者手帳、療育手帳、精神障害者保健福祉手帳をお持ちの方）
○障がい者の介護者に対する割引：5割引（第1種身体障害者手帳、または療育手帳Aをお持ちの方の介護者1人）

出典 横手市HP

　民営事業者は、圧倒的シェアを誇る濃飛バス、富山地鉄、白鳥交通で市補助なしで幹線を運行している。また、民営路線に支線（フィーダー）はない。運賃は対キロ制だが、旧市町村内のみ乗車の場合は100円（「市民乗車パス」）。

　市が運営、事業者に委託する「自主運行バス」は中心市街地循環と郊外部の2種類ある。

　中心市街地循環の「まちなみバス」は運賃100円均一で、国庫補助はあるが、県補助はない。DID地域のみの運行であり、県補助要綱に合致しない。

　郊外部の地域バス「のらマイカー」は10地域で、運賃100円均一。うち、8地域は乗合バス（濃飛）へ運行委託、2地域は乗合タクシー（デマンド）で、タクシー協会へ運行委託。幹線接続として国庫補助に加え、県補助（旧合併町村内運行）あり。それまで合併前の町村で運行していた各種バス等（有料・無料）を活性化協議会で検討の結果、2011年3月に再編した（図4.7）。

　運行委託料の決定方法は、バスは車種別キロ当たり単価を決め、年度初めの設定ダイヤに基づき委託料を決定し、タクシーは1回当たり単価を決め、月締め実績払い。

図4.7　高山市のバス路線

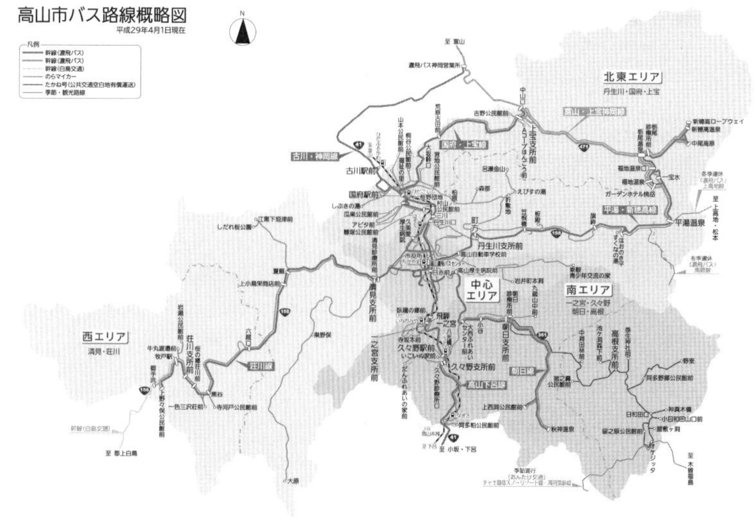

出典　高山市HP

また、「地域公共交通網形成計画」（2015.3）策定、市の公共交通網における
けるサービス水準を明確化している（図4.8）。

さらに、広域都市圏として青森県の弘前広域都市圏を見てみる。

図4.8　高山市における公共交通サービス水準

（1）　システム（ネットワーク）全体のサービス水準

　以上に示した交通結節点からなる地域公共交通ネットワークが確保すべきサービス水準は、先に示した「指針」を満たすものとする。

　　サービス水準1：のらマイカー（地域バス）や少量輸送サービスによって、各地域内の診療所、商業施設、公共施設などへのアクセスを図る。さらに、幹線（鉄道、バス）やまちなみバス（中心市街地バス）と連携して、高山市街地に行先が集中する通勤、通学、通院、買物に利用しやすいよう、主要事業所、高校、短大、中核病院、主要商業施設、商店街へのアクセスを図る。

　　サービス水準2：利用しやすい地域公共交通ネットワークとするため、乗り継ぎ利便性の向上や交通結節点の整備など、ソフト・ハード両面でのシームレス化（※6）を図る。

（2）　乗合輸送サービスが確保すべきサービス水準

①　幹線（バス）のサービス水準

　　各支所地域から、主に高山市街地に立地する事業所、高校、短大、中核病院、主要商業施設や商店街に行くことができるように運行する。

②　まちなみバス（中心市街地バス）のサービス水準

　　高山駅／高山濃飛バスセンターから中心市街地、主要商業施設、病院などを高頻度運行のバスで接続する。

③　のらマイカー（地域バス）のサービス水準

　　通勤・通学時間帯においては、幹線と接続し、高山市街地への移動を担保する。また、地域内の診療所に接続し、通院を可能なものとする。併せて、地域において利用頻度の高い公共施設、商業施設などにも接続する。さらに、地域内での検討を経て、地域に合ったサービス水準を設定することができるものとする。

（3）　少量輸送サービスが確保すべきサービス水準

　乗合輸送サービスと適切な分担を図りながら、乗合輸送サービスで対応できない部分におけるきめ細かい移動ができるようにする。

出典　高山市HP

・広域都市圏　弘前市（青森県）

　青森県弘前市を中心として、黒石市、平川市など8市町村からなり、人口約31万人。どの市町村も人口減少・高齢化が進むが、周辺ほど早い。

　弘南バス1社が圏域全体をカバーしているが、「幹線」と位置付けられる圏域内の地域間バス32路線中、黒字は駅と高校間の2路線のみで、9割が赤字路線、収支率は70％を切る。国県市の補助で維持するが、弘前市は年2億円を補助（一般歳出の約0.25％）。

　「コミュニティバス」は弘前市にはなく、弘南バスが路線バスで支えるが約9割が赤字。弘前市内に「循環バス」4路線。運賃100円均一、季節運行も含む）、黒石市、平川市は各5路線（弘南バスに運行委託）。残る5町村のうち、3町村は運行委託方式（貸切バス・タクシー会社等）でデマンド、1〜2便/日。運賃は無料・有料の両方あり、町村運営自家用有償運送はない。広域の30万人規模で見ると、市町村域を超えて同様の現象である（図4.9）。

　この中心市である弘前市は、「地域公共交通網形成計画」を2016年5月に策定した。その主たる内容は、バス路線の再編成（わかりやすく、効率よく拠

図4.9　弘前広域都市圏

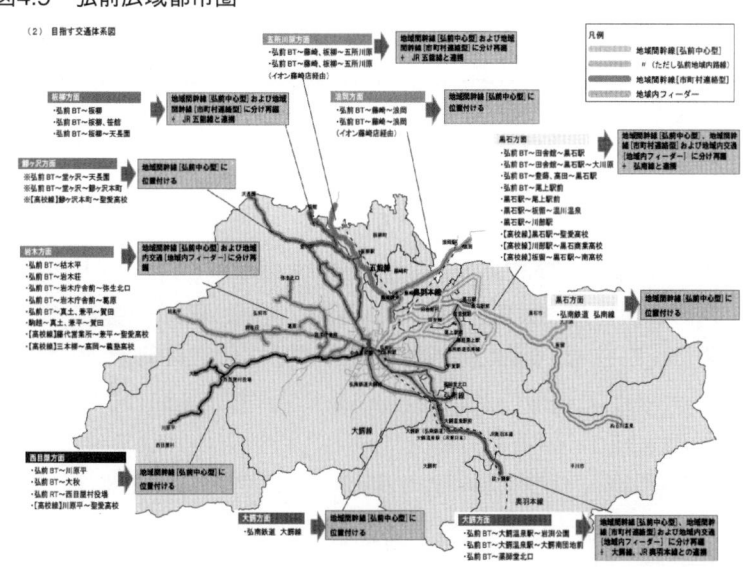

図　弘前圏域におけるネットワークの設定

出典　弘前市HP

図4.10　弘前市「地域公共交通網形成計画」の再編イメージ

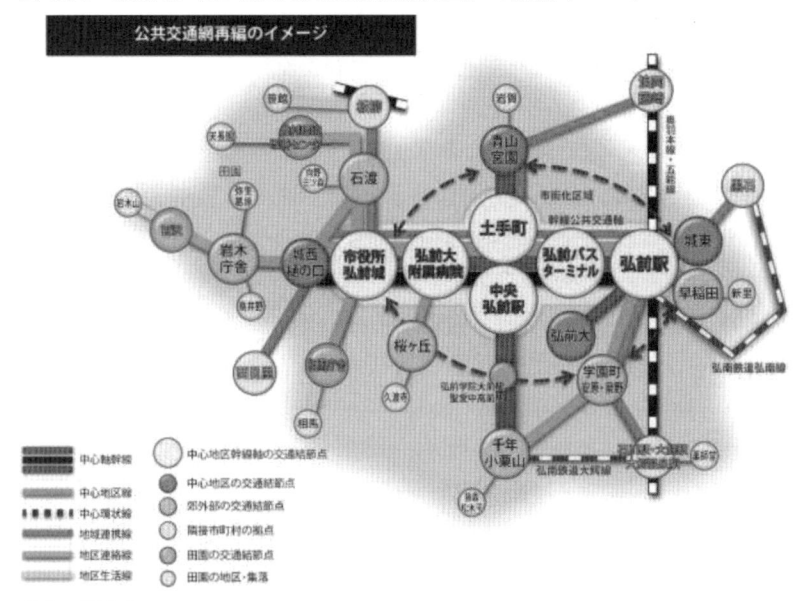

出典　弘前市HP

点間を連絡するネットワークの再編）、既存タクシー・公共交通空白地自家
用有償運送等の活用による地区内交通の仕組みの検討などである（図4.10）。

　人口約17.6万人、高齢化率約29％、一般会計規模約770億円、財政力指
数0.45。

2.　中核市等 ── 県庁所在市以外の地方の中枢都市（旭川、函館、八戸、伊勢崎、太田、つくば、長岡、上越、松本、沼津、富士、豊田、四日市、姫路、倉敷、福山、呉、下関、久留米、佐世保）

　地方の中枢都市のうち、県庁所在市を除いた中核市等が、同規模の県庁
所在市と同様の状況かを見てみる。特徴は、以下の通りである。

・地域差が大きく、関東は例外的だが豪雪地帯は特に厳しい。地域により、
　似た交通政策も講じられている（北陸地方、関東地方、山陽地方）。

・市により、人口減少・高齢化は大きく様相が違う。

・全国平均より高齢化が著しく進み（2015年、高齢化率30％超）、人口約1％

/年減少、財政力指数約0.44～0.60のグループ（旭川[64]・函館[56]・呉[69]・下関[63]・佐世保[72]）。

・若く（同約20％）、人口増か横ばい、財政力指数約1.0のグループ（つくば[75]・豊田[71]）。

・それ以外の全国平均（同約27％）程度（同25～30％）のグループは財政力指数の差が大きい（関東・東海・山陽0.8強、その他地域0.6弱）。

・公営バスが撤退（姫路、呉）か、民営バスが大幅に撤退した（伊勢崎[58]、太田[59]）。

・多くの市で「コミュニティバス」「乗合タクシー」を運行（旧合併町村の町村営バスを継承する例が多い（函館、八戸[57]、伊勢崎、太田、長岡[60]、上越[61]、松本[62]、下関）、一方、合併市ではない旭川・富士[65]）。

・財政力の豊かな市は、無料コミュニティバスすらある（伊勢崎、かつての太田）。

・路線バス撤退に際して、市と協議し、市が存続の必要ありと判断した場合、「協議路線」「廃止代替」等として、市補助（ほぼ赤字全額）付きで「コミュニティバス」を運行する例も多い（松本、四日市[66]）。

・路線バス撤退後は、「バス」ではなく、「タクシー（デマンドが主）」を選択する市もある（倉敷[67]、福山[68]、呉）。

・市運営ではなく、地元住民が運営、交通事業者に運行委託し、市が一部補助する例もある（沼津[70]、豊田、倉敷、四日市、呉、佐世保）。

・市がバス会社への依存（赤字補助）から脱却し、生活支援交通（タクシー会社運行委託、10人乗り）を開始した例（久留米[73]）もある。

・市運営自家用有償運送は多くない(松本、姫路[74]、下関)が、島しょ部に限った市市運営自家用有償運送もある（姫路）。

・高頻度運行の市運営コミュニティバスもある（つくば）。

・県庁所在市のA、Bグループにおける施策と似たものが多い。人口減少・構成、財政力による差も大きく、Cグループ以上に若い市もある。

3. 首都圏の中小都市

　全国的に見て、首都圏の中小都市が例外的なものかどうかを見てみる。地理的に東京からの距離、交通網（特に鉄道）の発達により大きく異なる

が、いくつか特徴的な事項を整理する。

・東京近郊

・公共交通不便地において、行政・事業者・住民の協働によるコミュニティバス運行。

　・町田[76]（財政力指数0.98。人口増加中）

・交通空白・不便地を20年以上、100円コミュニティバス（7路線）が運行。

　・武蔵野[77]（財政力指数1.43）

・東京通勤圏の境界

・市運営、事業者に運行委託のコミュニティバス運行。

　・上尾[78]、熊谷、野田、古河[79]（上尾・熊谷・野田の財政力指数0.90、古河は同0.76）

・路線バスが撤退し、「市営バス（自家用有償運送・運行委託）」等を運行。

　・佐野[80]、足利[81]、館林[82]（佐野・足利の財政力指数0.72・0.71、館林は同0.80）

・合併前町村地区でコミュニティバス（中心部アクセス）、デマンド乗合（登録制）運行。

　・野田、古河

・市が運営し、事業者に運行業務委託する「無料」コミュニティバス運行。

　・伊勢崎（財政力指数0.81）

・財政が厳しく人口減（0.5％/年、高齢化率約30％、高齢者数のピークは2020年頃）だが、大手私鉄系バス会社が路線維持。

　・横須賀[83]（財政力指数0.81）

・周辺部、山間部

・地方中小都市と同じ状況（路線バス廃止後、市が運営し事業者に運行委託。廃止代替バス、市運営自家用有償運送、市運営福祉無料循環バス、スクールバス混乗）がある市もある。

　・南房総[84]（財政力指数0.36、財政規模約250億円）

・人口減少・高齢化は著しいが、大手私鉄（鉄道を運行）系の乗合バス会社が路線を維持している。

　　・三浦[85]（財政力指数0.68、財政規模約160億円）
・高度成長期に人口流入し、郊外団地を建設したが、工場等が撤退・縮小し、20万〜40万都市でも公共交通の維持が大きな課題で行政・事業者・住民の協働で路線バスを維持する試みがなされている。
　　・日立[86]（財政力指数0.82）、小田原（同0.96）

・市の財政力等
・首都圏の東京・神奈川・埼玉は、ほぼ全市が財政力指数0.7以上だが、千葉は0.6以下も少なくない。
・首都圏の市町村の多くは平成の大合併を回避したが、2005年と2025年で財政状況は大きく変化する（人口減少・高齢化が進む）はずである。

4.　政令指定市

　政令指定市は本研究の直接の対象とする都市に比べ、人口も多く、人口減少・高齢化も相対的に遅いため、自治体の関与するコミュニティバス、乗合タクシー、市運営自家用有償運送などの事例はほとんど見られない。しかし、それでも市によっては、その萌芽のような動きが見られるところもある。また、政令指定市は平均経常収支率95.8％（他市同90.6％）、実質公債費比率10％強、歳出45万円/人と、政令指定市や小規模な県庁所在市よりも財政は硬直化している。

　いずれは50万人以下の人口の市町村と同様な事例が見られることになると考えられるが、現時点の状況を把握するため、まずは、古くからの政令指定市ではなく、最近、広域合併などして政令指定市になった市の例を見てみる。

4−1　広域合併などして政令指定市になった市

・静岡市（静岡県）

　人口は、2016年70万人を切るが首都圏・名古屋圏への流出が多いのが原因。高齢化率28.6％、財政規模約2,820億円、財政力指数0.90（データは4−1、4−2、4−3ともに特記したものを除き、すべて2015年度現在、出典は「全国・全地域財政力指数番付」「都道府県県庁所在地人口・面積・人口密度

ランキング」)。

2003年、旧静岡市と旧清水市が対等合併し、現在の静岡市になった。

鉄道はJR、静岡鉄道、大井川鉄道。

路線バスは、しずてつジャストライン、富士急静岡バス、山交タウンコーチ。路線数は47（うち、1路線は昼間のデマンド化）、自主運行バス3路線、コミュニティバス「ゆいばす」（由比コミュニティバス）2路線、運賃は路線により定額200円、対キロ制、ブロックに分け定額200〜1,200円と様々。運行形態は非常に長い路線、運行時間が約1時間半というのもある。毎日運行ではなく、隔日の曜日運行で、このほかにNPO運営・公共交通空白地自家用有償運送1地域がある。

2013年、「静岡市バス交通計画」策定。バス利用者は横ばいだが、路線バスへの補助、自主運行バス（路線バスの廃止代替で、市運営・タクシー事業者等に運行委託）が増加傾向。市内を都心部・市街地、郊外地、山間地の3つの地域に分け、それぞれの将来のバス交通の目標を設定。バス路線の再編成、路線の集約化、BRT・コミュニティバスの導入を検討している。さらに、バス路線維持のための補助、路線バス集約化などの見直しや自主運行バスへの補助と運行方法の見直しも検討。具体的には、デマンド化、NPO運営・公共交通空白地自家用有償運送化などである。

路線維持に関して、平均乗車密度を基準に系統補助・区間補助について、評価を行うことを明らかにし、また、他市の事例を挙げて、運行方式、運行継続の判断等を定量的に行うことを示唆している。その一つの考え方として、路線単独維持が困難との申し出があった場合、または、路線廃止の申し出があった場合、代替路線の有無、路線集約化の可能性、乗車密度等を勘案し、補助による維持を目指すケース、住民主体の生活交通を目指すケース等を挙げている。

・岡山市（岡山県）

人口71.9万人、高齢化率24.9％、財政規模約2,900億円、財政力指数0.75。

1960年頃、岡山市、倉敷市など含む大合併構想があったが頓挫、2005年及び2007年にそれぞれ周辺の2町を吸収合併した。

JR（山陽新幹線、山陽本線、赤穂線、宇野線、本四備讃線、吉備線、津

山線）、民営路面電車のほか、路線バス8社と非常にバス会社が多い。

　2011年、「岡山市都市交通戦略」策定。一極集中型の都市構造、バス路線は中心部から放射状、平坦な地勢から市街地が拡大、通勤・通学を中心として自転車利用も多い、都心と地域拠点との連携軸の強化、都心内の回遊性の向上を目標とする。

　NPO運営の公共交通空白地自家用有償運送1地区（足守地区・市北西部の丘陵地帯、面積約69km^2、人口約7,000人、高齢化率約33％（2011））。路線バスの減便から小学生のバス通学が困難になった2004年春から検討した結果、社会福祉法人が運営主体となり事業開始（2004.11）。開始時の登録会員数は404人。週6日運行（平日運行）、同地区の居住者等限定、運賃はゾーン制（ゾーン内は400円/回、ゾーンを超えると500円/回、29人乗り）。

　2015年8月政令指定市として初めて、民間賃貸住宅40戸利用した「お試し住宅」を開始。岡山県外から市内へのU・Iターン希望者を対象とし、月額1.5万円を超える家賃に対して最大3.3万円まで最長3か月間補助、仲介手数料も家賃1か月分（最大4.8万円）を補助、最大6か月間の定期借家契約をし、延長可能。

・熊本市（熊本県）

　人口74.0万人、高齢化率24.4％、財政規模約2,800億円、財政力指数0.66。

　鉄道はJR（九州新幹線、鹿児島本線、豊肥線）、熊本電鉄（熊電）、市交通局（市電）。バスは民営バス4社で、熊本都市バス（市営バスを継承、2004〜15年4月1日に、市営バス路線を順次移管）、九州産交、熊本電気軌道（電鉄バス）、熊本バス。

　路線バス補助のほか、全国的にも珍しい「公共交通基本条例」を制定（2013）し、同条例に基づき、「公共交通空白地域」（バス停から1km以上以遠）に、乗合タクシー17地域（うち、1地域はデマンド型）、「公共交通不便地域」（バス停から500m以上1km未満）に「乗合タクシー」1地域を導入した。その結果、バス停から半径500mの公共交通カバー率は人口の94.4％・面積の66.3％、半径1kmの同カバー率は人口の99.2％・面積の88.7％。

　休日は、公用車2台のカーシェアリングを実施している。

　公共交通事業の経営悪化と交通容量の限界等から、効率のよい公共交通

を目指すため、バス路線を再編成し、幹線、支線、フィーダー、コミュニティ路線等に分け、乗継拠点となるターミナルを整備して、「ゾーンバス」を導入する構想を「熊本市公共交通グランドデザイン」で掲げた。

さらに、「地域公共交通網形成計画」を、隣接する嘉島町と合同で策定(2016.3)。「基幹公共交通」である鉄道・軌道、基幹バスの強化として、骨格となる基幹公共交通軸の形成やゾーンシステムの導入、快速バスを運行している。また、バス路線網の再編として、基幹公共交通軸と一体的に機能するバス路線網を形成、乗継拠点の整備、環状バスを運行している。さらに、公共交通空白・不便地域の解消として、現状水準の維持を目標とし、従来型に加え、地元住民・NPO等が主体となるコミュニティ交通を導入し、ネットワークに有機的に接続する「コミュニティ交通網」を形成、広域交通拠点となるメイン・ターミナル（交通センター）、サブ・ターミナル（熊本駅）の形成・整備等の施策を進め、公共交通カバー率を維持。今後の人口減少にもかかわらず、少なくとも2人に1人が目的地に行く際に公共交通を利用すること等により、公共交通利用者数の増加を目標としている。これらの考え方の課題として、乗換抵抗の軽減を挙げて、物理的・制度的（運賃を含む）を検討するとしている。まちづくりとしては、コンパクトシティ・ネットワークを目指している。今後、この「地域公共交通網形成計画」に基づいて「地域公共交通再編実施」を策定し、大臣認定を受けることで国庫補助を活用していきたいとしている。

なお、2016年熊本地震により、大きく被害を受けたが、その復興に全力を尽くしており、財政的にも余力がなくなってきている。

・浜松市（静岡県）

人口78.9万人、高齢化率26.7％、財政規模約2,800億円、財政力指数0.85。

2005年の市町村合併で旧市町村を区域とした12の地域自治区を設定。広域合併で、高山市に次ぐ面積である。

鉄道はJR（東海道新幹線、東海道本線）、遠州鉄道、天竜浜名湖鉄道。民営バスは遠州鉄道バス、浜松バスなど3社。かつて市営バス（市交通部）があったが、市の財政難から1984〜86年に順次民間に移管された。

国県のみからの路線バス補助のほか、市街地循環バス「くるる」3ルー

ト（運賃100円均一）がある。

　生活交通という面では、次のような非常に興味深い施策を講じている。市の路線バス補助がないことも関係すると考えられる。

　合併前は有料・無料の両パターンあった合併前市町村の運行バスを中心に、「自主運行バス」1路線があった。これは事業者に運行委託し、さらには「地域バス」に将来的に移行を検討している。「地域バス」は11路線。

　この「地域バス」を「地域フィーダー」として位置付け、地元住民が検討主体（地域交通検討会）となって、ルート・運賃等を策定し、事業者に運行委託、運行経費の80％を限度に市が赤字補助する。運行開始後2年間の（実証）運行実績等を検証し、収支率が20％を切ると改善運行として減便・ルート変更等を実施する。さらに、「最低保証運行」と呼ばれる2往復/日×2日/週（＝8便/週）・デマンド運行が考えられている。この「最低保証運行」は浜松市民にとっての「シビルミニマム」として位置付けられている。全国的にも非常に手厚い補助の考え方である。

　現在、市の負担は年2.5億円（一般歳出の約0.1％）であり、市当局は「乗ってもらう」が維持するコツ、としている。

　タクシー撤退地域において、「公共交通空白地自家用有償運送」2地区。NPOが運営し、平日運行。運賃は地区単位で定額制、1地区は2台・500〜4,700円、1地区は1台・500〜3,100円。市は初期投資（車両等）・運行経費を補助（経常赤字の1/2を限度）。

　スクールバス混乗はない。

　市内在住70歳以上高齢者を対象に「地域パス」（4,000円相当）を配布して、鉄道、バス、タクシー、ガソリン券、マッサージの中から利用者が選択できるサービスを提供している。

　福祉自家用有償運送はNPO法人社会福祉協議会が運営主体だが、障害者自立支援法に基づく補助額が大きく、規制が厳しい自家用「有償」運送ではなく、自家用「無償」運送にする主体が多く、減少傾向にある。

・新潟市（新潟県）

　人口80.7万人、高齢化率27.2％、財政規模約3,500億円、財政力指数0.70。

　鉄道はJR（上越新幹線、信越本線、越後線、白新線、磐越西線、羽越本

線）、民営バスは「区バス」等も含め、ほぼ新潟交通及びその子会社。

　市内中心部にBRTの1路線を新設（2015.9）、運行当初は運賃収受のトラブルなどが多発した。

　路線バス補助のほか、「区バス」（市が運営主体、事業者に運行委託、（中央区を除く）7区で実施、収支率3割が存続要件）、「住民バス」（住民が運営主体、事業者に運行委託、市一部補助（運行経費の7割上限、現在の市負担3億円/年））がある。

4−2　高齢化が進む古い政令指定市

　さらに、高齢化が進む古い政令指定市を見てみる。一つは人口減少が進み、経済も衰退傾向にある北九州市、もう一つは同一県内ながら人口が増加し、経済的にも活気がある福岡市である。

・北九州市（福岡県）

　人口96万人、高齢化率29.7％と、人口減少（最近の減少数は日本一）、高齢化が進み、明治以降、鉄鋼・石炭等で栄えたかつての面影はなくなっている。財政規模約5,300億円、財政力指数0.69。

　1963年に合併した旧5市を継承した5区（門司、若松、戸畑、小倉、八幡）があるが、区による違いも大きく、小倉都心・黒崎副都心という北九州市ルネッサンス構想を推進していたが、現在では小倉一極集中という感じになっている。

　鉄道はJR（山陽新幹線、山陽本線、鹿児島本線、日豊本線、筑豊本線、日田彦山線）、北九州高速鉄道、筑豊電気鉄道、平成筑豊鉄道。バスは、西鉄バス、市営バス。

　生活支援施策として、「おでかけ交通」8地域。公共交通空白地域（バス路線の廃止地域が多く、高台も多い）、高齢化の進行地域（＝高齢化率が全市域平均より高い）において、地元協議会が運営主体の乗合タクシー・普通タクシー（事業者に運行委託）等に市が一部補助。平日運行、7:00〜18:00の地域が多い。

・福岡市（福岡県）

人口約150万人（人口増加中、2020年度頃がピーク）、高齢化率約22％、財政規模約7,700億円、財政力指数0.84。

鉄道はJR（山陽新幹線、九州新幹線、鹿児島本線、篠栗線）、西日本鉄道、福岡市営地下鉄。バスはほとんど西鉄。

2015年3月、「地域公共交通網形成計画」を策定し、「人に安心、まちに活力、地球にやさしい～コンパクトで持続可能なユニバーサル都市・福岡を支える交通～」を基本理念にしている。

具体的な施策として、バスの走行環境改善（バス専用レーンの整備等）、都心拠点間の公共交通幹線軸の整備などを掲げる一方、バス路線の廃止等により新たに生じる公共交通空白地には、生活交通特別対策地域を指定し、補助対象として代替交通を整備する、としている。

最近では、クルーズ船等を利用した訪日外国人客も増加し、非常に活況を呈している。

4－3　首都圏の政令指定市

最後に、首都圏の政令指定市を見る。

・相模原市（神奈川県）

人口約72万人、高齢化率約24％、財政規模約2,700億円、財政力指数0.96。

鉄道はJR（横浜線、相模線、中央本線）、小田急電鉄、京王電鉄、民営バス5社（うち2社は、最大路線を持つ1社の地域子会社（中山間地））。

数地区でコミュニティバス、乗合タクシーを本格運行、または実証実験中。

駅・バス停からの距離等から「公共交通不便地域」を指定して、住民が希望し、地域公共交通会議で合意が得られれば、市が運行事業者を選定して実証実験を行う。継続要件を満たすと本格運行、市が相当程度（経費の半分程度と思われる）を補助することとしている。

相模原市も浜松市と同様の考え方である（「最低保証運行」の考え方はない）。

三大都市圏のうち、首都圏交通圏・京阪神交通圏における旅客輸送分担率は鉄道が50～60％であるが、高齢化の状況は京阪神で早く、全国の2015

年高齢化率26.8％に対し、京都・神戸は同27.6％と全国平均より高い。三大都市圏でも2020年頃から人口減少局面に入る（大阪府は2015年に減少局面に入った）。したがって、遅くとも団塊の世代が全員85歳になる2035年頃には同様な問題を抱えることとなろう。規模が大きいため、その影響は甚大である。さらに、首都圏では平成の大合併を行わなかった自治体が多く、その影響もあり得ると考えられる。

4－4　結論

　このように見てみると、市により程度の差はあるが、政令指定都市も同様に人口減少・高齢化による影響は着実に出てきており、今後加速するものと考えられる。首都圏が最後に人口減少・高齢化の波にのまれる。

　交通側の施策を検討するにあたり、浜松市が行っている「地域バス」の考え方、即ち、住民主体で自分たちの足（ルート、ダイヤ、運賃、他の収入等）を考え、市の補助付きで運行実証実験を行い、そのフィージビリティを検証して、継続可能かどうかを判断し、継続後も検証を続ける、さらに、一定水準が確保できない場合に、シビルミニマムとして、「最低保証運行」を市が担保する、という考え方は極めて示唆に富む。さらに言うと、自治体側の補助はその財政状況に大きく左右されるのである。

　もちろん、事業者、第二種免許保有者が存在することを前提にした運行委託に、浜松市の場合は、広域合併に伴う政治的要素があることや豊かな財政力があるからこそ非常に手厚い補助が可能となっている。このような「最低保証運行」等といったことができる自治体は全国的に決して多くはないと考えられる。当然のことながら、財政状況等に対応して提供できるサービス水準などは徐々に低下させていかなければならない。いつまで、どの程度まで提供できるサービスを維持可能かは、地域、自治体、住民で決定していくほかないと考えられる。

5.　社会構造の変化と対象都市群

　第1章、第3章及び第4章に述べた社会構造の変化と都市群を図式化すると次の通りになる（図4.11）。

　2010年から2025年、2035年と順に人口減少・高齢化が加速度的に進行

し、2035年には2025年と比較して約1,500万人が減少して約1億1,200万人となり、1975年の水準に戻る。約30年かけて人口が増加し、約30年かけて減少するという図式である。この頃には年約100万人、年率約1％の減少である。75歳以上高齢者数は2018年に65〜74歳高齢者数を上回り、75歳以上単

図4.11　社会構造の変化と対象都市群の位置付け

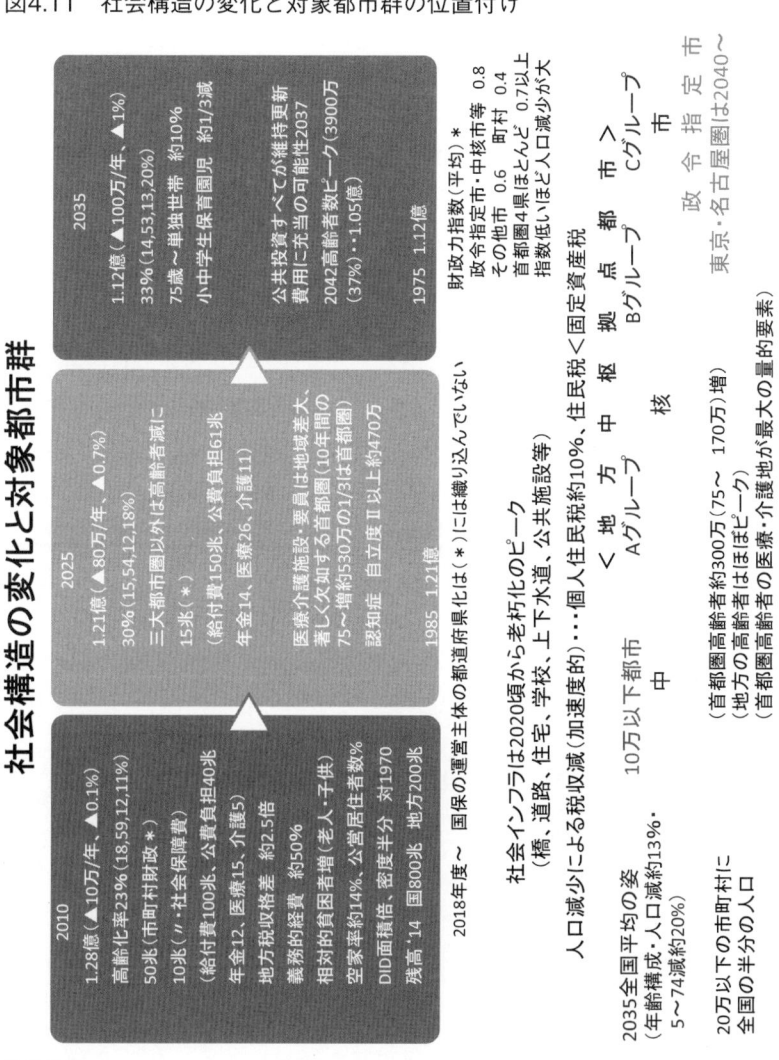

筆者作成

独世帯は全世帯数の約1割に達する。小中学校・保育園児は約1/3が減少する。人口構成の逆ピラミッドがますます激しくなる。2042年には65歳以上高齢者数は約3,900万人とピークに達し、高齢化率は約37％になっている。これ以降は高齢者も減少していく。人口の増減状況を地域別に見ると、首都圏、名古屋圏以外は大幅な人口減少になっている。また、社会保障給付費は1947～49年生まれの団塊の世代全員が後期高齢者になる2025年に150兆円に達し、以後ますます増加の一途をたどる。特に、医療費、介護費の増加が著しい。

　一方、社会インフラ、公共投資を見ると、現在のインフラを維持するためのコストは急増を続け、現在の公共投資規模のままなら、2035年には公共投資の全額が維持更新投資に充当される可能性すら生じている。高度成長期に整備された橋、道路、住宅、学校、上下水道、公共施設等は2020年頃から老朽化のピークを迎える。

　これらの状況は全国的な趨勢であるが、地方部の中小都市は2020年頃には全国の2035年頃の人口構成になり、地方の中枢都市でも2025年頃から2035年頃にかけて、順次同様な状況になる。その中枢都市でも第3章に述べた通り、3つのグループに分けて分析することが適当である。人口減少等は続いて政令指定市に及び、最後に2040年頃、東京圏、名古屋圏に達する。地域差、時間差はあるが、全国どこでも生じるが、最後に最大の人口を有する東京圏である。そのため、首都圏の高齢者数の増加の規模はすさまじく、その影響は計り知れない。

　時間軸、地位差、その順序等は図4.11で理解してほしい。

6.　ダウンサイジング、退出基準の公表の事例

　非常に厳しい交通事業の経営、自治体の財政状況等から、近年、生活交通サービスのダウンサイジング、退出基準の公表という具体的施策を講じる自治体も増えてきている。地域公共交通活性化・再生法に基づく地域公共交通網形成計画、地域公共交通総合連携計画等に記載されている事例が多い。

6－1　ダウンサイジング

　まず、地域公共交通再編事業等による施策（ダウンサイジング）の事例を挙げる。

・岐阜市（岐阜県）

　「地域公共交通網形成計画」（2015.3）及び「地域公共交通再編実施計画」（2015.8）を策定、地域公共交通再編実施計画の「国土交通大臣認定」（2015.8）を受けて、下記2項目を実施。
・JR岐阜駅前の整備や同駅のハブ・ターミナル化といった交通結節点の整備。
・JR岐阜駅をハブ・ターミナルとしたバス路線再編2路線（ループ化）
　　→地元協議会が運営、バス事業者等に運行委託したコミュニティバスの新設2地区。これは既存のものを合わせると、合計16地区（小学校区50うち39の校区）実施。全国初の地域公共交通再編実施計画・国土交通大臣認定であった。

・上尾市（埼玉県）

　「地域公共交通網形成計画」（2015.9）及び「地域公共交通再編実施計画」（2015.10）を策定、地域公共交通再編実施計画の「国土交通大臣認定」（2016.1）を受けて、循環バス、民営バス会社に運行委託した「市コミュニティバス」を再編。具体的には、民営路線バスの運行便数の増加や新設路線の検討である。これをフィーダーと位置付けて、6路線から9路線に増加、長大路線の廃止、毎日運行化を実施したが、民営バスには「市コミュニティバス」をダウンサイジングすることでのメリットがない。バス会社の廃止希望路線に補助して維持している「市運行バス」を含め、市の財政負担（約1.1億円、一般会計歳出比0.2％）の軽減化により市の財政に寄与した。

・高松市（香川県）

　「地域公共交通網形成計画」（2015.3）及び「地域公共交通再編実施計画」（2016.3）を策定したが、地域公共交通再編実施計画の「国土交通大臣認定」は今後のこととしているが、それは大臣認定後の国庫補助対象期間の5年を有効に活用するためとしている。バス路線の再編には以下の通り地元住

民などとの調整に時間を要すると見込まれる。

交通結節点の整備内容

・琴平電鉄の複線高架化に合わせて新駅設置、駅前広場等を整備。

・かつて香川県が事業を断念した経緯がある連続立体交差事業。

バス路線の再編と問題点

・高速道路ICに近く、関西方面への高速バス路線新設も視野に入れている。

・ルート変更など具体的な再編に関する関係者の合意は、まだ得られていない。

・真鶴町（神奈川県）

「地域公共交通網形成計画」（2015.3）、「地域公共交通再編実施計画」（2016.3）を策定したが、大臣認定は受けていない。「町営コミュニティバス」の再編として、以下を実施。

・5路線から2路線に減少、路線バス会社に運行委託化、運賃有料化を実施。

・町の財政に寄与したが、国庫補助対象にならなかった。これは、新規性要件に欠けるというのが不採択の理由。同町では、国庫補助対象にならないなら、大臣認定を受ける必要はないとしている。

・同時に競合する民営路線バス2路線を廃止。

・海津市（岐阜県）

「地域公共交通網形成計画」（2015.7）を策定したが、地域公共交通再編実施計画は、国庫補助対象事業が減り、メリットがないという判断で策定していない。合併旧3町営「コミュニティバス」8路線（運行委託、運賃100円均一）を「コミュニティバス」3路線（運賃200円均一）としたが、これは市の財政に寄与した。従来一般歳出の約0.8％を公共交通補助として、フルデマンド（市内全域、停留所約350、運賃300円均一、ワゴン車乗合タクシー、補助方式）にした。新規性の要件に欠けるため、国庫補助対象はデマンドのみ。市内を揖斐川が南北に縦断するうえ3町の合併でできた市で、新幹線の駅は隣接市の岐阜羽島（羽島市）、市内には養老鉄道があるが核になる集落がなく、交通政策にとっては非常に難しい面を持っている。

・東海村（茨城県）

　「地域公共交通網形成計画」（2015.3）を策定し、新規バス路線を開設（実証実験6路線、現在4路線を本格運行）、既存のデマンドタクシー、路線バスの見直しを実施したが、地域公共交通網形成計画の策定前に実証実験を行ったため、地域公共交通再編実施計画を策定しても国庫補助対象にならなかった。原子力発電所の関係もあり、財政力指数1.41と非常に財政力がある。

・久米南町（岡山県）

　「地域公共交通網形成計画」（2015.3）を策定したが、国庫補助対象にならないため、地域公共交通再編実施計画は策定してない。路線バス・タクシー事業者撤退後の町営バスをスクールバス混乗に変更し、現在は移行期間である（無料）。運行時間の関係で小学生は多いが、一般客は少ない。

　一方、フルデマンドの乗合タクシーがあり、これは登録住民のみ利用可能で、運賃300円、隣接岡山市のバス会社に運行委託している（道路運送法第4条の許可取得、営業所新設）。また、補助を従前約3,000万円（約0.8％）より増加したが、当初から織り込み済みで、住民の足を守るためには不可欠と町議会にも説明済みである。

・三原市（広島県）

　「地域公共交通網形成計画」（2015.3）を策定したが、地域公共交通再編実施計画策定の予定はない。民営路線バス、「地域コミュニティ交通」の維持基準を明確化。具体的には、収支率・平均乗車密度で判断し、路線バスの収支率30％未満で移行対象。また、同20％未満で廃止、地域コミュニティ交通の収支率10％未満で廃止（後述）。

　路線バスで移行対象路線はあるが未だに具体化せず、地域コミュニティ交通は定時定路線型バスから地元連合会が運営し、バス会社に運行委託したデマンドバスへ移行（2016.10）。

・大分県北部圏・豊肥圏（大分県）

　大分県が主体的に関与して、「地域公共交通網形成計画」（2016.7）、「地

域公共交通再編実施計画」（2016.9）を策定、地域公共交通再編実施計画の「国土交通大臣認定」（2016.9）を受けた。広域の市町村合併等で市域を超える長大バス路線が増え、その利用客が低迷し採算が取れず、途中で路線を切り、折り返し運行により効率性・採算性を上げる考え方である（両圏で各5路線）。2016年10月運行開始。

・唐津市・玄海町（ともに佐賀県）

　佐賀県とも協力して、「地域公共交通網形成計画」（2015.7）及び「地域公共交通再編実施計画」（2016.6）を策定、地域公共交通再編実施計画の「国土交通大臣認定」（2016.7）を受けたが、抜本的なバス路線再編が必要となった。これは、既存のバス路線を観光客・地域住民のニーズに合致したものにして、既存バス路線を統合する等の再編で、4地区、唐津市中心部の路線を総合病院の移転など地域の実情に合わせた。まさに、抜本的なバス路線の再編成である。

　これら地域公共交通再編事業等による施策（ダウンサイジング）において、地域公共交通再編実施計画の「国土交通大臣認定」を受ける例が少ないのは、バス路線の再編にあたり、国庫補助を期待するものの採択要件が厳しいことが一因と考えられる。特に新規性については、佐賀県唐津市・玄海町のような抜本的なバス路線の再編例はまれで、今後もあまり期待できないであろう。また、すでに運行されている路線の微修正程度でなければ関係者の合意を得ることが困難、長期間を要するからではないかと考えられる。

　第6章「交通のスマートシュリンク」で述べるように、まさにバス路線について維持の優先度を関係者の合意で決めることが、将来のために重要であると何度でも提唱したい。

6-2　乗合サービスの退出基準・公表等

　次に、路線維持・廃止に関して、今後、ますます重要になると考えられる「乗合サービスの退出基準・公表等」を行っている事例を挙げる。

6－2－1　収支率、利用人員・乗車密度を基準とする例

　収支率、利用人員をその判断基準とする自治体が多いが、まず、第4章1「小規模な人口減少・高齢化が進んだ市の興味深い事例」の最初に掲げた豊岡市（兵庫県）を見る。

・豊岡市（兵庫県）

　民営バスが撤退または運行しない場合、市が運営するか否かの基準を明確化（前述　第4章1、図4.12、図4.13、図4.14）。

・市営バス「イナカー」（市運営自家用有償運送）収支率20％以上、最低3往復/日、最低1人超乗車（「空気」では市が運営できない）。

・それ以下は、地元NPO運営の自家用有償運送「チクタク」。

・岡崎市（愛知県）

　「地域公共交通網形成計画」（2016.5策定。計画期間は2016〜20年度の5年間）において、市内バス路線を基幹・支線・生活に3分類し、運行見直しの基準として、収支率、1便当たり利用者数、利用率（％）（＝利用者÷沿線住民

図4.12　図4.1-3（再掲）

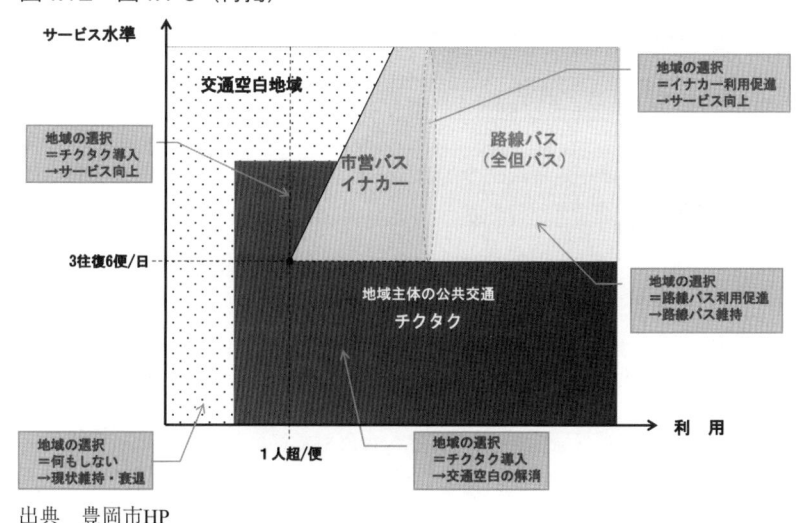

出典　豊岡市HP

図4.13　豊岡市の考え方（休止申出路線の検討フロー）

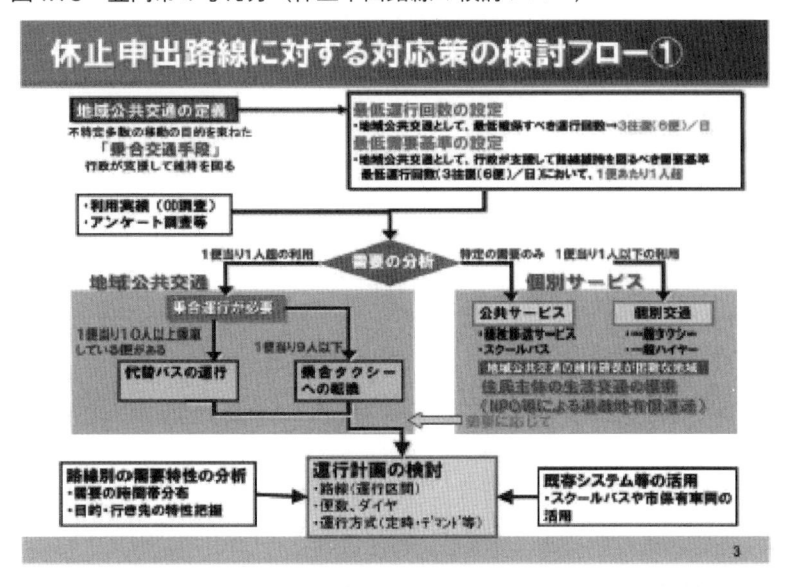

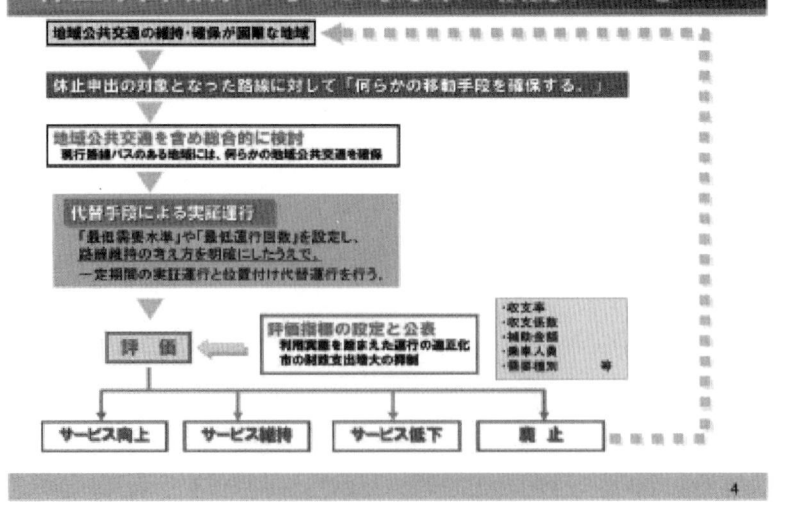

出典　豊岡市HP

図4.14　豊岡市の考え方（市営バスの存続基準）

【事例】豊岡市では、市営バス「イナカー」の見直しにあたり、最低の需要基準（存廃基準）を定めています。

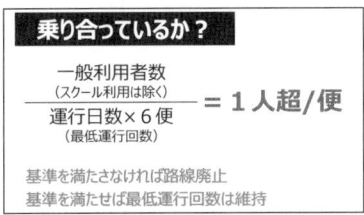

図　豊岡市の路線存廃の基準　　資料：「路線バスの限界を越えて」(H25.2 豊岡市)

【事例】豊岡市の市営有償運送「イナカー」では、評価基準の一つに、事業の採算性、運行計画の妥当性を示す指標として、収支率＝20％（市負担上限額＝運賃収入の４倍）と定めています。

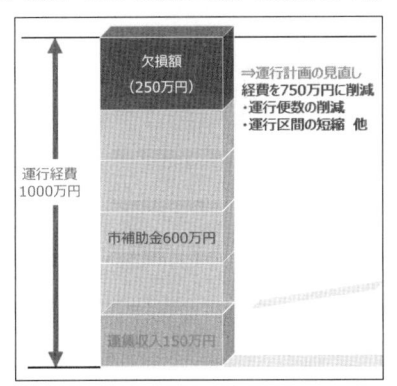

図　豊岡市負担上限額の設定　　資料：「路線バスの限界を越えて」(H25.2 豊岡市)

出典　福知山市HP（豊岡市を紹介）

表4.2　岡崎市の評価指標と判断の目安

・目安とする基準は、平成 20 年度策定の岡崎市地域公共交通総合連携計画で設定した基準（収支率・１便当り利用者数）に加え、利用率を用いる。

項　目	基幹路線	地域内交通線	
		支線交通路線	生活交通路線
収支率	50％以上	25％～50％程度	25％以上
1便当り利用者数	15～20人/便	5～15人/便	1～3人/便
利用率	―	1.0％以上	1.0％以上

出典　岡崎市HP

人口×100）を挙げ、支線（25～50％、5～15人、1％）、生活（25％以下、1～3人、1％）とし、評価審査会等で検討することを提案している（表4.2）。

人口約37.6万人、高齢化率約22％、一般会計規模約1,160億円、財政力指数0.98。

・宇陀市（奈良県）

「地域公共交通網形成計画」（2016.4策定。計画期間2015～19年度の5年間）において、奈良県策定の公共交通の見直し基準（後述）を再掲し、また、地元が中心になってバス・タクシー事業者に運行委託するサービスへの市などの支援（補助）についても明記している（図4.15、図4.16）。

人口約3.2万人、高齢化率約36％、一般会計規模約190億円、財政力指数0.31。

・井原市（岡山県）

「地域公共交通網形成計画」（2016.3策定。計画期間2016～20年度の5年間）において、公共交通が最低限確保するサービス水準と見直し基準を設定している（図4.17）。

人口約4.2万人（年率約0.8％減）、高齢化率約34％（2015）、財政規模約210億円、財政力指数0.40。

・坂町（広島県）

広島市、呉市に隣接、周辺市町村では昭和40年代から大規模住宅建設が進んだが、坂町は住民が土地を手放す地主が少なく大規模住宅建設がなかったため、人口の増加がなかった。

「地域公共交通網形成計画」（2016.3策定。計画期間は2016～19年度の4年間）において、現行の町が運営し、バス会社に運行委託する循環バスに関して、その利用状況から見直しを検討している。具体的な見直し基準の例として、総利用者数が維持または増加、便別利用者数は4人（片方向2人）以上、収支率35％以上（現状維持）を挙げている。

人口約1.3万人、高齢化率約28％（2015）、財政規模約64億円、財政力指数0.72。

図4.15　宇陀市の路線バスの運行継続条件

事業内容	○公共交通の運行継続条件(仕分け指標)の検討 ・利用者数や収支率、市の費用負担額など、運行継続条件として数値指標を設定する。 ・市民、利用者にも分かりやすい数値指標とし、広く周知を図る。
実施効果	・市民が公共交通を考えるきっかけづくり：市民にとって分かりやすい仕分け指標(数値指標)を設定することにより、地域で公共交通を考える、利用行動に移すきっかけとする。 ・積極的な地域への支援：全地域において同じように運行・支援するのではなく、真に地域公共交通の運行が必要な地域、積極的に利用促進や維持に取り組んでいる地域の支援につながる。
関連路線	・全路線

〔奈良県での仕分け指標の設定事例〕

○仕分け指標

路線別収支指標(Supply side)
1. 収支（黒字or赤字）
2. 収支率　【ex】豊岡市基準：20%】

路線別需要指標(Demand side)
1. 需要種別
　　不特定多数の移動目的であり、かつ、乗合
2. 最低需要基準
　　1便平均キロ当たり利用人員（人）

【ex】豊岡基準：
一般利用者数（特定のスクール・事業所等除く）
運行日数×6便　　　>1人／便

ネットワーク指標(Supply side)
1. 複数市町村またぎの有無
2. 送迎バス、タクシー、デマンド交通等代替輸送の有無

路線別財政指標(Supply side)
1. 収入に占める財政負担割合：財政負担45%未満(国・県)／80%未満(市町村)
2. 市町村財政負担額
　　{ 交通事業者への補助金・負担金 } > { コミュニティバス等直轄による運行経費 }

○仕分けフロー（路線バス）

指標	
1便あたり乗車人員	N≦3.0人
平均乗車密度	N≦2.0人 → 廃止を検討
最大乗車人員	N<10人 → 路線の縮小を検討
収支率	R≦40% → 車両の大きさを検討
1人あたり補助金	R≦20% → 連携コミバス等 → 廃止等を検討 C≦2000円／人 → 連携コミバス等
補助対象路線バス	

ニーズの有無／補助の妥当性

※指標の数値は一例を示したもの

実施主体	宇陀市、交通事業者、地域住民、(社)宇陀市社会福祉協議会、宇陀市地域公共交通活性化再生協議会

出典　宇陀市HP

図4.16　宇陀市の「地域交通」への支援条件

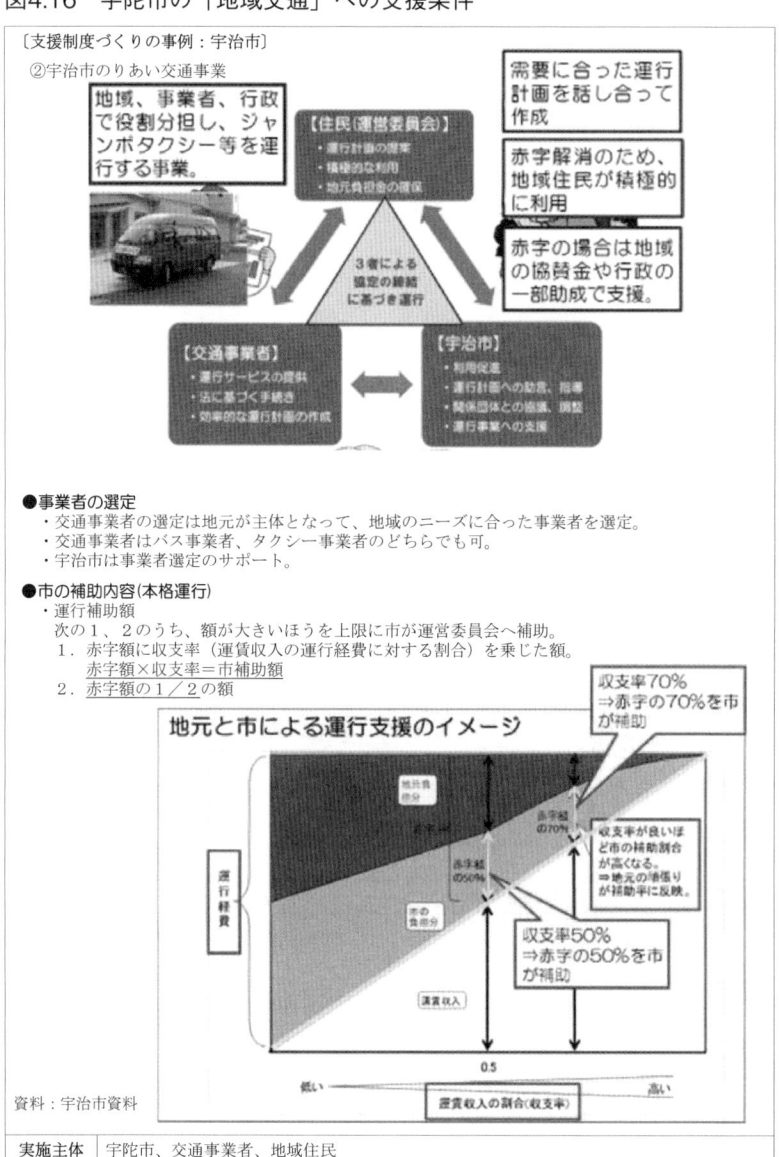

［支援制度づくりの事例：宇治市］

②宇治市のりあい交通事業

●事業者の選定
・交通事業者の選定は地元が主体となって、地域のニーズに合った事業者を選定。
・交通事業者はバス事業者、タクシー事業者のどちらでも可。
・宇治市は事業者選定のサポート。

●市の補助内容(本格運行)
・運行補助額
　次の１、２のうち、額が大きいほうを上限に市が運営委員会へ補助。
　１．赤字額に収支率（運賃収入の運行経費に対する割合）を乗じた額。
　　赤字額×収支率＝市補助額
　２．赤字額の１／２の額

資料：宇治市資料

実施主体	宇陀市、交通事業者、地域住民

出典　宇陀市HP

図4.17　井原市の公共交通サービスの確保水準と見直し基準

3　市として最低限確保するサービス水準

　地域における公共交通の役割のうち、「地域住民の移動手段の確保」を確実に果たすために、市として最低限確保する公共交通のサービス水準を次のとおり設定する。

市として最低限確保する公共交通のサービス水準

幹線、支線及び端末交通に共通して、次のサービス水準を確保する。
○　少なくとも週に2回、市の中心まで往復できる便数を確保する
○　通学利用が見込まれる路線は、登下校にあわせた便数・時間帯の運行を確保する

図表 59　市として最低限確保するサービス水準

4　公共交通の運行見直し基準

　「市として最低限確保するサービス水準」を確保した上で、公共交通の増便や減便・休廃止を判断するための基準を次のとおり設定する。

① 適用対象
　民間路線バス、井原あいあいバス、予約型乗合タクシー

② 集計期間
　10月〜翌年の9月

③ 見直し基準

		1便あたり利用者数 (乗合が成立するための 一定の利用はあるか)	かつ (and)	収支率 (採算性は 妥当であるか)
民間路線バス	拡大	10.0人/便以上		80%以上
	縮小	2.0人/便未満		20%未満
井原あいあいバス	拡大	10.0人/便以上		
	縮小	3.0人/便未満		
予約型乗合タクシー	拡大	4.1人/便以上 運行回数200回/年以上		
	縮小	1.1人/便未満 運行回数100回/年未満		

図表 60　公共交通の運行見直し基準

● 市域をまたぐ路線の1便あたり利用者数については、市内区間の実績を参考とする。
● 芳井・美星地区の井原あいあいバスについては、スクールバスの間合い運用でありダイヤに制約があるため、弾力的に判断する。
● 予約型乗合タクシーについては、1便あたり利用者数に加え、運行回数も基準とする。
● 利用者数が縮小の基準を上回るまで回復した場合は、縮小前のサービス水準に戻すことを検討する。
● 市域をまたがる路線については、隣接市町と協調して、増便・減便を検討するものとする。また、想定しない形で路線の維持が困難となった場合、その路線の必要性や補完体制等を検討するものとする。

出典　井原市HP

　この部分のみ県単位にて考察しているが、全県下で同一基準を設ける例は、唯一「奈良県」だけである。

奈良県

　奈良県は、「県地域公共交通網形成計画」（2016.3）において、次のように定めている。

・路線バス・複数市町村にまたがる「コミュニティバス」の見直し基準として、乗車人員3人以下で廃止、平均乗車密度2人以下で路線の縮小、収支率40％以下（市町村運営は20％以下）または、利用者1人当たり補助額2,000円以上の場合には、路線バスから「コミュニティバス」への転換等を各地域の協議・ワークショップで検討する。収支率20％以下は補助打ち切り。

・市町村内コミュニティバスは乗車人員1人、収支率10％以下、利用者1人当たりの補助額2,000円以上を、廃止と同様のプロセスで検討するとしている（図4.18、表4.3）。

図4.18　奈良県の路線バスの運行基準

　路線バスやコミュニティバスの運行については、『奈良県地域交通改善協議会「診断及び協議・ワークショップのプロセス」』に基づき、評価を実施します。

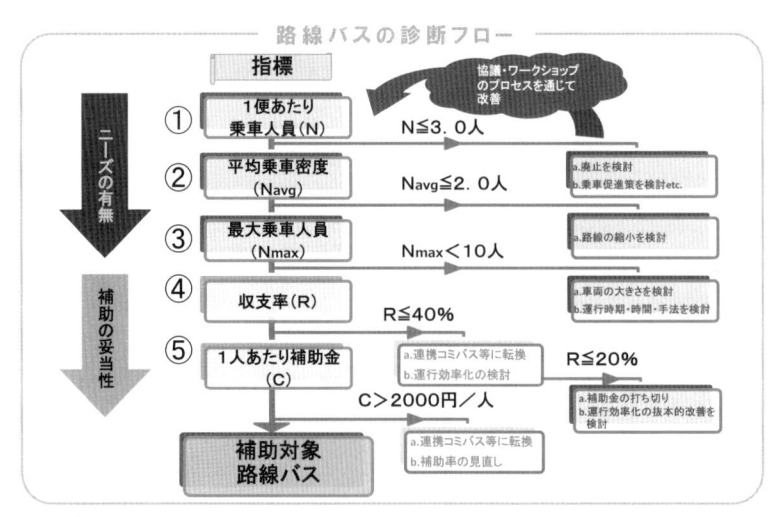

出典　奈良県HP

表4.3　奈良県のコミュニティバスの運行基準

＜複数市町村を跨ぐ県内の路線バス・市町村連携コミュニティバス＞

指標	目標
1 便あたり利用者数	3.0 人以上
平均乗車密度	2.0 人以上
最大乗車人員	10.0 人以上
収支率	交通事業者　40％以上 市町村連携　20％以上
利用者 1 人あたりの行政負担	2,000 円以下

＜県内の一市町村内完結のコミュニティバス＞

指標	目標
過去 3 年間の利用者数平均増減率	コミュニティバスを運行している 市町村の人口増減率以上
運行 1 回あたりの利用者数	1.0 人以上
収支率	20％以上
利用者 1 人あたりの行政負担	2,300 円以下

出典　奈良県HP

6-2-2　収支率のみを基準とする例

　バス事業の収支率のみを判断基準とする退出基準を明らかにしているのが、呉市（広島県）、三原市（広島県）である。

・呉市（広島県）

　2012年3月末で市営バスを廃止し、民間バス事業者に全線移管した。実は、市営バス路線を2年間は維持する約束であったが、経過後の状況を踏まえ「地域公共交通網形成計画」（2015.3）において、乗合サービスの退出の基準として、民営路線バスの収支率は約50％、市運営・事業者運行委託の生活バスの収支率は約15％と設定、収支率が15％を切ったためバスサービスを廃止した。しかし、地元主導の乗合タクシーを希望する場合、市は運行経費の一部補助を検討すると公表。公共交通への市の負担は約6.4億円（陸上が約6億円）で一般歳出の約0.65％を占め、2012年度から2013年度にかけて約16％増加した（前述　第4章2）（表4.4）。

・三原市（広島県）

「地域公共交通網形成計画」（2015.3策定。計画期間2015〜19年度の5年間）
において、「民営路線バス」「地域コミュニティ交通」それぞれに運行水準、
見直し、継続等の判断基準を明確化した（図4.19）。

・民営路線バス

　・サービス水準・運賃水準の維持、補助は市単独の場合、全額補助から

表4.4　呉市の路線維持基準

【路線維持基準及び対応方針】

区分	維持基準	基準を満たさない場合の対応方針
一般乗合バス （広島電鉄）	経常収支率 50%以上	運行経路及び運行ダイヤ等について，抜本的な見直しや生活交通への移管又は退出を含めた検討も行います。なお，生活交通への移管は，原則，利便性等は維持することを前提に検討します。
生活バス	経常収支率 15%以上	更なる収支率等の向上を図るため，改善（便数等の見直し）を行い，その後一定期間（暫定）運行しても改善されない場合，退出を含めた抜本的な見直しを行います。なお，退出の際，地域が地域主導型交通（乗合タクシー等）の導入に主体的に取り組むことを前提に，行政として移行に向けた支援を検討します。

出典　呉市HP

図4.19　三原市の公共交通の運行基準（地域公共交通網形成計画）

　具体的には，路線バスへの補助額（市単独路線のみ）は全額補填を改め，系統別欠損額の70%
に変更するとともに，需要が少ない経常収支率が30%未満の系統は，地域コミュニティ交通によ
る移行を含めてサービス見直しの検討を行う。

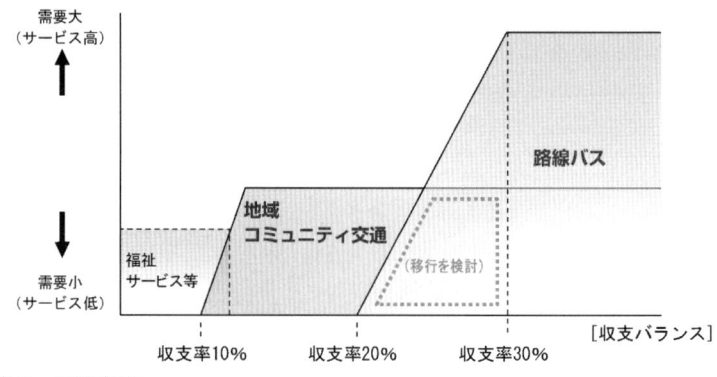

出典　三原市HP

経常経費の70%を限度とする。
- ・運行見直しの基準は収支率30％、従来のサービス水準の提供すること
が限界のため移行を検討。
- ・運行継続の判断基準は収支率20％、平均乗車密度が1人以上であるこ
とを公的支援最低ラインと設定。
- ・収支率20％を切り、1年間の暫定運行を経てなお20％を切る場合は廃止。
- ・地域コミュニティ交通（市運営・事業者に運行委託）
- ・週2日以上運行、運賃（定時定路線200円、デマンド300円）。
- ・運行見直しの基準は全額補助を継続にて、収支率10％。
- ・収支率10％を切ると見直し暫定運行（1年間）、3年連続して同10％未
満の場合は廃止。

人口約9.8万人、高齢化率約33％（2015）、財政規模約470億円、財政力
指数0.63。

6-2-3　利用人員のみを基準とする例

利用人員のみを基準としているのが、木津川市（京都府）、瀬戸内市（岡
山県）、神石高原町（広島県）、中津市（大分県）、宇佐市（大分県）、豊後
高田市（大分県）、霧島市（鹿児島県）である。

・木津川市（京都府）

「地域公共交通網形成計画」（2015.3策定。計画期間2015〜19年度の5年間）
において、定時定路線型市運営、バス会社に運行委託する「コミュニティ
バス」の運行継続の条件は10人/日（8便/日運行）とするが、収支率は問わない。

「デマンド型乗合タクシー」は、「コミュニティバス」の代替機能路線は
1.5人・予約型25％、「コミュニティバス」の補完機能の路線は1.5人と設定
している。

原則1年以上運行した「コミュニティバス」がこの運行継続条件を下回っ
た場合は、「コミュニティバス」は運行本数、運賃等の見直し、「デマンド
型乗合タクシー」へ移行等のサービスレベルの見直し案を策定する。

一方、原則1年以上運行した「デマンド型乗合タクシー」がこの「コミュ
ニティバス」の運行継続条件を上回っている場合は、「コミュニティバス」

への移行等のサービスレベルの見直し案を策定する（表4.5）。

　人口約7.5万人（現在も人口が増加中）、高齢化率約23％、一般会計規模約270億円、財政力指数0.64。

・瀬戸内市（岡山県）

　「地域公共交通網形成計画」（2016.3策定。計画期間2016〜20年度の5年間）において、新設する「市営デマンド交通」（市運営タクシー事業者に運行委託）は2〜3便/日、週2日運行、運行継続基準として20人/日（＝利用者1人当たり市民負担額が1,000円）を設定している（表4.6）。

表4.5　木津川市のコミュニティバス等の運行継続条件

表 6-1　コミュニティバス等の運行継続条件

交通モード		運行継続条件	
		1日あたりの利用者数	予約率（運行本数/予約可能本数）
コミュニティバス		１０人＊	−
予約型乗合タクシー	コミュニティバスの代替機能	１.５人（予約日）	２５％
	コミュニティバスの補完機能	１.５人（予約日）	−

＊　1日1路線8便で１０人の利用とする（定時定路線の継続条件）

表 6-2　木津川市内のコミュニティバス・予約型乗合タクシー

需要	経費	収入		交通モード*1	主な利用目的	主な機能
大↑　　↓小			定時定路線	コミュニティバス	自由	・　住宅地と主要施設・鉄道駅等を結ぶ。【基幹交通*2として機能】
						・　集落と主要施設・鉄道駅等を結ぶ。
				予約型乗合タクシー	自由	・　集落と主要施設・鉄道駅等を結ぶ。（コミュニティバスの代替）
						・　集落と主要施設等を結ぶ。（コミュニティバスの補完）

*1　交通モード：福祉・高齢者施策サービスを除く

*2　基幹交通　：地域公共交通のなかで主に利用される主軸となる交通機関を指す

出典　木津川市HP

人口約3.6万人（年率約0.8％減）、高齢化率約33％（2015）、財政規模約160億円、財政力指数0.51。

・神石高原町（広島県）

「地域公共交通網形成計画」（2015.3策定。計画期間2015〜19年度の5年間）において、現行の町運営の公共交通空白地自家用有償運送バス「ふれあいバス・ふれあい号」に関し、公共交通（民営バスへの補助を含む）への町の負担額が急増（2013年度は対前年約300万円増加し約9,400万円、一般歳出の約1％弱）等の事情から、その運行の見直しを図っている（表4.7）。

人口約0.92万人、高齢化率約48％（2015）、財政規模120億円、財政力指数0.22。

・中津市（大分県）

「地域公共交通網形成計画」（2015.3策定。計画期間2015〜18年度の4年間）において、現行利用状況等から「コミュニティバス」の見直し基準を1.5人/便としている（表4.8）。

人口約8.3万人、高齢化率約28％（2015）、財政規模約430億円、財政力指数0.47。

表4.6　瀬戸内市の公共交通の運行基準

対象交通	指標	運行基準※	考え方
市街地循環線	1日の延べ利用者数	23人以上	運行維持。サービス水準の向上を検討。
		23人未満	利用促進、運行改善を実施。改善が見られる場合は、運行を維持する。改善が見られない場合は、減便や廃止を検討し、公共交通不便地域ではその他の交通機関（コミュニティ交通、自治会輸送、タクシー活用制度等）の導入を検討する。
市営バス市営デマンド交通	1日の延べ利用者数	20人以上	運行維持。サービス水準の向上を検討。
		20人未満	利用促進、運行改善を実施。改善が見られる場合は、運行を維持する。改善が見られない場合はその他の交通機関（コミュニティ交通、自治会輸送、タクシー活用制度等）の導入を検討する。

※運行基準は、一人当たりの行政負担が1,000円以下になるために必要な乗車人数である。

出典　瀬戸内市HP

表4.7 神石高原町の公共交通の運行基準（地域公共交通網形成計画）

┌─ ＜ふれあい号の運行基準＞ ─────────────────────────

- ・1日当たりの利用者数が2.0人未満になる場合はふれあい号の運行を廃止し，公共交通補完事業（タクシーチケットの交付）の導入を検討する。
- ・1日当たりの利用者数が2.0人以上4.0人未満になる路線は，効率的な運行を行うため，完全予約制を検討する。

表 ふれあい号の運行見直し

区　分	現　行	見直し後
運行路線	・26路線	・20路線 ・6路線廃止，路線廃止地域は公共交通補完事業の対象地域とする
運行基準	・なし	・1日当たりの利用者数が2.0人未満になった時は，路線廃止を検討 ・1日当たりの利用者数が2.0人以上4.0人未満になった時は，完全予約路線への移行を検討
送迎地区の乗降場所	・乗降バス停	・同左 ・自宅近くまでの送迎希望者は，別途乗降場所を決める
目的地の乗降場所	・医療機関	・同左 ・本庁・支所，スーパー・商店，金融機関等
運行日・運行曜日	・1週間に平日2日，運行曜日は路線によって異なる	・同左
運行回数	・外出1便	・同左
	・帰宅2便	・帰宅1便
運行車両	・町のスクールバス車両とタクシー事業者所有の車両（9人乗り）	・同左
運賃	＜単独利用＞ ・ふれあいバス及びふれあい号は1乗車300円 ・中国バスは1乗車町内上限運賃300円	・同左
	＜乗り継いだ場合＞ ・それぞれの運賃を負担	・町内でふれあい号と中国バスまたはふれあいバスを乗り継ぐ場合は，ふれあい号の運賃を無料とする
予約受付	・予約センター	・同左 ・路線を運行するタクシー事業者による受付，帰宅便の降車時に次回利用の予約等の検討
運行委託先	・神石郡タクシー組合	・同左

出典　神石高原町HP

表4.8　中津市の公共交通の運行基準

（1）地域公共交通のサービス見直し

〜「今よりもっと地域に密着した、使いやすく愛される公共交通を」〜

①コミュニティバスのサービス見直し

　　コミュニティバスは、路線によってその利用状況に差異がみられます。

　　そのため、各路線共通で運行ルートの見直しや路線バスとの乗り継ぎ利便性を高めるようなサービスの改善を行いますが、特定の路線については、後述の利用促進策を実施しつつも、持続的な移動手段の確保に向けて、試行的な取り組みも実施していくことを考えています。

　　具体的には、利用状況からサービス水準などの見直しを検討する"目安"を設定し、目安に該当する路線を対象として運行形態や運行頻度などのサービス水準の見直しを検討します。

　　※本計画における"目安"は数値目標に掲げている「1.5人/便」とします。

　　この「1.5人/便」は1往復（2便）のうち行き・帰りの最低どちらか1便が乗り合って利用する（つまり2人利用する）ことを期待している数字です。

> **＜コミュニティバスの各路線共通の取り組み＞**
> ○民間タクシーとの役割を明確化すべく、利用者の皆さんには停留所まで少し歩いてもらうことを基本としますが、現状よりも自宅や目的地の近くで乗り降りできるように運行ルートを改善することで、より地域密着型の運行ルートの見直しを検討します。
> ○コミュニティバスと路線バスの乗り継ぎ利便性の向上等を図るため、ダイヤの変更を行います。

表　コミュニティバス各路線の見直しの方向性

	具体路線	見直しの方向性
1便あたりの利用者数が5人/便以上（H25年度実績）	・槻木線（10.2人/便） ・市平・奥谷線（6.6人/便） ・所小野線（6.1人/便） ・屋形線（5.9人/便） ・西谷線（5.5人/便）	○現状の運行状況を基本としつつ、効率性や利便性のさらなる向上に向けた運行ルート（停留所位置）や運行ダイヤ・運行便数の調整を行います。 ○一定程度の利用需要が顕在化した場合は、必要に応じて、インセンティブとして増便なども検討します。
1便あたりの利用者数が1.5人/便以上（H25年度実績）	・東谷線（4.6人/便） ・豊前・中津線（4.1人/便） ・三保線（3.5人/便） ・大石峠・フケ原線（3.5人/便） ・両宮線（2.2人/便） ・毛谷村線（2.0人/便）	
1便あたりの利用者数が1.5人/便未満（H25年度実績）	・西秣線（1.1人/便） ・長尾野線（0.7人/便）	○当面は現状の運行形態（路線定期）を維持しつつ、利用者増加に向けた運行ルートや運行ダイヤ等の見直しなどを行います。サービス見直し後も状況が改善しない場合は、住民座談会を開催しつつ、運行形態の大幅な見直しを視野に入れた検討を行います。

出典　中津市HP

・大分県北部圏

　中津市・宇佐市・豊後高田市（大分県北部圏）は、「地域公共交通網形成計画」（2016.9策定。計画期間2016〜19年度の4年間）（前述）において、圏内各市の交通総合連携計画等を整理しているが、豊後高田市について、

表4.9　豊後高田市「地域公共交通総合連携計画」

表　市民乗合タクシーの各路線の見直しの方向性

	具体路線	見直しの方向性
1便あたりの 利用者数が 2人/便以上 （H24年度実績）	上野線（本谷経由しない）、 上野線（本谷経由）、陽平線、 並石線、一畑線、長岩屋線、 黒土線、臼野線、小畑線、夷線	○現状の運行状況を基本としつつ、効率性や 利便性のさらなる向上に向けた運行ルート （停留所位置）や運行ダイヤ・運行便数の 調整を行います。
1便あたりの 利用者数が 1～2人/便未満 （H24年度実績）	草地線、羽根線	○当面は現状の運行形態（路線定期）を維持 しつつ、利用者増加に向けた運行ルートや 運行ダイヤ等の見直しなどを行います。サ ービス見直し後も状況が改善しない場合 は、運行形態の大幅な見直しを視野に入れ た検討を行います。
1便あたりの 利用者数が 1人/便未満 （H24年度実績）	来縄線、呉崎線、西真玉線	○住民座談会を開催して、利用者と沿線住民 の皆さんに現状の利用状況を周知し、市民 乗合タクシーの必要性を確認した上で、運 行形態の大幅な見直しの検討を進めていき ます。

上記の見直しの方向性を踏まえ、具体的には、以下の取り組みを行います。
なお、次頁に市民乗合タクシーにおけるサービスの見直しに向けた検討の流れを示します。

＜市民乗合タクシーの各路線共通の取り組み＞
　○「健幸」のために、利用者の皆さんには停留所まで少し歩いてもらいつつ、現状より
　　も自宅や目的地の近くで乗り降りできるように運行ルートを改善します。具体的には、
　　市民乗合タクシーの停留所に"各地区の公民館"を追加することで、より地域密着型の
　　運行ルートの見直しを検討します。
　○市民乗合タクシーと路線バスの乗り継ぎ利便性の向上を図るため、市民乗合タクシーの
　　ダイヤの変更を行います。

＜利用が極端に少ない路線（利用者数が1人/便未満）に対する取り組み＞
　○利用が極端に少ない路線については、まずは住民座談会を開催して、利用者と沿線住民
　　の皆さんに現状の利用状況を周知しつつ、市民乗合タクシーの必要性を確認します。
　○市民乗合タクシーの必要性が確認できた場合は、持続的な移動手段の確保の検討に向け
　　"事前予約制や利用者登録制の市民乗合タクシー"の導入等を試行的に実施していきま
　　す。
　　※なお、住民座談会で沿線住民の皆さんのご意見として「市民乗合タクシーの運行」に対する要望が
　　強くないようであれば、路線の廃止等を検討することも考えられます

出典　豊後高田市HP

市民乗合タクシーの運行見直しの基準として利用人数を用いて、講じる対
策を公表している（表4.9）。

　なお、人口及び高齢化率は、中津市約8.6万人・約28％、宇佐市約5.6万人・
約34％、豊後高田市約2.3万人・約37％である。

・**霧島市（鹿児島県）**

　「地域公共交通網形成計画」(2016.3策定。計画期間2016～19年度の4年間)

表4.10　霧島市の公共交通の運行基準

表　ふれあいバス各路線の見直しの方向性

便当たり 利用者数	具体路線	見直しの方向性
1人/便未満 （14路線）	○溝辺ふれあいバス 　崎森・麓・空港線、竹子・有川・空港線 ○横川ふれあいバス 　山之口線、岩穴・二年礼線 ○牧園ふれあいバス 　霧島温泉コース、三体コース、持松コース、 　中津川コース、高千穂コース、川影コース ○霧島ふれあいバス 　神乃湯・霧島神宮駅・真方線、 　市後柄・神乃湯・霧島神宮駅線 ○福山ふれあいバス 　佳例川線、福山線	●原則として、当面は、現状の運 行形態（路線定期）を維持しつ つ、利用者増加に向けた運行ルー トや運行ダイヤ等の見直しな どを行います。 ●サービス見直し後も状況が改善 しない場合は、住民座談会を開 催しつつ、持続的な移動手段の 確保に向け、運賃の値上げやデ マンド交通など他の移動手段の 検討を行います。
1人/便以上 2人/便未満 （9路線）	○横川ふれあいバス 　小脇線、植村線、野坂・横伏敷線 ○牧園ふれあいバス 　丸尾コース、万膳コース、尾谷口コース ○霧島ふれあいバス 　霧島・桂内・霧島神宮駅・神乃湯線、 　霧島高校コース ○福山ふれあいバス 　比曽木野線	
2人/便以上	上記以外の21路線	●運行形態（路線定期）を維持し つつ、効率性や利便性のさらな る向上に向けた運行ルート（停 留所位置）や運行ダイヤ・運行 便数の調整を行います。

出典　霧島市HP

において、市が運営・バス会社に運行委託するコミュニティバス（「ふれ
あいバス交通」）の利用状況等からその再編成を目指している。1便当たり
利用者2人以上は運行継続、同1.5〜2人はデマンドへの移行を検討、同1人
未満は減便・運賃値上げ等新たな方策を検討するとしている（表4.10）。

　公共交通に関する市負担額は約1.7億円、一般歳出の約0.3％。

　人口12.6万人、高齢化率約25％（2015）、財政規模約580億円、財政力指
数0.52。

6−2−4　路線の性格を判断基準の要素とする例

　路線によって当該自治体における性格が異なるとの考え方から、その性
格によって路線を分類する自治体も少なくない。

・**浜松市（静岡県）**

　補助システムが手厚い（前述　第4章4）。

・市の単独補助の制度はない。

・「自主運行バス」1路線。事業者に運行委託、「自主運行バス」という名称だが、収支率とは無関係である、段階的に「地域バス」に移行予定。

・「地域バス」11（地域フィーダー）

　住民が検討主体（地域交通検討会）となって、ルート・運賃等を策定し、事業者に運行委託。運行経費の80％を限度に市が補助。運行後2年間の（実証）運行実績等を検証し、収支率が20％を切ると「改善運行」として、減便・ルート変更等を実施、さらに、市民が生活できる「最低保証」として、2往復/日×2日/週＝8便/週をデマンド型で運行する計画である（例えば合計50人/年）。「最低保証」運行を浜松市民のシビルミニマムと位置付けている。

・**一宮市（愛知県）**

　「地域公共交通網形成計画」（2016.2策定。「公共交通計画」（2012）を改定）（計画期間は2012〜17年度の6年間）において、まず、現在運行している鉄道、民営バス、i-バス、生活交通バス、タクシーについて、その性格付けを行う。

・鉄道は、名古屋市、岐阜市への広域幹線として機能。

・民営バスは、通勤通学等の日常生活のため、名鉄一宮駅と隣接する市の鉄道駅等と結ぶ。

・「i-バス」（「i」（筆記体・歩いているイメージ）は、一宮市の「i」と「愛」を意味する）は、公共施設の利用、高齢者・障害者・子供の社会参加促進を目的として運行しており、運賃収入（約20％）と市の補助（約60％）で運営、維持している（合計の収支率約80％）。

　なお、2016年7月から試験運行していた「i-タクシー」（需要の少ない路線においてタクシー車両で運行）を本格運行に切り替えて、2018年4月から名称を「i-バスミニ」に変更した。

・「地域生活バス」は、路線バスが撤退した地域において、公共交通不便地域の解消を目的として、地域（住民）が運行ルート・時刻を設定し、

利用促進運動等を実施して、名鉄一宮駅と地域の間を運行しており、運賃（約20％）と市の補助（約40％）で運営し、維持している（合計の収支率約60％）。

・タクシーは、個々の需要に対応する機能と整理したうえで、以下のように、市内のバス路線全体について、運行主体ではなく、その路線の持つ公共交通の機能分類を行い、費用負担の在り方、料金体系の在り方、運行基準の設定を行っている。

・幹線的バス

①幹線

都市拠点（名鉄一宮駅周辺）を中心とし、放射状に延びる公共交通ネットワークの軸として機能する路線で、交通事業者が需要に応じた運行水準を確保し、費用負担は利用者、運賃は対キロ制とする。

②準幹線A

幹線を補完し、公共交通のネットワークの軸として機能する路線。交通事業者の運行を基本とするが、交通事業者のみでは運行継続が困難な場合、市が政策的に支援を行い、運行水準（ピーク時30分間隔、昼間1本/h）を確保して、費用負担は利用者と市、運賃は対キロ制とする。

③準幹線B

幹線を補完し、地域から都市拠点へのアクセス路線として機能する路線で、地域が主体的に運行維持に向けた取組みを行う路線で、地域需要に応じた運行水準を維持し、費用負担は利用者、市、地域、運賃は均一運賃で200円/乗車。

④まちなか幹線

都市拠点と市役所、市民病院、商業施設を結び、まちなかの活性化を目的に市が政策的に取り組む路線で、他路線との乗継ぎに配慮した運行水準を確保して、費用負担は利用者と市、運賃は均一運賃で200円/乗車。

一部路線に「i-バス」路線がある

・支線的バス

① 地域生活バス

幹線的バスの端末交通として最寄りの鉄道駅、幹線及び準幹線に連絡し、地域のニーズに応じた交通手段確保を地域が主体になって取組む路線であ

る。副次的都市拠点周辺については、地域による主体的な取組みが困難な場合、市が必要最小限の運行水準を確保する。また、費用負担は以下の通り。

・地域主体の場合は、利用者。

・市の補助に加え、地域または市主体の場合は、利用者と市の補助。

・運賃は基本的に、地域主体の場合は200円/乗車だが、地域の協議により決定。

・市主体の場合には均一運賃で200円/乗車。

全路線が「i-バス」。

　人口約37.9万人、高齢化率約26％（2015）、財政規模約1,120億円、財政力指数0.81。

・伊賀市（三重県）

　「地域公共交通網形成計画」(2015.8策定。計画期間2015〜20年度の6年間）において、各バス路線の機能分類別サービスの維持基準を「基幹バス」「準基幹バス」「地域アクセスバス」それぞれについて定めている（表4.11)。

　なお、利用者が減少し、鉄道事業者側からこのままでは存続が困難とされた伊賀線（近鉄）の鉄道事業再構築事業を実施しており、2017年度から運営を公有民営方式（上下分離）に変更した。

　人口約9.3万人、高齢化率約31％（2015）、財政規模約440億円、財政力指数0.65。

6−2−5　判断基準を設ける必要性を謳う例

　具体的な判断基準は策定していないが、策定の必要性を謳う自治体もある。

・八街市（千葉県）

　「地域公共交通網形成計画」（2016.3策定。計画期間は2016〜20年度の5年間）において、市運営・民営バス事業者に運行委託するコミュニティバス「ふれあいバス」の見直し基準を策定する必要性を掲げ、その基準を3年間下回って改善の見込みが立たない場合は、代替サービス「新たな交通手段」を検討するとして、他都市のコミュニティバス等の評価手順の例を紹介している（表4.12)。

表4.11　伊賀市のバスサービス維持基準

≪バスサービス維持基準≫

　「地域公共交通の機能分類と路線維持の基本的な考え方」のもと、各バス路線のサービス維持基準を以下のように設定します。

　ここで示すサービス維持基準は、サービス提供の目安であり、利用実態を踏まえ、適宜その運行本数を設定します。

表 3-2　機能分類別のサービス維持基準

基幹バス	● 高いサービス水準（運行回数 10 往復程度以上（平日）※）を確保する。 　※：朝 3、午前・午後 4、夕夜 3　（表 3-3 参照）
準基幹バス	● 比較的高いサービス水準（運行回数 5 往復程度以上（平日）※）の維持に努める。 　※：朝 2、昼 1、夕・夜 2 回を想定（表 3-3 参照）
地域アクセスバス	● サービス水準については、地域の実情に応じて、地域が主体的に検討を行う。 ● 地域住民の理解のもと、シビルミニマムの観点から必要最小限のサービス水準（運行回数 3 往復程度以上（平日）※）を維持する。 ● 生活交通への対処の視点から、平日運行を原則とする。なお、現在、土日祝日に運行している路線については、その利用実態を踏まえ、必要性を判断する。 　※：午前 1、午後 1、夕・夜 1 回を想定（表 3-3 参照）

【サービス維持基準の設定根拠】

　サービス維持基準については、以下のような生活パターンを想定した上で、設定を行った。

　地域アクセスバスについては、行政バスの利用目的として通院、買物等の日常的利用、観光・レクリエーション等の非日常的利用が多いことから、通勤を除いた日中の活動に対応する形で設定を行った。

表 3-3 サービス維持基準設定の考え方

分類	維持基準（平日）	想定する生活パターン
基幹バス	10 往復/日	・朝の出勤、通学対応で 3 往復 ・午前・午後の通院、買物対応で 4 往復 ・夜の帰宅対応で 3 往復
準基幹バス	5 往復/日	・朝の出勤・通学対応で 2 往復 ・午前・午後の通院、買物対応で 1 往復 ・夜の帰宅対応で 2 往復
地域アクセスバス	3 往復/日	・通院、買物等への対応で午前・午後 1 往復 ・夕・夜 1 往復

出典　伊賀市HP

表4.12　八街市の紹介する他の自治体の例

【参考】他都市におけるコミュニティバス等の評価手順の例

都市	実証運行・試行運行時の判断基準	本格運行後の判断基準	備考
東京都 東村山市	○半年間の収支率が40%以上 　⇒本格運行 ○半年間の収支率が40%未満でも、利用者数が順調に 　伸びており、半年以内に基準を満たすと見込まれる 　場合、期間を半年延長として再評価	○1年間の収支率で評価 　・収支率100%～ 　　⇒交通事業者の自主運行を検討 　・収支率40%～ 　　⇒運行継続 　・収支率～40% 　　⇒運行改善を検討 　　　ただし、運行改善の意思がない場合は、2年間 　　　運行し、基準を満たさない場合は廃止を検討	コミュニティバス新規導入 ガイドライン
千葉県 市川市	以下の2つの条件を2年間満たした場合、本格運行 ○半年間の収支率が40%以上 ○沿線住民（200m程度、無作為抽出）へのアンケート 　の回収率が35%以上で、「既に利用している」と「利用 　していないが今後利用意向がある」の合計が65%以 　上	○運行基準を2か年連続して下回った場合は運行廃止 　運行基準　：　収支率40%以上	市川市コミュニティバス運 行指針
埼玉県 さいたま 市	○実証運行開始6ヶ月間の収支率が40%以上 　満たない場合、運行改善等により、実証運行期間の延 　長し、再検証	○運行基準を2か年連続して下回った場合は運行廃止 　運行基準　：　収支率40%以上	コミュニティバス等導入ガ イドライン
神奈川県 相模原市	【コミュニティバス】 以下の2つの条件を2年間満たした場合、本格運行 満たない場合は、運行廃止。 ○1便当り輸送人員が10人以上 ○収支率　50%以上	【コミュニティバス】 本格運行後も、毎年検証し、2年間継続して継続条件を 満たさない場合は、運行廃止。	コミュニティバス導入の手 引き
	【乗合タクシー】 以下の2つの条件を2年間満たした場合、本格運行 満たない場合は、運行廃止。 ○稼働した便の1便当り輸送人員が1.5人以上 ○全運行本数に対する実運行本数の稼働率が50%以上	【乗合タクシー】 本格運行後も、毎年検証し、2年間継続して継続条件を 満たさない場合は、運行廃止。	乗合タクシー導入の手引き
和歌山県 和歌山市	試験運行は1年間 ○継続判断は、基本的に運営協議会が判断 ○市は、運行経費の90%を上限に補助	○本格運行期間は1年間とし、市が運行経費の80%（市 　街化調整区域運行は85%）を上限に補助 ○次年度以降の継続運行は、本格運行開始の6か月後 　に、基本的に運営協議会が判断。 　ただし、市の予算が確保できない場合や利用者が極 　端に少ない場合（地域負担割合〔市街化区域20%、 　調整区域15%〕の50%未満の場合）は運行の継続は 　できない。	地域バス導入ガイドライン

出典　八街市HP

　人口約7.1万人（年率約0.7％減）、高齢化率約26％（2015）、財政規模約200億円、財政力指数0.63。

・福知山市（京都府）

　「地域公共交通網形成計画」（2016.3策定）において、公共交通再編の検討項目として、バス路線見直しのための路線評価基準の設定（利用状況、収支状況、利用者1人当たり費用）、市負担経費の上限目標（利用者1人当たり負担費用、公平性）、公共交通維持確保のための支援事業の検討・整理（民営バス、自主運行バス、市営バス等への補助）を挙げている（参考事例として豊岡市を挙げる。図4.14）。

・<ruby>高梁市<rt>たかはし</rt></ruby>（岡山県）

「地域公共交通網形成計画」（2015.3策定。計画期間2015～19年度の5年間）において、人口減少・著しい高齢化に加え、公共交通関連施策への財政負担の大きさ（一般歳出の約1％）等から公共交通見直し基準を設定する必要を示している（図4.20）。2015年度に見直し、2016年度から運用開始。

公共交通への市負担約2.5億円（うち路線バス補助48％、スクールバス

図4.20　高梁市の公共交通サービスの見直し基準

【事業の概要】

現行の運行見直し基準を見直すとともに、乗合タクシー等の運行見直し基準を設定します。また、基本サービスレベルを検討します。

【事業の背景】

● 路線バスの見直し基準は設定されていますが、乗合タクシーの見直し基準は設定されていません。

● 路線バスの見直し基準においても、運行ルートや乗車時間の短縮を図るため、低利用区間の運行を見直すための基準等を設定する必要があります。

【事業内容】

● 乗合タクシーの見直し基準を設定します。

● 生活福祉バスの低利用区間の運行休止（路線短縮）基準を設定します。

● 運行回数、時間帯等の基本サービスレベルを設定するとともに、交通再編資料として基本サービスレベルに基づく公費負担のシミュレーションを行います。

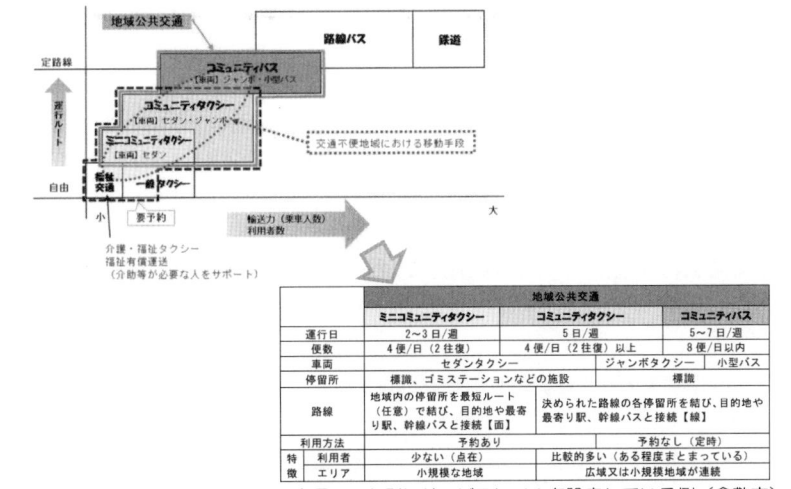

▲交通モード別にサービスレベルを設定している例（倉敷市）

出典　高梁市HP

約19%、生活福祉バス約12%、乗合タクシー約8%）。

　人口約3.2万人、高齢化率約39%（2015）、財政規模約240億円、財政力指数0.20。

6−2−6　バス事業の成立可能性を謳う例

・日立市（茨城県）

「地域公共交通網形成計画」（2016.3策定。計画期間は2016〜20年度の5年間）において（前述　第4章3）（表4.13）、

・1時間1便程度の運行、現在のバス会社経費等から、バス事業が成立する

表4.13　日立市のバス事業成立エリアの考え方

　現状の市内のバス停別の利用者数（乗降客数）と人口の関係を分析すると、下表のとおり、バス停圏域人口あたりのバス利用率となる。

　この1時間に1便程度の利用率を用いて、バス路線の延長と市内のバス事業者のキロ当たり運送原価から試算すると、人口密度32人／ha以上のエリアでバス事業の採算性確保の可能性があるということが把握できた。

＜日立市のバス停圏域人口あたりのバス利用率＞

運行便数 （便/日、片道、平日）		①人口 （人）	②利用者数 （人/日）	③利用率 ②/①(%)
1〜10	2時間に1便以下	42,083	697	1.7%
11〜25	1時間に1便程度	56,883	1,768	3.1%
26〜50	30分に1便程度	66,060	3,790	5.7%
51便以上	15分に1便以上	58,696	7,824	13.3%

①バス事業成立エリア＝ 人口密度32人/ha以上 ＋ 公共交通の利用が見込まれる施設周辺

　人口密度32人／ha以上のエリアと、一定の公共交通の利用が見込まれる大規模工場、高校・大学、総合病院、公共公益施設の立地するエリアを含めて「バス事業成立エリア」と設定する。

②バス等公共交通検討エリア ＝ バス事業成立エリアと合算すると人口密度32人/haとなるエリア

　バス事業成立エリアと合算すると32人／ha になり、隣接するエリアを「バス等公共交通検討エリア」と設定する。

③市街地幹線エリア ＝ 南北方向の交通軸の沿線エリア

　都市構造で示した南北方向の交通軸にあたる路線沿線を「市街地幹線エリア」に設定する。

④郊外型公共交通エリア ＝ 人口密度が低く公共交通の事業採算性を確保することが難しいエリア

　上記の3エリア外の人口密度の低い郊外を「郊外型公共交通エリア」と設定する。

出典　日立市HP

エリアとして32人/ha以上と試算。それ以下のエリアについてはデマンド交通等の検討を指摘（バス事業が成立するエリアを集積人口で試算した自治体は他には見られなかった）。

・パートナー協定（市と事業者）に基づき、4便/日の運行に係る赤字分を市が補助の上限としたが、路線の再編（2018年度から、生活圏ごとに）等を踏まえて、見直しを検討（朝夕2往復＋日中3往復）。

6－2－7　市民全体にサービスを確保済みと謳う例

・蒲郡市（愛知県）

「地域公共交通網形成計画」（2016.6策定。計画期間は2012～16年度の5

図4.21　蒲郡市の交通サービス分類

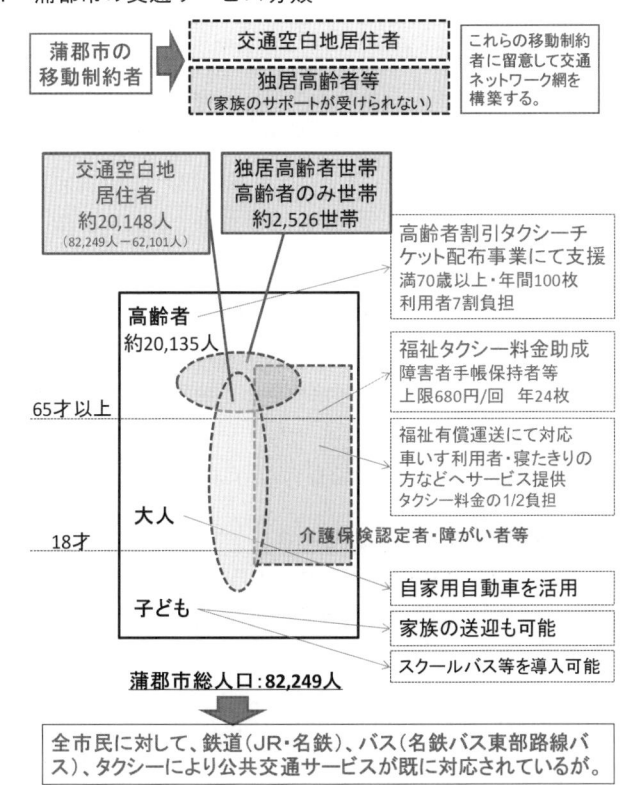

年間）において、公共交通空白地在住者や独居高齢者を除き、市民全員に公共交通サービスが提供されているとしている（図4.21）。

人口約8.1万人、高齢化率約28％（2015）、財政規模約290億円、財政力指数0.84。

6−2−8　退出基準を設ける前に路線バス撤退の例

・清州市（愛知県）

非常に特殊な公共交通機関の配置の市である。すなわち、鉄道はJR、名古屋鉄道、城北線の3線があり、鉄道駅は各線ごとにそれぞれ1駅、7駅、1駅あるのに対して、路線バスは名鉄バスが1997年に撤退したため、隣接する名古屋市営バスの1路線1バス停しかなく、タクシー会社は4社。道路環境が悪く、総合病院はなく、中心市街地もない。合併4町は面積が狭く、人口約6.7万人、高齢化率約23％、財政規模約220億円、財政力指数約0.96である。

人口減少・少子高齢化が見込まれる中で、域内の一体化を進めるためにも、域内交通手段の整備、公共施設の集約が必要とするとともに、公共交通の役割をも明記した「地域公共交通網形成計画」（2015.3策定。計画期間は2015〜19年度の5年間）において、公共交通空白地帯での市運営、民間事業者に運行委託する「きよす　あしがるバス」3ルート（2ルートは9人乗り、1ルートは28人乗り）、8：00〜19：00、6〜10便を運行している。運行する鉄道会社の系列のバス会社が撤退した後の市運営・事業者運行委託の「コミュニティバス」で、北関東の栃木県佐野市、栃木県足利市、群馬県館林市、群馬県伊勢崎市（無料）と似ている。路線バスの退出基準を策定する前に撤退され、市民の足の確保のため、市が乗り出した事例である。

表4.14　清須市の鉄道駅・「あしがるバス」

市内の公共交通勢圏の人口カバー率

	非高齢者 64歳未満	高齢者 65歳以上	全住民
駅のみ	51.29%	51.18%	51.27%
駅＋「あしがるバス」バス停	90.71%	89.91%	90.56%
差	39.42%	38.73%	39.29%

出典　清須市HP

6−2−9　当初の非採算「コミュニティバス」を廃止した例

・飛島村（愛知県）

　「地域公共交通網形成計画」（2015.4策定。計画期間は2011〜15年度の5年間）において、かつて潤沢な財政力を使った「コミュニティバス」（市運営、バス事業者に運行委託）を導入したが、利用率も低く、収支率が約2.5％と著しく低いため（運行開始当初は100円/乗車、後に200円/乗車に値上げ）、「コミュニティバス」を廃止し、「飛島公共交通バス」（名港公共交通利用促進協議会が三重交通に運行委託、2路線、2009年に運行開始）及び「デマンド交通」を充実させる方針となった。鉄鋼関係工場・発電所が多く、民営バスはない。

　人口約0.45万人、高齢化率約31％（2015）、財政規模約50億円、財政力指数2.13（日本一）。

6−2−10　まとめ

　乗合サービスの退出基準・公表等については、退出基準の策定と公表が住民にとって非常に難しく、また、自治体の財政状況も厳しいといった状況があるため事例としては必ずしも多くはない。しかし具体的に、定時定路線の自治体が関与するバスの収支率15〜25％程度（20％が最も多い）を、その継続要件としているものが多い。それ以下の場合はデマンド型乗合タクシーが多い。また、利用者1人当たり補助額を基準とする奈良県の例もある。

　地域によりその特性は異なり、全国一律の基準は策定が困難だが、今後ますます人口減少・高齢化が進み、国・自治体ともに財政状況が厳しくなることが容易に想像される中で、各住民、自治体にとって退出基準の策定・公表は、利害関係が相反する可能性の高い「維持すべきサービス」の取捨選択のために必要不可欠のものになると考えられる（後述　第6章）。

7.　米英の経験など

　先行研究[87]を参考に、米英の経験、特に、英国の交通法関係の動きを簡単に整理する。なお、整理にあたっては筆者の問題意識にあったものに絞っているので、研究、抽出の取捨選択などすべてその責任は筆者にある。

1970年代

・通勤時共同利用（米国のカープール、ヴァンプール、バスプール）
・交通貧困層のための共同利用（英国のソーシャルカーサービス）
・指名車両システム（米国のウエストバージニア州の指名車両システム）
・スクールバス、ワークバスの活用

英国の交通法関係

・1978年交通法により、限定的な自家用車有償相乗りが合法化（社会福祉目的での免許緩和（職場・クラブ等での相乗り、ソーシャルカーの有償相乗り等））。

・1980年交通法により、PSV定義の変更による小型自家用車の有償相乗り行為を、社会福祉目的に限り、完全に免許制を外した。

・1980年交通法で急行サービスの規制緩和、自治体の補助金を受ける場合に限り、運賃規制を廃止し、自治体との交渉に委ねた。試験区域を設定して、一定期間地域内乗合に免許廃止規定が入る。

・1985年交通法により、1986年からロンドンを除く全土において域内バス規制緩和と非採算生活路線に対する自治体による補助金付き入札制の導入（台キロ増加、補助金激減。域内バスは緩和前90％以上が公有、大部分が民間移管。全国バス会社も民営化）。この結果、少数大手事業者により地域独占が形成された。

・1995年頃まで規制緩和反対論も多かったが、労働党への政権交代（1997）もあり、品質協定（QP）等の現実的議論に向かった。この頃、交通と社会的排除の関係が指摘され、新設の社会的排除防止庁が調査（就労、教育、保健など）。

・2000年交通法に基づき、地域交通計画（LTP；5か年計画）の策定、バ

87　主なものを挙げると、以下の通り。
　　中条潮「英国におけるルーラル交通の現状と新しい地方交通運行システム」（1979）
　　日本交通政策研究会
　　中条潮「自家用車の公共的活用を考える・・英国の事例から学ぶもの・・」（1983）
　　日本交通政策研究会
　　寺田一薫『バス産業の規制緩和』（2002）日本評論社
　　寺田一薫、中村彰宏『通信と交通のユニバーサルデザイン』（2013）勁草書房
　　中村文彦「北米のライドシェアの未来」（2012）運輸政策研究

ス品質協定（QP）制度の形成（QPの目標として、バス利用者の増加、モーダルシフト、社会的排除防止等）、包括補助金（自治体が交通関係で自由に使用可能）。一方、劣悪な新規参入者防止のためのバス品質契約（QC）を認めたが、2000年交通法下での採用自治体はロンドンのみ。

・社会的排除防止庁は2006〜10年の第2期地域交通計画では、アクセシビリティ指標を入れるべきと主張。

・2004年、交通省がアクセシビリティガイダンスを発表（最寄り駅・バス停への歩行者の交通行動を重視した指標を地域交通計画の目標に定める手続きも含まれる、移動制約者への視点を重視）。

・地方部バスサービスへの補助制度は、地方部バス補助交付金（新規開設の過疎路線）、ルーラルバスチャレンジ補助金、バスサービス運営補助（一定基準のサービスを提供する事業者に対して、支払った燃料税の80％が払戻し；「バス燃料税割戻」制度の改称。最初の2つの補助は、概ね人口2.5万人以下の市町村を対象）。対象はタクシーを使ったサービス、デマンド交通にも拡大。

・交通省の報告書（2004）では、デマンド交通は地域の交通に大きな効果は与えていないとしている（費用対効果の著しく悪い例が散見。1トリップに補助金2ポンド以下が適当だが、全国で数件しかない）（cf. 2003年、約200円＝1ポンド）。

8.　中山間地における「送迎」に関する先行研究

　中山間地の交通に関する先行研究は多数あるが、ここでは、中山間地の世帯内送迎・世帯間送迎に絞り、これまで指摘されてきたこと[88]を簡単に整理する。

注）QP: Quality Partnership　　QC: Quality Contract
LTP: Local Transport Plan 「北米のライドシェアの未来」運輸政策研究

88　主なものを挙げると、以下の通り。
「高齢社会を迎えた地方都市におけるモビリティ確保のための政策分析」（2008）日本交通政策研究会
「中山間地域における生活関連サービスの充足策に関する研究」（2010）日本交通政策研究会
「中山間地における交通困難集落の実態を踏まえた世帯間送迎サービスの検討」（2011）　日本交通政策研究会

　なお、整理に際して筆者の問題意識にあったものに絞っているので、研究、抽出の取捨選択などすべてその責任は筆者にある。

・公共交通だけでは必要な需要は確保できない。

・世帯内送迎によりモビリティを確保するためには、生活関連施設の閉鎖を極力防ぎ、居住地近くに最低限の施設を確保する必要。

・部分送迎、完全送迎、路線バスを含むフィーダー型送迎が重要。

・待合所、滞在施設が重要。帰宅時間に強い意識。

・域内移動はDRT（デマンド型）が有効（定時定路線コミュニティバスより低コスト）。

・世帯内送迎は帰路に他の交通手段利用が多い。

・世帯間送迎はプライバシー、事故補償が課題。

・世帯内送迎の成立可能性は、世帯間送迎より必ずしも高くない。

・世帯間送迎すら困難な集落は居住地の再編が必要。

56　**函館市**　…人口約27万人、高齢化率約30％、財政規模約1,400億円、財政力指数0.44
　　市電（路面電車）を運営、基本的にバス交通は事業者1社に任せている（赤字補助）。
市域では過疎化が進行し、全市が過疎地指定。東部1団地でデマンド型バス運行。市運営
バスは、「福祉バス」4路線、「病院送迎」2路線、「スクールバス」6路線、すべて運行委託（う
ち、スクールバス3路線（タクシー会社、福祉協議会等に運行委託）以外は函館バスに運
行委託）。
　　このほか、都市内拠点間を結ぶ「ループバス」、函館空港発着の循環バス「とびっこ」（約
40便/日）。北海道新幹線函館延伸（2016年3月、新幹線駅（新函館北斗駅）は市中心部か
ら離れている（電車で約20分））による好影響に市は大きく期待を寄せる。2015年7月「地
域公共交通網形成計画」策定（路線再編の内容、福祉バス・病院送迎バス再編の具体的
内容は明確でない。福祉バスの共用化、病院路線の混乗化、デマンド路線の拡大等の検
討が掲げられている）。

57　**八戸市**　…人口約24万人、高齢化率約28％、財政規模約1,000億円、財政力指数0.64
　　公営・民営2社で重複路線が多く、中心部で等間隔ダイヤ・共同運行実施（運賃上限300円・
50円刻み）。
・市内（広域）循環「るるっぷバス」（右左の2ルート、8便/日、運賃上限200円、非常に
　採算が悪い（年約1,500万円赤字））
・「南郷コミュニティバス」（旧合併町6地区、運賃100円、貸切バス会社運行委託、路線
　バスの廃止代替）
・「コミュニティ（乗合）タクシー」（1地区、運賃200円、登録住民のみ、乗降客が少なく、
　バスからタクシー会社に運行委託先を変更、路線バスの廃止代替機能）
・「八食バス」2ルート（運賃100円（八食センターと八戸駅）、運賃200円以下（同センター
　と中心市街地）、路線バス会社に運行委託）
・最終新幹線接続「乗合タクシー・シンタクン」（900円）
・八戸交通計画（八戸市含む約36万人）を策定、運賃上限を500円（最低150円、50円刻み）
　広域バス（広域バスは周辺各町村のコミュニティバスに接続（弘前広域圏と似ている））。
　広域バスへの補助として約1.3億円（市町村単独約4,000万円）。
　　複数の交通モードの連携により、市内全体として「意外と使える」「迷わず乗れる」と
感じられるバスサービスを将来にわたって、継続的に提供して、住みよく、活力あるま
ちづくりに寄与することを基本理念に「地域公共交通網形成計画」を2016年3月に策定し
た。市内幹線軸の高頻度サービスの事業性を確保、小規模な需要に対応した公共交通サー
ビスの提供、交通拠点のターミナル機能強化を図る。

58　**伊勢崎市**　…人口約21万人、高齢化率約24％、財政規模約810億円、財政力指数0.81
　　東武鉄道の子会社であるバス会社が撤退したが、市町村合併（2005）前のコミュニティ
バスを2008年に抜本的に再編成して、10ルートのコミュニティバス「あおぞら号」（無料）
を市内全域で運行。貸切バス事業者に運行業務を委託。中型バス（10台、運転士10人）。
狭い幅員道路も走行し、福祉的要素も強い。一部は市・県境を越え、各市町のコミュニティ
バスと連絡を図っている。

59　**太田市**　…人口約22万人、高齢化率約23％、財政規模約800億円、財政力指数0.92
　　中心市街地の空洞化が著しい。また、自家用車利用者が非常に多い。
　　東武鉄道、東武鉄道のバス子会社（1路線のみ）、タクシー会社1路線のほか、市運営・
タクシー会社に運行委託するバス「シティライナーおおた」が3路線（道路運送法第4条）
を走っている。うち2路線は旧合併町。定時定路線、平日運行。運賃200円/回（高校生以下、
65歳以上は100円/回）。中型・小型車両。赤字補填約2,000万円。
　　市運営・タクシー会社に運行委託の「おうかがいバス」（道路運送法第4条）が高齢者等、

市内在住の自力による移動手段を有しない人を対象（登録制）として、公共施設、鉄道駅、病院、大型商業施設等と停留所（約740か所）の間をデマンド運行。運行当初はフルデマンドで無料だったが、財政規律を問う声も出たため、2012年度から有料化と停留所を設けることに踏み切った。ワンボックス（10人乗り）、運賃100円/回、市負担約5,000万円。

交通関係の市負担は上記約7,000万円（路線赤字補助なし）で、一般歳出の約0.1％。

60　長岡市　…人口約28万人、高齢化率約29％、財政規模約1,400億円、財政力指数0.60

JR上越新幹線、信越本線、上越線、越後線、飯山線（かつて越後交通の2鉄道路線があったが廃線）、バス会社は民営2社（越後交通及びその子会社1社）。

「まちなかべんりバス」（長岡駅、総合病院、大型商業施設等の間のシャトルバス。運賃170・250円。8:00〜19:00、路線バス会社に運行委託）のほか、公共交通空白地交通は地域住民が責任を持ち運営主体になるとの考えから3地域（2地域は旧合併村）でNPO運営の自家用有償運送（一部をタクシー会社に運行委託）が行われている。

2008年「公共交通基本計画」の策定当時、10年間でバス利用者が約3割減少、同じく10年間で高齢者の交通事故が5割増加、越後交通の赤字額が約6億円に急増、県市の補助も急増して約1.5億円に達したため、広域路線（幹線）は概ね1本/時間に変更し、市街地循環バス、長岡市域、長岡市郊外路線は路線の見直し等を行い、周辺地域、公共交通空白地の交通については「地域住民が責任を持つ。運営は住民」という考え方でバス利用者数現状維持（10年後）を目指していた。

61　上越市　…人口約20万人、高齢化率約30％、財政規模約1,100億円、財政力指数0.56

人口減少・高齢化が早くから進み（特に周辺地域、山間部）、直江津・高田に人口・都市施設が集中し、旧合併町村地域を中心に過疎化が進行。通勤先は直江津・高田の都市部か居住地域に二極化している、通学・買物も直江津・高田に集中、自家用車は約2台/戸、高齢者の運転免許保有者が急増している。

JR北陸新幹線・信越本線、越後トキメキ鉄道、北陸急行、バス会社は、実質的には、地域内に4子会社を傘下に持つ民営1社で、44路線（67系統）。運行路線は、市の中心と区の中心を走る幹線と地区内集落と幹線の接続を目的とした支線。乗合タクシー1地区、スクールバス混乗4地区、地域バス（患者輸送のほか、通園・通学送迎。無料）1地区、タクシー7社。

公共交通利用者数の現状維持を目標に、「乗合タクシー」「スクールバス混乗」も公共交通機関と明記（市総合公共交通計画「地域公共交通網形成計画」（2015.3策定））。

北陸新幹線上越妙高駅開業が地元にとって明るい話題。一方、並行在来線問題、北越急行問題（北陸新幹線金沢延伸により利用客が激減）がある。バスへの補助（市負担）は約3.4億円（市単独補助路線の市負担1.2億円）。

62　松本市　…人口約24万人、高齢化率約26％、財政規模約900億円、財政力指数0.68

広域市で鉄軌道・バスの最大限維持（協議路線として市単独補助あり）を目指し、以下のような状況にある。

・民営バスで極力維持すべく、国との協調補助を行う「西部地域コミュニティバス」（5路線）、「四賀地域バス（デマンド）」（四賀地域）、運賃定額210・310円、国の補助が減額される可能性が高く、今後どうすべきか議論中であるが、事業者の赤字が増加し存続が危ぶまれる。

・民営バス事業者から廃止希望があって、市として維持すべきと整理したものについては、「協議路線」として減便・不定期運行等の措置は講じるが、単独補助で維持(空港・朝日線)。

・旧四賀村、奈川村時代に村営バスとして運行されていた路線については、競合区間の民営バスの運賃と調整する。市運営自家用有償運送を実施するが、運行管理業務は民間のタクシー会社、運転士派遣会社に委託している。四賀地域は距離別の運賃、奈川

地域の路線は定期型と不定期、地区内運行で定額運賃。
- 市内在住70歳以上を対象に、路線バス・市営バス・乗合タクシー、運賃100円/回で市内区間を乗車可能になるICカード「お出かけパスポート」を配布。
「地域公共交通網形成計画」（2015.10策定）において、幹線は1便/時間以上、需要が非常に少ない地域は地域主導のデマンド型の導入を図るとともに、ゾーン運賃等の検討をすることとなった。その結果、西部コミュニティバス、「市営バス」四賀・奈川の3路線のデマンド交通等が実施されており、総額で約7,300万円の市負担、一般歳出の約0.1％にあたる。

63　下関市　…人口約27万人、高齢化率約33％、財政規模約1,200億円、財政力指数0.53
市運営自家用有償運送「生活バス」が3地域（旧合併町営バスを継承）で走っている。地域により、定時定路線バス・デマンドバス・両方の3形式（豊北地域・定時定路線、菊川地域・定時定路線とデマンド、豊田地域・デマンド）ある。貸切バス会社・タクシー会社に運行業務を委託。距離帯別運賃100～700円（100円刻み）。
　人口は約1％/年減少、2035年に対2010年比約25％減少。高齢化率も高く、全国平均より約15年以上早い。

64　旭川市　…人口約35万人、高齢化率約30％、財政規模約1,600億円、財政力指数0.48
人口減少・高齢化が早くから進み、東京資本の大手デパートも2016年9月に閉店した。バス会社2社。
- 豪雪地帯で、積雪時の中心市街地活性化のため、循環バス「まちくるバス」。運賃50円、所要20分、1方向24便/日（11:40～19:20）。民間協議会運営・バス事業者に運行委託。9月から2月中旬に運行（9～11月は金土日曜・祝日、11～2月は毎日運行）。
- 「地域内フィーダー」と呼ばれる既存タクシー会社による乗合タクシーが米飯地区・東旭川駅周辺の間を往路4、復路6便（2013.10～）。
- 乗務員不足（2社とも）でスクールバスの運行ができない路線がある。
- かつて永山地区で住宅エリア内を巡回するコミュニティバス「ミニバスはーとふる」（150円、73停留所）が運行されていた（2003～10年）。
- 深川市と協力して、深旭線の乗車密度5人未満路線へ国庫補助カット分を補助（2012年度～）。
2014年1月「地域公共交通総合連携計画」を策定、2013～22年の10年間にバス利用人数を現在の水準1,340万人を維持する1,320万人を目標。人口は35.2万人から31.4万人に減少、公共交通不便地域の改善を検討。運行本数、または鉄道駅・バス停からの距離（5便/日未満、または1km・500m以上）を「現在の18.9％から10％未満にする」ことを目標としている。

65　富士市　…人口約26万人、高齢化率25％、財政規模約900億円、財政力指数1.00
JR（東海道新幹線、東海道本線、身延線）、岳南鉄道、バス会社は民営実質2社（富士急の地域子会社2社と、山交地域会社）。路線は、吉原中央駅から放射状のものが多い。富士駅、新富士駅へは乗換えが必要な場合が多い。
- 中心市街地循環バス「ひまわりバス」が駅から駅へ循環運行。運賃200円/回、6便、平日運行等、小型バス、バス会社に運行委託。
- 「コミュニティバス」7路線（うち1路線は実証実験中）。運賃200円/回、1～6便、平日運行等、10～37人小型バス等、タクシー会社に運行委託、市補助（運行経費の2/3を上限）。
- 「デマンドタクシー」7地区（うち2路線実証実験中）。200～400円（地区による）、毎日運行、地元住民登録制。

66　四日市市　…人口約31万人、高齢化率約23％、財政規模約1,100億円、財政力指数0.98
JR（東海道本線）、名古屋鉄道、三岐鉄道、伊勢鉄道、四日市あすなろう鉄道（2015.4～）、

バス会社は民営3社（三重交通、三岐鉄道、他1社）。
・市運営バス会社運行委託「自主運行バス」3路線。定時定路線、運賃はバス会社による対キロ制。廃止代替バス路線もある。5〜13便/日、利用者数50〜90人/日。
・NPO法人運営バス会社運行委託「生活バスよっかいち」1路線。鉄道・幹線バスと支線バス・コミュニティバスが連携し、市中心部、生活拠点施設に公共交通で快適・便利に行けることを目標としている。
　2014年12月「地域公共交通網形成計画」を策定。2015年4月に公有民営（上下分離）され誕生した「四日市あすなろう鉄道」を地域公共交通活性化再生法の再構築事業に認定してもらうことが最大の目的である。

67　倉敷市　…人口約48万人、高齢化率約25％、財政規模約1,700億円、財政力指数0.83

　JR（山陽新幹線、山陽本線、伯備線、宇野線、本四備讃線）、水島臨海鉄道、井原鉄道。また、バス会社は民営5社の両備ホールディングス、下津井電鉄、中鉄バス、岡山電気軌道、井笠バスカンパニー（下津井以外は両備グループ）。
　路線バスへの補助（県・市）等により、バス利用者数の減少率を引き止めることに成功した（▲2.2％に半減）。
　路線バス撤退後は、バスより地元住民運営のタクシー利用を軸にする考え方へ移行。地元乗合タクシー運営委員会等が運営し、タクシー会社に運行を委託する「コミュニティタクシー」8地域（高台の団地が多い。また、1地区は以前、「コミュニティバス」が運行していた）。デマンド型がほとんど（停留所間）、3〜4便/日。平日運行が多い。運賃は地区により、300・400・500円に設定。利用1時間前までに、タクシー会社へ電話予約。欠損分は市が全額補助。

68　福山市　…人口約48万人、高齢化率約27％、財政規模約1,700億円、財政力指数0.80

　JR（山陽新幹線、山陽本線、福塩線）、井笠鉄道、路線バスは民営5社（中国バス、トモテツバス、おのみちバス、井笠バスカンパニー、北辰バス）。
・中心市街地活性化のため、中心部循環バス「まわローズ」。運賃150円、58便/日、20分間隔・9:00〜18:30、バス会社に運行委託。
・「乗合タクシー」2地区。運賃350・400・500円/回、平日12〜15便/週、タクシー会社に運行委託。欠損分は市が全額補助。

69　呉市　…人口23万人、高齢化率約33％、財政規模約1,000億円、財政力指数0.60

　人口減少が著しい（現在、年約1％/年減少。2035年には対2010年比▲約27％）。高齢化も早く、全国平均より約15年以上早い。平地が少なく、山を切り開いた住宅地も多く、中山間地、島しょ部も多い。
　JR（呉線）、バスは民営4社。かつては市交通局「市営バス」が市内全域を運行していたが、2012年に交通局が廃止され民間に全線移管した。路線バスへの補助（県・市）がある。
・民営バスの撤退路線で「生活バス」8地区。そのサービス確保水準（通勤通学は平日、病院・買物2回/週）を設定し、タクシー会社に運行委託。運賃140・160円（対キロ制等）。赤字補助。2014年に民間移管後2年が経過し、4地区・4路線が廃止、「生活バス」へ移行。
・「乗合タクシー」2地区（各2010年、2011年運行開始）。地元運行協議会が運営し、タクシー会社に運行委託。市が一部補助。
　市が一部補助する民営路線バスの収支率は約50％、生活バス収支率は約15％を退出の基準にしている。15％を切り、地元が乗合タクシーを希望する場合、市は一部補助を検討する。路線バスの撤退後は、バスより「地元住民運営のタクシー」利用を軸とするとの考え方を「地域公共交通網形成計画」において公表（2015.3.「地域公共交通総合連携計画」（2008年策定）では退出基準の明示まではされていなかった）。これは、離島も多く抱え、過疎地対策として、離島航路への補助等とのバランスも見る必要があるからで

はないかと考えられる。

70　沼津市　…人口約20万人、高齢化率約28％、財政規模約700億円、財政力指数0.96
　　JR（東海道本線、御殿場線）、バス会社は民営4社。
・「コミュニティバス」1社2路線、「ミューバス片浜循環・原循環」JR原駅、片浜駅から
　循環ルート。100円/回。導入に係る費用（バス購入費等）・運行経常赤字の一部を市が
　補助（約1,000万円）。なお、「ビーバス南北循環」は2012年廃止。
・「デマンド型乗合タクシー」1地区。市運営・タクシー会社に運行委託。運賃100〜380円。
・バス事業者が独自に高齢者用割引定期券を発行。

71　豊田市　…人口約42万人、高齢化率約20％、財政規模約1,900億円、財政力指数1.11
　　トヨタの企業城下町で、マイカー利用が非常に多い。最近は、トヨタなどが通勤時の
　公共交通機関利用を推進している。
　　JRがない。名古屋鉄道（豊田線、三河線）、愛知環状鉄道、愛知高速鉄道（リニモ）、
　バスは民営2社（名鉄バス、宝栄交通）。「鉄道」「基幹バス」と「地域バス」を交通結節
　点でつなぐ構想（「市公共交通基本計画」2007年策定。2016年3月改定し、「地域公共交通
　網形成計画」の位置付け）。
　　財政力があるため、各種「地域バス」が8地区で運行されており、地域運営協議会を中
　心に交通事業者と市が連携する「コミュニティバス」である。運行形態は定時定路線・
　デマンド型・フルデマンド型と地域により多岐にわたる。車両は小型バス・ワゴン・ジャ
　ンボタクシーと各種形態があり、その運行はバス会社（7地区）、タクシー会社（1地区）
　等に運行委託する。運賃100・200円（地域による）。

72　佐世保市　…人口約25万人、高齢化率約30％、財政規模約1,100億円、財政力指数0.50
　　人口減少高齢化が早くから進み、すでに約1％/年の人口減少である。JR、松浦鉄道、
　バスは市営バス、民営バス1社。
・2016年6月に策定した「地域公共交通網形成計画」において、公共交通空白地のレベル
　を5段階（路線バス運行密度の高低、人口、集落の分散度合から分類）に分け、そのう
　ち最も利用人員の少ないレベル5の3地区を対象に、民間協議会が運営・バス会社に運行
　委託する「まめバス」の運行を開始。1地区・2路線（運賃300円、路線型運行）（図4.22）。
・民間協議会運営・タクシー会社に運行委託（乗合）ジャンボタクシー「ふれあい号」1
　地区。運賃200円、路線型。
・民間協議会が運営・タクシー会社に運行委託（乗合）普通タクシー「あじさい号」1地
　区。運賃300円、主要バス停までデマンド運行、8便/日。

73　久留米市　…人口約31万人、高齢化率約26％、財政規模約1,400億円、財政力指数0.61
　　JR（九州新幹線、鹿児島本線、久大線）、西鉄（大牟田線、甘木線）、バスは民営4社（西
　鉄地域子会社2社、隣市バス会社、西鉄撤退後に貸切バス事業者の参入1社）。
・2015年12月から、北野地域4校区で「よりみちバス」運行開始（運賃200円、定時定路線・
　デマンド、タクシー車両、7〜12便/日、欠損分は市が委託費として負担）。従来、バス
　会社に依存（赤字補助）するのみだったが、市（住民）負担して生活交通を支える仕
　組み（生活支援交通）が始まった。
・「地域公共交通網形成計画」（2015.8策定）は赤字補助9路線の見直し（生活支援交通へ
　の移行も視野）、公共交通空白地（約24％）での「よりみちバス」（地域生活拠点への
　アクセス）の検討を挙げている。

74　姫路市　…人口約53万人、高齢化率約24％、財政規模約2,100億円、財政力指数0.85
　　人口減少・高齢化が比較的遅く、全国平均2035年の年齢構成に達するのは約5年遅い。

図4.22　佐世保市「地域公共交通網形成計画」（抄）

（２）交通不便地区の状況

- 平成２２年度に交通不便地区を調査し、各地区の対策優先度を整理しています。現在、３地区において取り組みを進めています。

交通不便地区（レベル別）

対策優先度	地区名	地区特性
レベル５	黒島地区 江上上地区 三川内地区	路線バス便数が低密度で、全体的に人口が少なく集落も分散している傾向が強い。
レベル４	針尾地区 宮地区 世知原地区 鹿町地区 宇久地区 小佐々地区	⬇ **区域運行型デマンドタクシー** **（区域全域が受益地）**
レベル３	吉井地区 江辺地区 柚木地区 中里・皆瀬地区 相浦地区	路線バス便数が高密度で、主に旧市内では一定の人口集積がみられ、集積傾向も強い。
レベル２	日宇地区 早岐地区 中央地区	⬇ **路線定期運行型中心** **（路線周辺部のみ受益地）**
レベル１	大野地区	

（資料）「H22 年度交通不便地区調査」より

交通不便地区対策を進めている３地区

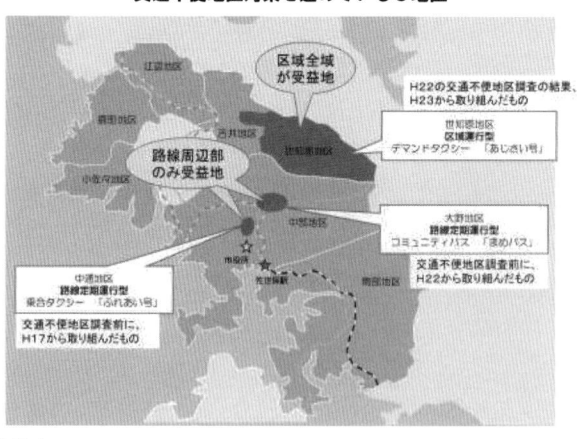

出典　佐世保市HP

JR（山陽新幹線、山陽本線、播但線、姫新線）、山陽電気鉄道、バスは民営2社の「神姫バス」とわずかに隣接する高砂市が運営し、神姫バスに運行委託している「じょうとんバス」。かつて姫路市企業局交通事業部がバス事業を運営していたが、2010年に廃止、全路線神姫バスに移譲した。

　島しょ部に市運営自家用有償運送「コミュニティバス」2地区（家島、坊瀬島）、3路線（ほかに2地区で社会実験を行ったが、利用者が少なく廃止）。定時定路線型、ミニバン、運賃100円/回、6〜12便/日、休日運休という形態。

75　つくば市　…人口約22.4万人、高齢化率19％、財政規模約800億円、財政力指数0.98
　人口が増加中で、2035年には現在と比べ2万人増加の見込み。高齢化率2015年約19％（2035年約26％）という極めて例外的な人口構成。全国平均2035年の年齢構成には2040年でも全く到達しない。財政規模が近年、急増しているが、これは国庫支出金、市債の増加などによる。
　もともと農村地帯であったため、自家用車利用者も多い。つくばエクスプレス（2005開業）、バス会社3社。
・市運営・バス会社に運行委託する「つくバス」7路線（道路運送法第4条）。定時定路線、運賃200・300・400円/回（3段階）、大型車両、およそ6時台〜21時台運行、最大32便/日（30分間隔）。
・郊外部で市が運営・タクシー会社に運行委託する「つくタク」5地区（道路運送法第4条）。デマンド運行、運賃300円/乗車・共通ポイント（7か所）まで300・1,300円。

76　町田市　…人口約43万人、財政規模約1,440億円、財政力指数0.98
　人口は今なお増加中（2020年頃ピーク）。高齢化率25％と現在急増中である。全国平均2035年の年齢構成になるのは約5年遅れで、2040年以降も高齢者は増加を続ける。
　JR東日本（横浜線一部）、小田急小田原線、京王相模原線、東急田園都市線が運行（都心方向が主）。現在なお人口増加中のため、小田急多摩線の延伸構想（2027年を目標）、多摩都市モノレールの延伸構想がある。路線バスは神奈川中央交通、小田急バスが運行し、非常に多くの路線・運行本数がある。
　市、住民、事業者3者の協働によるコミュニティバスも、次のように多く運行されている。
・「玉っこ（北ルート、東ルート）」「かわせみ号」運賃180円。事業者に運行委託（「玉っこ」「かわせみ号」は運行事業者が異なる）。
・「市民バス　まちっこ」
　東西に長い市域に起因する公共交通不便地区への対策として、2ルートある。100円。事業者に運行委託し、赤字分を市が補助。
　「町田市　便利なバス計画」（2014.6策定）は、数か所の乗継拠点計画を設けるとともに、地域の特性に応じて、幹線計画（急行バス、PTPS等）、支線計画（路線バス再編、小型バス、事業者に運行委託しているジャンボ・セダン型タクシー）に分ける（計画期間2014〜21）。
　公共交通空白地自家用有償運送はない。福祉自家用有償運送は、福祉協議会等の民間団体が実施。福祉自動車の共同配車センターに市も拠出している。

77　武蔵野市　…人口約14万人、財政規模約630億円、財政力指数1.43（都内随一）
　1995年11月、全国のコミュニティバスの先駆けとなる「ムーバス」を運行開始。現在7路線9ルート。運賃100円（100円バスの先駆け）。バス停は200m間隔という定間隔（路線ごとに12〜30分間隔）ダイヤ。車両は定員29人以下の中型車両で、住宅地の狭い道路を運行するが、運行委託先は市内を運行するバス会社2社。バス停から300m以上遠の地域を公共交通空白地域、300m以内であってもバス便の少ない地域を公共交通不便地域として、それらの解消を目指す。

78　**上尾市**　…人口約22万人、財政規模約550億円、財政力指数0.90
　JR高崎線、埼玉新都市交通伊奈線、バスは民営3社。ほかに、以下がある。
・市内循環バス「ぐるっとくん」
　　9ルート。市運営・全バス会社（3社）に運行委託。運賃100円。
・「市運行バス」
　　2ルート（路線廃止・中止の際、補助金を出し維持）。運賃180円。
　市負担は循環バス、市運行バスで合計約1.1億円（一般歳出の約0.2％）、路線バス運行
費補助はない。
　「地域公共交通網形成計画」（2015.9策定）、「地域公共交通再編実施計画」（2015.10策定）、
同実施計画の大臣認定が2016年1月になされた。その主内容はバスの再編であるが、路線
バス会社に運行委託している市コミュニティバスを民営路線バスのフィーダーと位置付
けて再編。しかし、軸になる路線は民営バスに依存している。6路線から9路線へ、長大
路線を廃止、毎日運行化、補助金活用（車両購入費は対象外、再編によって国の運行補
助金対象）、市の財政負担（「市運行バス」（バス会社の廃止希望路線に補助し維持）を含め、
約1.1億円・一般歳出の約0.2％）の軽減化であり、バス会社にはあまりメリットがない。

79　**古河市**　…人口14万人、財政規模500億円、財政力指数0.76
　JR東北新幹線、東北本線、路線バスは3社（茨城交通、JRバス関東、朝日自動車）で、
古河駅から放射状に延びる路線が多い。市が関与する公共交通は以下の通り。
・循環バス「ぐるりん号」
　　主に古河地区。運賃100円。東・西・南（2ルート）の3コース。各コース1台、7～8便、
　　毎日運行。事業者に運行委託（赤字分を市が補助）。
・デマンド型乗合タクシー「愛・あい号」
　　2005年に市町合併した総和、三和地区住民対象。登録制。総和及び三和町内はどこでも、
　　旧古河市の総合病院（赤十字病院、茨城西南医療センター病院）への通院可、運賃300
　　円（医療センター病院へは500円）。8:00～16:00の1時間ごと、平日運行。路線バスとの
　　乗継場所が2か所あり、路線バスに乗り継ぐと、古河駅まで100円。合併に伴う政治的
　　配慮が感じられる。

80　**佐野市**　…人口約12万人、財政規模500億円、財政力指数0.72
　JR両毛線、東武鉄道。バスは民営の関東自動車「佐野万葉浪漫バス」で、佐野新都市
循環バスとして運行。路線は、佐野駅～佐野プレミアム・アウトレットか県市が共同経
営の佐野新都心バスターミナルがある。なお、同社は東京等との間の高速バスを同バス
ターミナルから運行している。このほか、市営バス「さーのって号」9路線。市運営自家
用有償運送、収支率約2割で、市内の主な拠点を結ぶ基幹バス2路線がある。かつて民営
バス2社が市内全域を運行していたが、鉄道系1社が完全撤退し、2008年から「市営バス」
（市運営自家用有償運送）が運行を開始した。これはタクシー会社・運転士派遣会社に運
行業務を委託している。市営バス特別会計（「自家用有償運送事業特別会計」）は2013年度、
歳入・歳出ともに1.09億円（ただし、国庫支出金約3,000万円、県支出金約400万円、一般
会計から繰入れ約5,000万円、実質運賃収入約2,000万円）。

81　**足利市**　…人口約15万人、財政規模500億円、財政力指数0.71
　JR両毛線、東武鉄道、バスは民営なく、公営10路線。
・足利市生活路線バス「あしばすアッシー」8路線、佐野市営「さーのって号」1路線、
　桐生市コミュニティバス「おりひめバス」があり、これらは桐生市と佐野市にまたがっ
　て運行している。足利市生活路線バスには平日のみ・休日のみの運行等があり、デマ
　ンド型路線もあり、運賃200円（高齢者市民用「いきいきパス」利用で、同100円）、定
　期券あり、貸切バス・タクシー会社に運行委託（道路運送法第4条）。

　かつては、民営バス会社と言えば、鉄道子会社と地場バス会社の2社が市内全域を運行していたが、モータリゼーション進展とマイカー保有率の高さ等から1990年代中頃には完全撤退し、廃止代替バスが運行開始。その後、2011年の「地域公共交通総合連携計画」に基づき、足利市による路線再編成が本格的になされた。

82　館林市　…人口約8万人、財政規模約290億円、財政力指数0.80

　東武鉄道（館林駅は同社路線の北関東における中核駅）。バスについては、1980年頃からモータリゼーションの発展と同市が比較的平坦な地形であることから自転車利用が多く、当時3社あった民間路線バス（うち1社は東武鉄道）の撤退が相次いだ結果、1986年末に全国の市で初めて全路線を廃止した。市民の足を確保するため、「タクシーチケット」配布等の施策を経て、事業者（観光バス会社）に運行委託する形態（道路運送法第4条）に1993年、移行した。現在、周辺4町を含む「広域公共路線バス」と呼ばれている。

83　横須賀市　…人口約40万人、財政規模約1,400億円、財政力指数0.81

　人口減少・高齢化が早くから進む。2014年度約2,200人減少、年約0.5％減少、高齢化率約30％。全国平均2035年の人口減少・人口構成に、約5年早く2030年に到達する見込み。

　JR東日本、京浜急行、市内の路線バスは京浜急行グループ。バス対策として、バスロケーション、PTPS、バリアフリー対策などが行われている。山坂は多いが、公共交通空白地対策は現在のところない。福祉自家用有償運送は民間団体（福祉協議会など）が実施（運営協議会は鎌倉市、三浦市、逗子市、葉山町なども含む広域）。

　2015年度から消防局が「患者等搬送事業認定制度」を設け、4事業者を認定。

84　南房総市　…人口約4万人、財政規模約250億円、財政力指数0.36

　高齢化率約43％で、これは男鹿市（秋田県）以上である。生産年齢人口は半分を切り、高齢者数のピークは2015年頃。人口減少はすさまじく、現在年1％程度の減少だが、2035年に対2010年比で約35％減少する。平成の大合併当時、隣接する館山市と合併協議が調わなかった。原因として、館山市が人口約5万人でこの地域最大であるが、不良債務の大きさに周辺町村が二の足を踏んだ等がある。これらの理由で、館山市を取り巻く形で房総半島に市域が形成されている。財政規模約250億円にすぎず、財政力指数0.36と極めて低い。

　路線バス補助（2社、2,440万円）のほか、市の関与するものとして以下がある。
・「市営路線バス・快速うらら」
　市運営自家用有償運送、内房・外房間を結ぶ。2015年10月から、実証運行。
・「廃止代替バス」
　3路線。市運営、バス事業者等に運行を委託。丸、平群（2）線。収支率約20％。
・「市営バス」
　合併前の町営バスを継承。市運営自家用有償運送。2路線（富山線トミー、富浦線さざなみ号）。運賃200円。市が1,779万円負担（2013年度）。市営バス利用者1人当たりのバス運行に係る市の年間負担62,169円。
　　・富山線…7便。一部区間は運行する全5便とも、30分前までに電話予約。収支率約20％。
　　・富浦線…5便中、4便は30分前までに電話予約（一部区間を含む）。収支率数％。
・「スクールバス混乗」
　2路線（千歳線、北三条線）。収支率3％程度。
・循環福祉バス「ぐるっとちくら」（無料）
　これらに合計約1,800万円、さらに福祉政策の外出支援としてのバス・タクシー運賃助成に約700万円と、合計約5,000万円（一般歳出の約0.2％）。市は経費削減のため、市営バスを乗継場所までの運行として、そこからはデマンド型乗合タクシー導入を検討するが、

合意が得られていない。

　公共施設解体に合併特例債の一部をすでに充当しており、著しい人口減少に加え、合併特例債に係る激変緩和措置が切れる2020年を危惧している（現在190億円（税収及び交付税等）が約25億円減少するとも言われる）。

85　三浦市　…人口約4.5万人、財政規模約160億円、財政力指数0.68

　高齢化率は約35％と非常に高く、全国平均2035年の人口構成に2015年にすでに到達している。2035年には人口は対2010年比約4割減少し、高齢化率は約44％。高齢者数は2020年頃ピークを迎える。北東北地方の人口減少・高齢化の著しい市町村と変わらない。神奈川県とともに、同市への移住を進める政策を取っている。

　土地開発公社解散の際の市債残高が96億円と大きく、将来負担比率が190％と高い。

　京浜急行及び同社バス子会社が鉄道、路線バスを運行している。

86　日立市　…人口約19万人、財政規模約700億円、財政力指数0.82

　人口が年約1％減少。

　「パートナーシップ協定」方式を採用し、行政・住民・事業者の3者が協働で路線バスを維持している。5地域あるが、高度成長期に工場労働者のために整備した郊外団地が多いため、急速に住民の高齢化が進んでいる。また一部、乗合タクシーもある。バス赤字は約2億円/年。地域NPO法人運営の公共交通空白地自家用有償運送もある。

　さらに、旧日立電鉄（鉄道線）跡地を利用したBRTを導入（4m単線専用道路と歩道を併設。約8.5km、所要約26分）。

　2016年3月に「地域公共交通網形成計画」を策定し、公共交通を軸としてまちづくりを進め、バス事業の成立し得る地域を模索。一方、地域内交通も模索して、いろいろなモードの交通手段で公共交通ネットワークを形成して、パートナーシップ方式を始め、従前の施策をさらに進めようとしている。

第5章　まちのスマートシュリンク

1. 考え方

　第1章「社会構造の変化」において述べたように、人口構造の変化(著しく、かつ、急激な人口減少・高齢化)、社会インフラの老朽化、新しい社会問題、国・地方の財政問題等に鑑みると、現在の都市規模を維持することは困難であり、したがって、抜本的に都市政策を検討し直す必要があると考える。その際、現状集落の機能の維持にとどまらず、移転（移住）を含む空間的な再編、「スマートシュリンク」をする必要があると考える。

　将来に残すべき社会インフラ、都市機能、行政機能等の取捨選択が不可避であるが、その判断に際しては、サービス享受者であり、かつ、費用負担者である市民参加が必要である。特に、今後人口減少が進む中で相対的にサービスの享受レベルが低下する一方、費用負担が重くなる可能性の高い、若者＝将来世代の参加が不可欠である。市民が判断するに際しては、市民に「可視化された情報開示」（どの時期にどうなるか、どれだけの規模・内容・レベルの社会インフラ等が必要か、そのために必要な費用はどの程度か、誰が負担するか、その財源は何に求めるか等）を行うことが必須である。

　日本の人口減少・高齢化のスピード・規模は、人類史上例を見ないが、過去において人口減少等の経験をした都市の事例を見ることとする。

2. 過去の都市のシュリンク事例

2−1　ドイツにおけるスマートシュリンク（旧東ドイツ）

　1989年にベルリンの壁が崩壊し、翌1990年に東西ドイツは統合された。その後、旧東ドイツ地区、特に、エネルギー政策の変更の影響が大きかった地域で著しい人口減少に見舞われた。石炭などの工場が不要になり、職場を失った人が大量に発生した。アイゼンヒュッテンシュタット、コトブス、シュテンデル等のポーランド国境近くに位置する多くの都市である。1995年から2007年までの間に20〜30％（年率約2％弱）の人口減少を経験した地区も多い。

　このような20世紀末頃から旧東ドイツ地区における人口減少・高齢化問題の深刻さが「シュリンキング・シティ」と認識され、むしろ「生活の質（Lebensqualität=QOL）」を改善していく好機と捉え、対策を講じる動きと

なった。

　例えば、ドイツ連邦交通・建設・都市開発省「人口動態変化：未来への挑戦のためのフィットネス」、ドイツ文化財団による「シュリンキング・シティ…縮小する都市」構想である。

　連邦レベルでは、以下の通り、「東西ドイツにおける都市再開発プログラム（2002〜）Bund-Lande-Programm Städtumbau Ost und West」の名で実施された。

　旧東ドイツ地域における基本理念を、従来の「成長」から「改造」へ、とパラダイム変換を行い、連邦政府は各州と共同で「この新しいプログラムにより都市建設、住宅政策に取り組む自治体に助成」（〜2009）（旧西ドイツ地域にも2004年から助成）した。

　2002〜12年に27億ユーロ（3,000億円強）を連邦政府と州政府が補助（当初は全額補助ではなかったが、当該市の財政力から全額負担のケースも後に出現）し、アパートの解体、既存建物のアップグレード、都市インフラの更新等の経費に充てられた。人口減少の著しい旧東ドイツに合わせた都市改造（スマートシュリンク）に役立ったと言われる（図5.1）。

　また、地方政府レベルの例として、ビッターフェルト・ヴォルフェン市の「共同統合都市発展構想」（合併前の2006策定）がある。3つの市中心部の指定とその役割強化、企業立地・公共インフラと「生存配慮行政」（上下水道等）の市中心部への集中、市外部から内部に向かっての都市の改造・中心部への集中・周辺部の住居立地の抑制または禁止である。　ヴォルフェン地区では2000〜06年にすでに4,235戸の住居を取り壊し、2007年770戸の住居を取り壊し、2010年にさらに860戸、合計5,865戸を取り壊す計画であった。

　このドイツの減築への評価であるが、第2次世界大戦以前の東ドイツ地域の建物はレンガ造り、旧東ドイツ時代はコンクリートブロックのプレハブであったため、解体、リサイクル等が容易である。なぜなら、除去費用約1万円/m^{2}と日本公営住宅の同約1.4万円/m^2（2009調査）より格段に安いからである。また、東西ドイツ統合後の急速な住宅建設が空家率上昇に拍車をかけたこと、旧東ドイツ地区では40％以上の住宅が自治体の住宅供給公社の所有・区分所有（日本では6％強が公営、個人の持家が6割超、共同住宅が全住宅の4割弱）であったことが大規模な減築を可能にした要因と

図5.1　ドイツのProgramm Städtumbau Ost

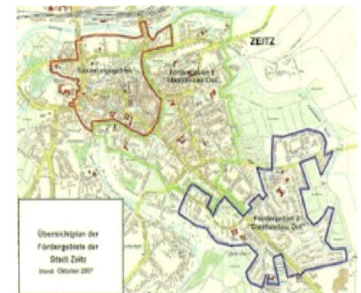

出典　ザクセン・アンハルト州HP

される。また、減築を支援する上記のような制度補助がドイツにあったことも大きく影響している。ドイツ統合という歴史的激変に対して、EUが全体として対応したことや冷戦下の東側世界の西欧化という政治的色彩も大きい。

　なお、このような補助制度は日本にはない（新築奨励策が多く、公営住宅についてもその除去費用に国庫補助はなく、自治体の予算）[89]。

　日本と照らし合わせると、全国規模で人口が対2010年比で約13％減少する2035年頃のために、新規需要が少ない住宅市場と乏しい財源の中で「減築」の手法が他の施策との関係で優先順位が得られるかは疑問である。実のところ、危険な空家の撤去が限界かもしれない。

2-2　日本におけるシュリンク —— 北海道夕張市

　北海道石狩炭田の中心的炭鉱町として一時期活況を呈した夕張市は、面積が763.2km^2（cf. 東京23区622.99km^2）、人口9,418人（2015.1。2013年9月には1万人を切る）（2005→2010▲2075人・▲16％＝▲3％/年）と市で最速レベルの人口減少である。　人口密度は14人と非常に少ない（全国　341.9人（2009年））。

　財政破綻し、2007年3月財政再建団体になった（全国唯一である）。経常収支比率124.7％、実質公債費率61.0％と好転したとはいえ、現在も非常に財政状況は厳しい。一般会計110億円規模だが、地方交付税は歳入の約半分を占め、地方債残高約440億円、財政力指数0.21という状況である。

　「将来人口（5～74歳人口）（高齢化率）」は、2010年1万922人（8,100人）（43.8％）が、年率約3％の人口減少、2015年に高齢化率は約50％、2025年6,707人（4,244人）（53.0％）、2035年4,675人（2,840人）（54.2％）、2040年3,883人（2,370人）（56.1％）と見込まれている。2040年の対2010年の人口減少数・減少率はそれぞれ▲7,039人、▲65％（5～74歳は▲5,730人、▲70.7％）（高齢者数▲2,608人）である。いつ「機能不全」「消滅」するか、という感じである。

89　植村・宇都「人口減少時代の住宅・土地利用・社会資本管理の問題とその解決に向けて（中）」（2009）

すでに、小学校・中学校・普通高校は各1校、医療機関1か所、養護老人ホーム1か所が閉鎖という状況である。また、公営住宅等入居者の中心部移転（新市営住宅「歩、萌」等）を数千人規模で計画している。旧炭鉱町で「炭住」と言われた社宅及びそれを継承した公営住宅の居住者の場合、資産（家屋）売却が不要だからできることかもしれない。

また、JR石勝線夕張支線（新夕張〜夕張）の廃止について、市とJR北海道が合意した。

路線バス（1社、4路線）への補助は年約1,200万円（一般歳出の約0.1％）。

まず、「地区ごとのコンパクト化」、将来的に「都市構造の転換」（＝集団移住）を図り、「都市構造の変化に合わせた柔軟な運用と見直しを行う」交通政策を講じる、としている[90〜92]（図5.2）。

財政破綻し再建団体になってから約10年。この間、高齢化は一層進み、2016年には49％になり、若者を中心に夕張市を離れる人も増加して定住人口が激減した。このままの状態が続くと市が消滅しかねないとの危機感を持ち、定住・移住を促進するという観点から以下を策定した。

・財政再建のために課してきた割増しの税率を標準税率に戻す。

・市役所職員の給与等もできるだけ元に戻す。

また、市営住宅の整備等によって市内に分散した集落から市中心部に集める等の施策を盛り込み、従来のものを変更した財政再生計画を策定して、2017年3月に総務大臣の同意を得た。しかし、これは市の傷があまりにも深く、劇薬を投与しても、その投与期間が長期にわたると、住民が出ていき、市自体が消滅することが現実味を帯びるという例である。

3. スマートシュリンクの施策例と提案

シュリンクしていくことは必然的に痛みを伴う。このため、市民の100％の合意は不可能だろうが「納得ずく」で徐々に行っていくほかない。

90　夕張市「まちづくりマスタープラン」（2012）
91　夕張市「生活交通ネットワーク計画」（2013）
92　なお、1690年に発見され、約270年間にわたって住友家が経営し、日本の近代化に大きな貢献をした別子銅山（愛媛県新居浜市）では、かつて数千人が居住していた東平（とうなる）地区が1973年に閉山により住民が完全に移住し、現在は廃墟として観光施設となっている。

図5.2　夕張市「生活交通ネットワーク計画」(2013)

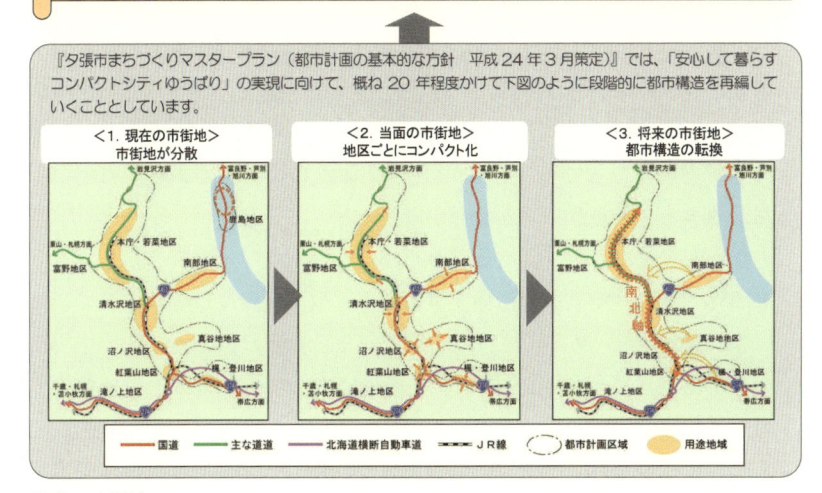

出典　夕張市HP

　そのためには、税負担者、利用者、移住対象者である市民への可視化された情報の開示が必要である。とりわけ、自治体の収支状況、施設稼働・老朽化の状況、維持コスト、費用の負担者、財源などが重要である。将来にわたり維持可能な「範囲」を示し、合意形成することができるかどうかが鍵である。

　具体的な施策の例としては以下の通り。

・コンパクトシティ化（中心市街地の活性化など）

・行政サービス・社会インフラの選択的集約、都市機能・施設の集約等

　・複数の自治体で行政サービスの一体運用（連携・分担）

　・官公庁舎、公民館、小中学校、保育所、公営住宅等の統廃合

　・既存施設の有効活用、多機能的活用

　・道路、橋梁、上下水道等も維持更新ではなく、廃止もせざるを得ない

（すべての維持は困難）

・福祉施設一体型の住宅整備

・病院・福祉施設等も建替え時には中心部か、他自治体へ

・社会インフラ、都市機能、行政機能等の取捨選択を市民（特に、将来の負担者の可能性がある若者）参加で決定する必要性あり

・都市の膨張の制限

周辺部への大型商業施設、住宅等建設の抑制、土地利用規制の抜本的な見直し等（逆線引きは困難）

・「移住」の推進

自宅所有者にとって移住とは、「住替えのための財源である」自宅の売却ができることを意味する場合がほとんど。

・都心部空家の活用（自治体が中心部空家を借受け・転貸等）

・郊外（優良）空家を自治体・事業者が買取り・借受け等、子育て世代等へ貸付け

・公営住宅建替え、「公営住宅」整備時に中心部へ、医療・福祉施設と一体化等

・限界集落等から公営住宅への移住を「勧告」し、住居は自治体が空家の借受けや転貸等の手配をし移住準備

・貧困者、高齢者単独世帯等の増加に対応するため、「公営住宅」（現在は1％にすぎない借上げを含む）の供給増加が必要

・高齢者の地方移住を推進（健康なうちに「第二の人生」を地方で）、財政支援も必要

・他の自治体と共同し、住民用医療・介護施設（特養等）を居住地外に整備して、「介護移住」の推進。医療・介護費用の負担問題

・地方に仕事が少ないため、介護の職場を求めて首都圏へ移住する地方出身者が増加しており、とりわけ「出産対象年齢の女性」の増加は懸念要素

これらの施策に関し、いくつか気になる事項等を指摘しておきたい（★は特に重要と考えられる点）。

・コンパクトシティ化（中心市街地の活性化など）、都市機能・施設の集約

の方向性は論理的に正しいが、現実には期待されるほど実績が上がっていない例も多い（例えば、青森市の自己評価）、総論賛成・各論反対の典型例。

・行政サービス・社会インフラの選択的集約、都市機能・施設の集約

・複数の自治体で行政サービスの一体運用（連携・分担）

すでに実施中（2014年地方自治法改正で、20万人以上都市が周辺町村の行政サービスを代行等可能に）であるが、数はそれほど多くない。周辺市町村で代行できない場合、県が代行することも検討する必要あり。

・官公庁舎、公民館、小中学校、保育所、公営住宅等の統廃合

すでに動きはある（廃止小学校を高齢者施設へ転用等）が、中心部の統合の際には、跡施設・跡地の高齢者施設等への転用も視野に入れる必要あり。

・既存インフラの有効活用・多機能的活用

廃校、公民館等を利用した図書館、カフェ等（多数実施されている）。

・道路、橋梁、上下水道等でも維持更新ではなく、廃止

財政難で道路、橋梁を修繕できない市町村が多い（通行止め・規制橋梁約1,400基中、市町村管理が約1,200基）とされ、下水道46万kmのうち4万km約10年後に更新時期を迎える。しかし、上下水道等の利用料は、過去の整備費・管理費相当分であり、再整備費の留保ができない場合が多い。再整備等には新たな財源（地方債を含む）が必要になるケースが多い。水道料金値上げの動きが加速する自治体も、設備老朽化、利用者減少が原因であり、2040年までに半数近くの自治体が3割以上値上げすると見られる。香川県下の全水道組合が統合予定（浄水施設の集約、管理費削減等）。

・福祉施設一体型の住宅整備

すでにいろいろな形で始まっており、市営団地等で高齢者向け住宅・医療介護施設の併設（柏市、豊四季台団地で一部を高齢者向け住宅に改装、医療福祉施設を誘致）、UR団地内で医療福祉の拠点づくり（首都圏・近畿圏の計23団地（高島平、多摩NT、奈良北、千里NT等）な

・病院・福祉施設等も建替え時等には中心部、他自治体へ（首都圏で用どがある。

地確保難）

自らの区内に福祉用施設用地が確保できないと判断した杉並区は、同区民用の特養を静岡県南伊豆町に建設し（「介護移住」）、2017年に供用開始された。豊島区（東京都）等も同様な検討を開始しているが、この動きは加速されるのではないか。

首都圏・大阪・名古屋等の特養に限り、運営主体の社会福祉法人が地主から土地・建物を賃借し、運営可能になった（2016）が、これは三大都市圏の高齢者急増への対策として大きな期待をしたい★。

・全国の医療介護施設等の地域差、人口減少・高齢化の進捗の地域差などを考えると、最大規模の高齢者が出てくる首都圏の医療・介護施設等の真に「実現可能な」整備計画を示すことが重要である★。

・長寿命化する際、将来、利用者がどの程度存在するかの検証・判断が必要。無駄や過剰な投資を避けるためである★。

・都市の膨張の制限

土地利用規制の抜本的見直し。特に上水道は供給義務があり、都市膨張の弊害として維持コスト増が如実に表れる。一方、逆線引きは、個人の財産権の侵害になるおそれがあるため困難である。

・移住の推進

・中心部空家の活用、放置危険空家に係る固定資産税減免措置の廃止。

ドイツでは、自治体が空地の固定資産税を免除し、当該土地を長期賃借（実質的には固定資産税分が賃借料）して有効活用している。

整備費用・資産の有効活用面で、公営住宅の建替えよりも自治体が中心部の空家を借り受け、福祉・医療付きで高齢者移住を推進する方が時間や費用面において効果的ではないかと考えられる。これは、賃料が固定資産税相当以上なら所有者は当面の実損はなく、中心市街地の空洞化を改善するためにもぜひ検討する価値があると考える。

放置危険空家等に係る固定資産税減免措置の廃止はすでに実施済み。

・郊外（優良）空家を自治体・事業者が買取り・借受け等、子育て世代等へ貸付け。

住替事業は、地方ではあまり活用されていない。なぜなら「郊外の戸建住宅を取得したい人がいない」との声が多い。

・公営住宅の建替えは財源が厳しく、「公営住宅」の整備時等には中心部へ、医療・福祉施設と一体化して整備するケースが増えている。

　住生活基本計画は100戸以上の公営賃貸に対して、医療・福祉・子育て等施設の併設、その目標率を2020年に25％と設定しているが、実現は難しいと予想。

　UR団地の住民を駅近くに新設するUR団地に住替え、さらには複数団地の統合も検討されている。駅近集住、団地建替えが可能になり、有効な策になると考える。しかし、実現させるにはUR法改正が必要である。

・医療福祉一体型住宅整備等所要の施策が人口減少・高齢化のスピードに間に合うかは、極めて疑問★。

　地方は2035年までに人口約20％強減少、高齢者数はほぼピークに達し、急性期医療施設は過剰になる地域が出ると考えられる。一方、首都圏等の大都市部では急増する高齢者に施設・要員両面で対応できないと考える。

・「公営住宅」供給量を増加する必要性

　県営・市営等住宅も管理戸数総数は横ばい、募集は減少傾向にあり、収入面などの入居基準は厳しくなっている。今後ますます新規の入居が困難になり、住宅貧困者の増加が見込まれ、さらに公営住宅の供給量を増やす必要があると考える。全国で高齢者単独世帯の4割の人が共同住宅、1/3が借家、一部高齢者や母子家庭の貧困世帯が増加している。年々、生活保護受給者は増加の一途をたどっており、住宅貧困者の増加は不可避である。その状況に鑑みて、高齢化率21％と比較的若い文京区（東京都）は、賃借人が高齢で孤独死等のおそれがある賃貸人に対し最大月2万円を補助している。

・限界集落等から公営住宅「等」への移住「勧告」「広域移住」★。

　住居は自治体が準備する必要があると考える。多くの人にとって「人生最大の買物」であった住居は、住替えや老後生活資金の原資であると考えがちであるが、その住宅の売却は、人口減少が進行する中で、ましてや地方部においては、特に困難と考えられるからである。「住居を売却できる」とは、その場所に住みたい人の存在がなくては意味

をなさないのである。

また、対象集落の決定方法には住民の合意が必要であり、移住拒否者への対応等難題も多く、理論的方向性は正しいと考えられても現実にはなかなか難しい現状がある。少なくとも人口減少・高齢化のスピードには付いていけないのではないかと想定している。

現在、医療・福祉・介護、小学校統合等では「移住」を前提しないで、住み慣れた場所に住み続けるという対策の推進等も講じられている。「施設」から「地域」へという医療・介護の在り方の方向転換やスクールバスを活用拡大していく考えである。しかしこれらは、インフラや行政サービス等を「維持するエリアを決めることの難しさ」を露呈するものでもある。

これから10年、20年の単位で考えると、医療・福祉・介護等をどこで受けるか、施設と要員の手当、地域ミスマッチがいろいろな対策における量的な最大の鍵である。現在は、首都圏等では周辺県も含まれるが基本的に、同一市内や県内の施設での高齢者医療・介護が大多数である。しかし、これから高齢者が急激に多くなる首都圏等で、本当に施設整備できる数や時期を関係自治体が明示しないと、医療・介護サービスを考慮したうえで広域移住を考えようとしても、他の自治体も政策判断ができないと捉えられ、選択の範囲が狭められるおそれがある。一例として、東京都では2025年に特養待機者が約6万人と見込まれるのに対して、特養整備は1.8万人分にすぎない（都長期ビジョン）。これに合わせ、高齢者の社会保障費を居住者に限定するか自治体負担ルールの見直しの必要がある。とすると、杉並区と南伊豆町のケースはよい例である。

第6章　交通のスマートシュリンク

1. 考え方

1－1　今後の動向

　2035年には、我が国の人口は2010年と比べ約1,600万人減少し1億1,211万人、高齢者は全人口の1/3（約3,700万人）を超え、特に75歳以上高齢者は急増（約2,250万人）、かつ、75歳以上単独世帯が急増（約470万世帯、全世帯の約1割）する。単独世帯は都市部が総じて高く、東京都、大阪府が突出し、現在でもそれぞれ約28％、約26％にも達し、今後も増加する。

　地域間格差も大きく、地方部は全国平均よりも早く人口減少・高齢化が進む。県庁所在市で最も早い青森・秋田等は、2025年には全国平均の2035年の人口構成、すなわち高齢化率約33％、75歳以上約20％に、ともになる。特に中小都市ではさらに早く進み、現在すでに2035年の全国平均の人口構成・姿に到達している市もある。財政力の弱い地域の方が概して人口減少・高齢化は早い。

　こうした人口構成等の変化に伴い、交通弱者（移動制約者）が急増すると考えられる。具体的には、限界集落における「足」の問題や特に75歳以上の単身高齢者の「足」問題がある。これまで施設でサービスを受けていた人が地域在宅医療や介護へ度合いが進むと通院等の「足」問題が浮上する。2025年には、日常生活自立度Ⅱ以上の人が約470万人に急増すると予想され、認知症高齢者のほか、増加を続けている貧困者と呼ばれてしまう単独世帯高齢者や低所得世帯の子供たちの「足」問題などである。またこれからは、小中学校の統廃合等でスクールバス等のニーズ増加も予想される。

　一方、交通サービスを見ると、鉄軌道がある市は全国的には限られており、逆に全国どこにでもあり「市民の最後の足」であるはずの乗合バスだが、人口減少による収支悪化や運転者不足等により、撤退が急増するビジョンが見え始めている。現在、地方の事業者はほとんど赤字であり、現状は収支率9割弱で、人件費削減も限界に近いと考えられる。原因として、厳しい労働条件で就労希望者が少ないということがある。人口が約20％減少すると、仮に減便等を実施しても、現在の車両修繕費・償却費ともに10％程度にすぎず、収支率が7割程度になるからである。また、高齢者の増加、第二種免許取得希望の若者の減少等が原因である第二種免許保有者の激減（55歳以上の免許保有者、大型約67％、中型約84％）で事業用自動車の運

転者不足の懸念が大きい。

　さらに、人口減少や高齢化などにより、地方自治体は税収減、社会保障費等の急増が想定され、また、老朽インフラ対策等により、さらに財政状況が悪化すると考えられる。国も同様で、現在のように財源不足を赤字国債に頼ることは、長期債務が累増、将来の返済に支障を来すという国家財政自体の限界にきていると考えられる。このような国・地方自治体の財政悪化の状況下では、生活交通を支えるために不可欠な国・地方自治体による公的支援が非常に厳しくなり、上述のような交通弱者（移動制約者）が急増する中で、従来のようなレベルでの公的支援は望めなくなる。

　他方、自家用車を巡る状況として、第一種免許保有者は2040年頃までは非常に多く、うち女性が約4割を占める。一方、車保有世帯数及び免許保有率は減少してきている。第一種、第二種とも大型・中型免許保有者は微減しており、保有率の低い単独世帯や若者が増加している。

　生活の場がどこであるか等によって対策は大きく変わるが、前章で生活の場に関する交通以外の施策を検討した通り、国や地方自治体ともに厳しい予算下で諸施策を講じているが、人口減少・高齢化のスピードが予想以上に急激なため、時間・規模的に抜本的な解決は困難と考えられるが、なんとしても「移動の足」を確保するための検討が早々に必要である。

　これまでの状況を箇条書きに整理すると、以下のようになる。

①人口減少や高齢化等による社会構造の変化、社会インフラ等の老朽化、国・地方自治体の財政悪化により、現在のまちの規模等は維持できない。

②人口減少や高齢化等による利用者減、自治体等の財政悪化、第二種免許保有者不足等により、現在の交通サービスの提供者である事業者による公共交通網は維持できない。

③まちの（スマート）シュリンクと合わせて、交通サービスを縮小することが必要。つまり、「維持する範囲・レベル」の取捨選択。

④まちのシュリンク化も、社会構造の変化などに「完全には対応しきれない」理由として、以下が挙げられる。

　・高齢者、医療・介護、認知症、貧困等による移動制約者の増加

　・「移住」のための財源確保

　　現住家屋の売却が必要であるが、購入希望者がいない等そもそも売却

可能であるかが問題。

・「移住」を望まない人の存在。

・合意形成の難しさ。

・社会構造の変化が早く、かつ、大きいため、時間的・規模的に対応で
きるかが疑問。

・シュリンクの必要性・規模・スピード等に関する認識、判断、施策の
効果出現のタイムラグ。

このため、「足＝交通」の分野でカバーせざるを得ない（時期、地域
により異なる対応が必要）。

⑤②により、現在の道路交通法、道路運送法では現実への対応が困難な局
面が出現。

⑥市民に対し可視化した情報を開示し、まち・交通サービスを「維持する
範囲」「いつどの対策を取るか」「そのための負担額、負担者、財源」を
地域の住民で決定する必要があり、特に負担の可能性が高い将来世代で
ある若者参加が重要である。

1－2　交通政策への提案

本研究の対象都市である人口50万人未満程度の規模の県庁所在市は、そ
の都市構造が似ており、市内の中心部、郊外の団地、病院、大学、商業等
各種施設、さらに周辺の過疎集落、生活利便施設という3段階になってい
るものが多い（平成の大合併を行った市は周辺市町村を市域に組み入れた
ため、特に問題が顕著に表れる）。

まず、まちづくり（シュリンク化）と一体になった交通政策として提案
したいのは以下の通りである。

・市街地を、例えば「中心部」「中間」「周辺部」に3分類し、それに対応
して各個別のバス路線を「骨格」「幹線」「支線（フィーダー）」に3分類（名
称・分類数等は自由）して、まちづくりと一体になった路線の性格付け
を行う。これは「路線維持の重要性」に差をつけ、維持するか否かの取
捨選択を市民に理解、納得してもらうためでもある。その際、定性的な
3分類ではなく、個々の路線等について行うことが重要である。
市内の中心部、中心部と郊外の団地、病院、大学、商業等各種施設との

路線等が維持すべき路線の主要のもの（骨格・幹線）であり、支線（フィーダー）は過疎地域の集落と生活利便施設との路線などである。

　また、骨格、幹線、支線（フィーダー）の範囲は、路線の性格、利用者数、収支率、自治体の補助額等により変化し、関係者による定期的な見直しが不可欠である。

　青森市のように、まちづくりと一体となった乗合バス路線の性格付け（重要度付け）を「具体的」に行っている市は少なく、多くの場合、「イメージ図」のような形でまちづくりとバス路線網図が表現されているにとどまる（前述　第3章、第4章）。

　岐阜市、富山市のように、「幹線（骨格を含む）付近」に居住するように誘導する政策が行われている市もある。例えば、岐阜市は幹線バス路線上に人口の約56％が居住しており、公共交通カバー率が約96％である。富山市は「お団子と串」である（公共交通路線と人口集住）。

　長野市のように合併市域が広大で、複数の集住地域「一房のぶどう」同士をどう連携するか、という観点から複数の公共交通軸を設定する政策を講じている市もある。

・路線の性格や利用者数、採算性・維持のコスト、維持する必要性、負担者・財源等の可視化された十分な情報であるこれらを基に、利用者であり、税負担者である地元住民が参加した行政、事業者等の関係者間で民営事業としては困難だが、維持すべき路線と判断される支線（フィーダー）については行政が負担する。具体例で言うと、過疎的な集落と市内、または病院等生活関連施設を結ぶルートである生活路線を、市民の税金で委託費や補助金の原資として、事業者に運行委託する。事業者が存在しない場合は、市等運営自家用有償運送とする。

　青森市が可視化された公開情報を基に「市民バス」（市運営、事業者に運行委託）の対象路線について詳細調査を実施し、「市営バス」からの転換に際し、「住民懇話会」を地域ごとに数回以上開催し、かつ、会議内容等を市のHP上に公開し、住民の合意を得るプロセスは極めて有益である。

　長崎市、高山市のように、民間バスと市関与のバスとの明確な棲み分けは非常に参考になる。ちなみに、両市とも市の赤字補助制度はない。

　また、民営バス会社から廃止希望が出た場合、長野市、松本市のように、

市と協議し（「協議路線」）、市の単独補助で存続させるケースも多い。前橋市や高知市の「委託運行」も同様の考え方である。

・需要の非常に少ない地域、坂等で乗合バスサービスに適さない地域などについては、既存路線か否かを問わず、必要に応じ、乗合タクシー、デマンド交通、公共交通空白地自家用有償運送、スクールバス混乗等を検討するべきである。行政側が運送主体になる場合には白ナンバーで、行政側の責任（＝市民の税金）でサービスを「維持」することになる。また、運行業務を事業者に委託することもあり得る。

非常に多くの市で、このような地域に対する施策はすでに講じられている。高知市の周辺地域（中山間、田園）などは典型例である。

豊岡市が地域の選択として「サービス水準と利用」「利用促進と負担」との関係を整理する手法は、利用者と市（民）である負担者の関係を理解してもらうためには極めてよい方法であり、また、同じ市運営の自家用有償運送でも需要の大きさによって、「市営バス・イナカー」（バス会社に運行委託）と「地域主体交通・チクタク」（地元協議会に運行委託）を分けるのは示唆に富んでいる。ちなみに「市営バス・イナカー」は最低1人以上乗車を求め、収支率20％をその維持基準とする。

三原市が「地域公共交通網形成計画」を策定し、民営路線バス「地域コミュニティ交通」の維持基準を明確化したことは、市民に「維持する範囲」「維持主体」等を明示することに今後大きな役割を果たすものと考えられる。内容としては以下の通りである。

・収支率・平均乗車密度で維持するか否かを判断する。

・路線バスの収支率30％未満で移行対象・20％未満で廃止、「地域コミュニティ交通」の収支率10％未満で廃止。

・バス路線で移行対象路線はあるが、未だに具体化していない。

・「地域コミュニティ交通」は定時定路線型バスから地元連合会が運営を行いバス会社へ運行委託したデマンド型バスへ移行した。

呉市が「地域公共交通網形成計画」において、乗合サービスの退出基準として、民営路線バスの収支率は約50％、市が運営、事業者に運行委託する生活バスの収支率は約15％と設定し、収支率が15％を切るとバスサービスを廃止するが、地元が地元主導の乗合タクシーを希望する場合、市は運

行経費の一部補助を検討するとしていることも同様の考え方に立つ。浜松市には、11路線運行している「地域バス」があり、「地域フィーダー」の役割を担っている。これは住民が主体となって、地域交通検討会を行い、ルート・運賃等策定、事業者に運行委託しているものである。

　運行経費の80％を限度として市が補助、運行後2年間の（実証）運行実績等を検証し、収支率が20％を切ると「改善運行」として、減便・ルート変更等を実施。

　さらに利用率が低下しても、市民が生活できる「最低保証」として2往復/日×2日/週＝8便/週・デマンド型で運行する計画である。

　「最低保証」運行をシビルミニマムと位置付けているのは、非常に先進的な取組みと評価できるが、これは財政力があるからこそ可能であると言える。

　多くの市で導入した「コミュニティバス」についても、徐々に利用客が減少し、そのため財政負担が大きくなってきており、その見直しを図る、検討する自治体も増加してきている。市が運営するのではなく、地元住民に運営を任せ、市が一部負担する方式に変更する基準を設定する（豊岡市、三原市、呉市、浜松市、日立市、岡崎市、一宮市、木津川市、宇陀市、井原市、瀬戸内市、坂町、神石高原町、中津市、霧島市、奈良県）、または設定しようとする動き（八街市、高梁市）、さらには提供する交通サービスレベルの設定をする動き（伊賀市）等がある。財政力指数が2を超え日本一の飛島村（愛知県）でも、あまりに非採算のコミュニティバスを廃止して地元協議会が運営、バス事業者に運行委託する方式に変更した。このような動きは、各自治体の財政状況の悪化から今後さらに広がると考えられる（前述　第4章6）。

　また、倉敷市、呉市、三条市、横手市の例は、バスよりタクシーを活用した方が効率的な場合もあることを示している。特に、三条市は停留所が約600か所あり、ほぼ市内全域で横手市型のフルデマンドに似た効果を有していると考えられる。横手市は市運営循環バス運行エリアでの「（フル）デマンド交通」乗降を認めておらず、重複補助を避けている。

　民営バス撤退後の豊岡市、京丹後市のように、民営バスと市が事業者に運行委託または自家用有償運送を委託する市営バスサービスとの棲み分けも、両者の共倒れを防ぎ、より効率的にサステイナブルなサービスを提供

するために重要である。また、長崎市、高山市のように、両者の路線の棲み分けができている市もある。これは、市単独補助がない場合にできやすいと思われる。

・事業者、第二種免許保有者の不存在等の場合の対処を検討する必要が生じる可能性がある。

　佐野市、伊勢崎市、豊前市（福岡県）は民営バス会社が完全に撤退し、市運営自家用運送（佐野市、豊前市は有償、伊勢崎市は無償）で市民の足を守っている。

　京丹後市ではタクシー事業者すら撤退した地域で、公募（補助付き入札＝委託）して、少量貨物、見守りサービス等を付加した「乗合タクシー」（タクシー会社に運行委託）を実施した（前述　第4章1）。

　なお、旭川市は（市営）スクールバスの運転手に第二種免許保有者を募集しても欠員の場合も多いという（事業者、第二種免許保有者の不存在の場合については後述　第6章3－2、5）。

　以上の考え方の整理に関して、重要な点を再指摘すると、定性的評価として、幹線、支線等と分類した交通計画の必要性を熟慮し、各自治体ができ得る限り整備している場合も少なくない。しかし前述した通り、各自治体が「維持する」ための路線を優先順位をつけて計画を策定したものは筆者が調べた範囲ではあまり見られなかった。

　青森市がまちづくりと一体となった交通網の在り方という考え方を取り、市営バスの路線別収支状況を市民に公開し、非採算路線から順次事業者に運行委託する手法は路線維持の優先度等を考慮するにあたり、市民の合意を得る極めて有効な手法であると考えられる。

　徳島市は市民の重荷になっている市営バス改革の観点から市営バス路線別収支を公開している。公費（税金）が投入されている公営バスの方が透明性確保の必要性は高いと言えるが、近年、補助金の透明性担保の観点から、民営バスであっても収支状況が公開されていることも少なくない。自主的に公開している事業者もある。

　また、「サービス水準と利用」「利用促進と負担」との関係を明確に市民に公表し、交通サービス提供手段の選択に活かしているのは豊岡市である。実例は以下の通りである。

　同じ市運営自家用有償運送の中でも需要の大きさを勘案し、地域の主体性・責任の重さ等の違いから運行業務の委託先を変えた。それが、民営バス会社に委託した「市営バス・イナカー」と、NPO法人に委託する「地域主体交通・チクタク」である。この手法は極めて示唆に富む（前述　第4章1）。

　京丹後市は市運営自家用有償運送「市バス」路線のうち、バス会社に運行業務を委託するほか、バス・タクシー会社の不存在地域においてNPO法人に運行業務を委託したり、「スクールバス混乗」で事業者に運行業務を委託したりしている。さらに地元NPO法人「気張る！ふるさと丹後町」が運営主体となる公共交通空白地自家用有償運送はUBER JAPAN（株）の協力を得てICT（情報通信技術）活用した実証実験を2016年3月に開始した。これは法的にはNPO運営の公共交通空白地自家用有償運送そのものだが、スマートフォンを活用して、利用者の直近にいるNPO登録運転士である顔見知りの地元住民が運送するサービスで、形態としてはタクシーに近い（前述　第4章）。

　また、「維持するための要件」（＝撤退の基準）については、いくつかの自治体が策定し、市民に公表している（前述　第4章6）。定時定路線の自治体が関与するバスは収支率15〜25％（20％が最多）をその継続要件としているものが多い。それ以下の場合は、デマンド型乗合タクシーが多い。また、利用者1人当たり補助額を基準とする例もある。地域によってその特性は異なり、全国一律の基準を策定することは不可能だが、今後、ますます人口減少・高齢化等が進み、国・自治体ともに財政状況がさらに厳しくなることが容易に想像される中で、住民、自治体にとって退出基準の策定・公表は、住民の利害関係が相反する可能性の高い「維持すべきサービス」の取捨選択を行うために、不可欠なものになると考えられる。今後さらに多くの自治体が同様の検討・決定を行うことが強く期待される。

2.　シビルミニマム、補助の限界など

　事業採算性はないが「維持する」と判断した路線には、公費を投入することになる。その際、検討しておかなければならない点を以下のように指摘する。

①市民が最低限享受する権利のある、国・自治体が保障義務のある交通サービスの水準とは何か。いわゆる、「シビルミニマム」「ナショナルミニマ

ム」という言葉にされる「生存権」「最低限の生活」「QOL（生活の質）」「移動（権）」とは何か。

・バス停からの距離について、「アクセシビリティ（利用しやすさ）」とは、多くの自治体で用いられており「公共交通カバー率」を算出する根拠とするところである。

・かつては国庫補助の目安として、利用者5人/台以上という基準が機能していた（それ未満の場合、国庫補助の対象としない。豊岡市「イナカー」は1人以上）。

・人口減少・高齢化、まちの低密度・拡散による利用者減少・採算性悪化により、（赤字補助も含め）行政の関与するバスサービス水準の見直しとともに、利用者負担増か市民負担増か、選択する必要が生じてきて、いわば「ない袖は振れない」ため、相対的にしか決められなくなると考えざるを得ない。

・浜松市のように「最低保障」を明示できる自治体はまれ。財政的に余裕があるから可能（前述　第4章4）。

②交通サービスを提供するために補助（市民負担）はどこまで許されるか

・利用者1人当たり補助額、市民1人当たり負担額が挙げられることが多いが、現実には市によって大きく異なる。例えば青森市は、試算によると市民1人当たり約5,600円に達しており、非常に突出している。

・他の補助金との比較、交通分野への補助総額が自治体財政全体に与える影響等が挙げられることもあるが、現実には市により大きく異なる。公営バスを持つ市の多くは、その収支状況の悪さから極めて市民負担が大きい（青森市、徳島市等）。今回調査した市の中には年間一般歳出の1％を超える市（青森市）、約0.8％の市（長野市）もまれにあるが、約0.2～0.5％程度（特に0.2％程度）が多かった。

・市民負担は自治体支出を意味するが、今後ますます人口減少等による税収の減少、社会保障費・老朽社会インフラ対策費の増加等で自治体財政の悪化は不可避である。

・小規模の自治体、人口減少・高齢化の著しい自治体ほど財政的に厳しい。

・小規模な自治体の中には、行政関与バスは持てない・維持できない自治体もある（夕張市等。「コミュニティバス」は人口5万～20万人の自治体

で導入されているケースが多い[93]）。

・「大が小を抱える」構図にならざるを得ない。将来、平成の大合併に続き、大規模な再合併があるかもしれない。

・どの施策にどの程度の市民負担を求めるかは、各自治体により大きく異なり、一律の基準を設けることができない。

・人口減少・高齢化等のスピードは市全域に均等ではなく、コンパクトシティ化が進めば、より過疎部で早く進み、局地的な「過疎地」が市内に生まれる可能性が大きい。特に、今後もあり得る合併による市域が大きく拡大する場合、長野市、富山市、高山市、浜松市など、その例は数多い。今後さらなる合併が生じる場合はなおさらである。一方、税金（市民負担）で市民の誰を救うかなどの市民間の「平等」の問題もある。

③全市民の合意が得られる客観的な基準の策定は容易か

　個人によって価値観、置かれた環境等が異なり、現実には、全市民が提供されるサービスやその負担額等に対して合意が得られる客観的な基準を策定することは非常に難しい。しかし、それだけに市民への可視化した情報の開示が最も重要であり、市民が生きていくため、社会的排除を防ぐため、社会福祉的観点から公費投入（市民が負担）する。その規模・程度は市民の懐具合によって左右されざるを得ない。またそれは、現世代の懐か将来世代の懐かもしれないことを含め、深く考える必要がある。

④国は補助主体たるべきか

　国は補助主体になるかについては、規制緩和、地方分権の流れの中で地方へ権限・責任が拡大している。特に高齢者・障害者・学生等のセーフティネットとしての交通は、国ではなく最も身近な地方自治体や地域住民主体で決めるほかない、と考える。

3.　新たな提案

3−1　現行制度の改善点、検討すべき点

　現行制度に関して、いくつか改善すべき点、検討すべき点について指摘する。

93　2009年「地域交通コーディネイター会議」における山崎研究員（（財）豊田交通研究所）の報告（アンケート調査635自治体、1031事例）による。

①乗合バスの費用構造を見ると、約56％にまで（20％近く）下がった人件費の削減は大きくは見込めず（過去15年間で輸送人員2割減以上・収入減2～3割、職業としての魅力が乏しく、運転者不足の状態になっている）、約10％の燃料費に補助は理由付けが難しく、約11％を占める車両償却費・修繕費に関して、現在以上の公的支援を検討すべきであると考える。公有民営の拡大である。例えば、車両は100％公有（＝リース料ゼロ、車両修繕費ゼロ）というのが最大限の支援になるが、これが実現しても、現在の収支率が約90％弱の地方のバス事業を考えると、1人で移動が可能な5～74歳の人口減少が約20％になるとき（全国平均では2035年頃だが、地方では約10年以内に訪れる）には乗合バス事業は採算が全く成り立たない事業になると考えられる。また、第二種免許保有者数の著しい減少が見込まれ、運転者不足からバス事業が維持できなくなる可能性すらあると考えられる。

②一部の都市部「コミュニティバス」に路線バスと競合するものがあり、競合路線事業者の採算性悪化の一因となっている事例（他の生活路線を維持する内部補助財源が減り、維持が困難になる可能性が高い）がある。これは、「生活交通」を守るという本来の趣旨に反しており、改善すべきである。

③自治体が運営する場合、事業者に運行委託（道路運送法第4条）するのと自家用有償運送（事業者・NPO等へ運行業務委託を含む）では自治体（市民）、利用者にとってどう違うか。

・事業者に運行委託する例が多い。県庁所在市では合併前自治体運営バスの継承のみ。

・利用者にとっては、事業者運行・第二種免許者運転（青ナンバー）の方が安心ではないかと考えられる。

・運賃・対価は両方とも定額100～200円程度の廉価が多い。対キロ運賃もある。

・自治体にとっては、職員運転の方が人件費増、事業者運行の方が費用を削減でき、効率的である。責任も軽く感じるかもしれない。

・できるだけ、事業者・第二種免許保有者運転でサービスを提供できる環境が続くことが望ましい。

・事業者の存在の有無によって選択肢が決まるケース、第二種免許保有者
　の有無によって決まるケースもあり得るのではないか。

④NPO等運営の自家用有償運送の採算性・対価

・公共交通空白地・福祉ともに収支率は約40％、補助・他事業がないと事
　業継続が厳しい現状であり、対価・補助を上げられないか（市町村運営
　自家用有償運送はともに収支率約20％）（前述　第2章2）。

・現実には利用者の負担限度を考えて対価を上げることはしない。定時定
　路線型の場合、300円以下が大多数で、上限付き補助が多い。

・対価が上がると、採算性が向上して補助額が減額になる可能性、また、
　利用者が減少する可能性も大きい。多くの高齢者等に今以上の対価（運
　賃）負担力があるかは疑問である。

・市町村運営自家用有償運送より、政治的配慮などがなくなるのではないか。

⑤自家用有償運送に関するタクシー事業者の意向

・タクシー事業者の意向により、交通空白地自家用有償運送の成立の可否
　が決まる可能性があるとも考えられる（「公共交通空白地」は市町村単
　位が原則で、運営協議会で合意が得られれば、区域限定も可能）。

・自家用有償運送の運営主体が市町村か、民間かによってタクシー事業者の
　意向は異なる可能性があるか。国土交通省の運営団体へのアンケート[94]
　によると、運営協議会で合意が得られない場合に最も多い反対意見はタ
　クシー事業者によるもの。

⑥自家用有償運送の運営主体要件が緩和され、自治会、町内会等も可能に
　なったが、地域等によっては自治会等「コミュニティ」が成立しない場
　合もあるのではないか。今後の高齢者単独世帯の増加、認知症高齢者の
　増加等を考えると、社会的には「コミュニティ」を「つくる・強化する」
　必要があるのではないか、とも考えられる。ヒアリングを行った複数の
　市の担当者も同様の指摘をしていた。

3-2　新たな提案へ

　以上のように考えてくると、これまで、道路交通法は第二種免許で営業

94　国土交通省「2010年度自家用有償運送に関するアンケート調査」（同省HP）

車を運転する、道路運送法は事業者が営業車を事業の用に供する（青ナンバー）という、2つの制度がセットで機能してきたが、その前提が崩れる可能性がある。事業採算性の悪化に加え、運転者の不足であり具体的には、第二種免許保有者の減少、職業としての魅力のなさが原因である。

これに対処するには免許（道路交通法）か、対価・事業性（道路運送法）のいずれか、または、両方を緩和する以外に方法がないと考えられる。ただし、地域等によって時期、規模の差がある。また、人口減少・高齢化等による利用者減少等により、予想される乗合バスの撤退まで待つメリットはなく、早急に検討を開始すべきである。

このような検討にあたって、まず、前述の通り、生活交通サービスを維持する範囲・程度・負担等を徹底した情報公開の下で、特に若者を中心とした市民が参加して決定する必要があり、サービスを廃止・撤退する基準を明確にしていくことが不可欠になると考えられる。非常に厳しい判断になるが、自治体の責務・使命として実施していかなければならない。

具体的な施策としては、第二種免許保有者が減少し乗合路線を維持することが困難な状況が、利用者減少等による経営難（路線・事業の撤退等）より先に到来しそうな場合は、第一種免許保有者が「地区限定」（過疎地域に限らない）で乗合バス事業の運転者になれる仕組みを考えるべきである。この場合、道路交通法の改正が必要と考えられる（同法第91条免許の条件で、対応可能かもしれない）。地域によって時期、規模の差があり、「特区」制度が現実的である（後述　第6章4）。

次に、自治体の財政難や自家用有償運送の運営団体の経営難等により、従来型の自家用有償運送が提供できない、提供できるサービスレベルが低下するケースが増加すると想定されるので、さらに一歩進めて、自家用有償運送の運営主体として、一般私人を検討すべきである。これは「一般私人の世帯間送迎の制度化」を意味し、道路運送法の改正が必要である。地域により時期、規模等の差があり、「特区」制度が現実的である（後述第6章4）。その際、自治体の運営する私人への補助/委託（公費＝市民負担）も検討すべきである。

現在、貨客混載の一環で、事業用トラック（青ナンバー）が自家用有償運送の主体になるケースを過疎地域で実証実験中であるが、運営主体が「一

般私人（個人）」となると、さらに一歩を進めることになる（表6.1）。

4. 特区制度

現在ある「特区制度」は3種類。「構造改革特区制度」「総合特区制度」「国家戦略特区制度」である。

3つの制度の大きな違いを整理すると、「構造改革特区制度」は、当該特

表6.1　人と物に関する有償運送

	人（有償）	物（有償）
乗合バス	◎	×
	（◎バス事業者が少量貨物として運送＊）	
タクシー	◎ （○過疎地で実証実験）	× （◎「救援事業」）
「コミュニティバス」 （事業者運行委託）	◎	×（◎少量貨物運送）
乗合タクシー（自主運行、事業者等運行委託） （路線・路線不定期・区域運行）	◎	× （◎路線運行による少量貨物運送） （◎定期・区域運行による少量貨物運送の場合、運行予約なくても可能） （◎地域公共交通会議、自治体関与の下、「救援事業」）
自家用有償運送（人）		
市町村運営公共交通空白地	◎	×（◎少量貨物）
NPO等運営	◎	×（〃）
市町村運営福祉	◎	×（〃）
NPO等運営	◎	×（〃）
一般私人（一定要件付・提案）★	×	×
自家用有償運送（物）	×	×
		（○事業者不存在地で2016春可能に）
トラック	× （○過疎地で実証実験）	◎ （＊の場合、運送契約は荷主と貨物事業者）

筆者作成

区において全国一律の規制を外すもの、効果が上がると全国的に規制緩和がなされる。「総合特区制度」は、当該特区において、地方公共団体が主体となって行う地域の特性を活かした包括的・戦略的なチャレンジに対して、オーダーメードで国・地方の総合的支援（規制緩和・財政・税制・金融等）を講じるものであり、「国際戦略総合特区」「地域活性化総合特区」の2種類の「総合特区」がある。「国際戦略総合特区」は、国際競争力の観点が主で、国が基本方針、区域、区域方針等を定め、規制改革等の必要な施策を総合的かつ集中的に講じることが基本で、関係する地方公共団体、民間事業者等の関係者が、国と密接に連携を図りつつ、これらの施策を活用する。

　今回提案している「自治体、住民、交通関係者等の合意の下、①第一種免許保有者が「地区限定」で、乗合バス運転者になれる仕組み（道路交通法）、②一般私人（個人）運営による自家用有償運送（道路運送法）（ただし、安全の確保が最重要で、「白タク」ではなく、自治体の関与が必要）」は特定の区域だけを全国一律の規制から外すことが目的なので、3種類の「特区制度」のうち、「構造改革特区制度」が適当である。

　具体的な法的措置（であると同時に地方公共団体の提案内容…構造特区法第3条）としては、①「構造改革特別区域法」の一部改正法に、道路交通法第86条の特例規定を置くこと（第○条、別表2）、②「構造改革特別区域法」の一部改正法に、道路運送法第78条の特例規定を置くこと（第△条、別表2）である。

　なお、この「構造改革特区制度」は、2002年小泉内閣で規制緩和の一環として創設（2003.4施行）、中国の経済特区が改革開放による経済発展の呼び水になったことにヒントを得て制度化された。その趣旨は、現在の実情に合わなくなった国の規制を、地域を限定して改革することによって構造改革を進め、地域を活性化させることを目的とする制度である。これは、「地方公共団体が当該地域の活性化を図るために自発的に設定する区域であって、当該地域の特性に応じた特定事業を実施し又はその実施を促進するもの」（「構造改革特別区域法第2条」）で、財政的な支援措置はないが、「地方公共団体が策定した構造改革特別区域計画が構造改革特別区域法基本方針に適合し、適切な経済的社会的効果を及ぼし、円滑かつ確実に実施され

ると見込まれると、内閣総理大臣に認定されれば規制の特例が適用される」（同法第4条）制度である。さらに、その特区において行われた政策が成果を上げれば、その特例の制度は全国に適用される。民間事業者、地方公共団体等のニーズを把握するため、内閣総理大臣は、基本方針にはない新たな規制緩和の提案を定期的に募集する（同法第3条）。2016年4月の時点では、この制度により「構造改革特区として活用できる特定事業」（メニュー）は58事業ある。

5. 提案　運転免許要件を緩和するアプローチ

　第二種免許保有者が減少し乗合路線の維持が困難な状況が、利用者減による経営難（路線・事業撤退等）よりも先に到来しそうな場合に、第一種免許保有者が「地区限定」（過疎地域に限らない）で、乗合バス運転者になれる仕組みを提案したい。その必要性は県庁所在市より小規模な市町村の方が第二種免許保有者数は少ないため、早く訪れると考えられる。

　このアプローチの理由は、現在の市運営自家用有償運送で事業者が存在する場合には運行業務を委託するケースが多いこと、事業者が運行・運行業務の主体になる（道路運送法第4条。自家用有償運送いずれも）方が自治体・利用者双方にとって効率的・安心等で望ましいのではないか等を考えると、第二種免許保有者の減少等による乗合路線バス事業の撤退（ノウハウ散逸）を防ぐことが、市民生活の足を守るために長い目で見ても有効＊と考えられる（事業者がNPO等を設立し、自家用車・第一種免許保有運転者による「従来型自家用有償運送」を行う可能性はないだろう）。

　具体的な制度設計として提案したい要件を挙げる。

・地域公共交通会議等での合意が前提（地域の特性、特区の正当性を全関係者が共通認識を持つ必要）
・地区限定（県内（同一公安委員会）が目安（越境が必要な場合も考えられる）、市町村またはその一部区域、路線を限定することもあり得る）
・車両限定（大型（30人以上）は認めない。主にフィーダー路線、10人以下車両で対応できる路線を想定）
・運転者は、当該市の住民限定（第二種免許保有者が確保できないことが前提）

・第一種免許の保有者(「過去何年間無事故」「免許取得後何年以上経過」「運転者の年齢」等の制限を付して、利用者の安心安全を図る)

・対象路線（需要）により中型（無限定）・中型（8t以下）・普通というように免許区分（運転者）・車両も異なる

・当該バス事業者の実施する（国の認める）講習等を受けた人（現行の自家用有償旅客運送の要件とのバランス）

・当該バス事業者の安全（運行・整備）管理、労務管理体制等が十分であること

　＊　それなりの需要の路線まで市運営自家用有償運送になると、市民負担（税金）が増え、（自家用有償運送を含め）維持できる路線が全体として減るおそれがある。

　＊＊第二種免許取得者の減少の原因は、金銭的問題（免許取得費用20万〜25万円）、試験等の難易度の問題、とかではなく、バス・タクシー業等の魅力のなさ（悪い労働条件）と考えられる。

　これを法令改正の私案として整理すると、次のようになる。

　構造改革特別区域法の一部を改正する法律（案）（第四章（1条追加）、別表（1段追加）に改正）としては以下の通り。

　「地方公共団体が、その設定する構造改革特別区域において、当該区域の旅客自動車運送事業者の運転者の状況、当該区域に居住する第二種免許者の保有状況等を勘案して、第一種免許による旅客運送活用事業（以下「限定第二種免許活用事業」という。）を実施することが、道路交通法第八十六条に定める中型又は普通旅客自動車を旅客自動車運送事業に係る旅客を運送する目的で運転する者が受けなければならない第二種免許の保有者の運転と連携又は補完して住民の生活を維持するために必要であると認めて内閣総理大臣に申請し、その認定を受けたときは、当該認定の日以後は、当該限定第二種免許活用事業に係る旅客自動車運送に係る免許については、道路交通法第八十六条の表中「中型第二種免許」及び「普通第二種免許」を、それぞれ「中型第二種免許又は中型第一種免許」及び「普通第二種免許又は普通中型第一種免許」と読み替えるものとする。ただし、第一種免許保有者が運転者になる場合にあっては、運転者は構造改革特別区域法施行規則に定める要件を満たさなければならない。」

構造改革特別区域法施行規則（上記構造改革特別区域法の一部を改正する法律（案）第●条に基づく）としては以下の通り。

「法第●条の構造改革特別区域法施行規則で定める要件は、その有する免許が過去二年間以内に停止されていないこと及び次の掲げる要件のいずれかを備えていることとする。

一　国土交通大臣の認定する講習を修了していること

二　前号に掲げる要件に準ずるものとして国土交通大臣が認める要件を備えていること

2　前項の認定は、次に定める基準に適合すると認められる者が実施するものについて行う。

一　講習を実施する者、講習の実施の方法その他の事項についての講習の実施に関する計画が講習の適正かつ確実な実施のために適切なものであること

二　前号の講習の実施に関する計画を講習の適正かつ確実な実施をするに足りる経理的基礎及び技術的能力があること

3　第一項の認定を受けようとする者は、申請書に告示で定める事項を記載した書類を添付して国土交通大臣に提出しなければならない。

4　第一項の認定を受けた講習を実施する者の名称及び主たる事務所の所在地並びに講習の名称は、告示する。」

この施行規則改正趣旨は、自家用有償旅客運送に関する道路運送法施行規則第51条の6（登録証）に係る規制内容と同様の規定（第一種免許保有者が自家用有償旅客運送の運転者になる点で同じ）にすることである。

6. 提案　「公共交通空白地自家用有償運送の運営主体」を緩和するアプローチ

事業者が撤退（路線・事業）し、自治体の財政難や自家用有償運送の運営団体の経営難等により従来型の自家用有償運送が提供できなくなり、自家用有償運送の運営主体として一般私人を考えざるを得ない状況は、地方中枢拠点都市である県庁所在市においても10年以内には出現する（第3章2-2　Aグループの市等）と考えられるが、より小規模の自治体（人口20万人未満の自治体に全国の約半分の人が居住しており、決してマイナーな問

題ではない。制度改正をする必要が当然生じる）にとってもっと近い将来、喫緊の課題になると考えられる。

　道路運送法の根幹を揺るがすアプローチであるため、「公共交通空白地」自家用有償運送の運営主体を一般私人にまで拡大する検討は慎重に行われなければならない。検討項目として、「公共交通空白地」の範囲・決定方法、利用できる人の範囲、利用方法、運営主体（運転士、免許）、対象車両、対価、保険、補助などが考えられる。

　以下、「一般私人運営の公共交通空白地自家用有償運送」の新スキームを提案したい。

① （個人運営の自家用有償運送を認める）「公共交通空白地」の範囲、決定方法

・自治体が主宰する「関係者が一堂に会する運営協議会・地方公共交通会議」等の場で決定する。地域の特性、特区の正当性を全関係者が共通認識を持つ必要あり。

・現在の市・NPO運営自家用有償運送の「公共交通空白地」とは範囲が異なることが多く、より狭いと考えるべきである。現在のスキームで対応が困難な地域・場合に限定すべきと考える。

・フィーダー、乗合サービスを「維持しないと判断された地域」、急な坂などバスサービスに適さない地域等が想定され、例えば、過疎的集落内、集落内と集落外の病院・商業等の生活関連施設間の路線が考えられる。需要が少なく、市町村・NPO等運営自家用有償運送が財政的に困難な場合を想定。

・1つの行政区域を超える場合は、広域自治体の運営協議会等の検討が必要である（山村等で隣接自治体の病院等への通院等が考えられる）。

・収支率、利用者数等によって、退出基準（路線バス、市等運営自家用有償運送）を設定する必要があるのではないか。

・乗合バス、乗合タクシー等との競合区間または一部区間が競合する場合については、その影響度により判断する必要がある。具体的な方策としては、バス停等までの運行、乗降不可能区域にする（横手市のデマンド交通の例）。

・タクシー事業者が存在する場合、または同一市内に営業所等を有する場合でも、車両数が対象地域における需要をカバーできない等と運営協議会等で判断されるときは認めざるを得ないと考えるが、率直に言って、どういう方法で判断するかは悩ましい問題である。この場合、タクシー事業者・運転者への別途対策が必要と考える。具体例として、京丹後市の「ささえ合い交通」は同市内にタクシー会社が存在するが、NPO運営自家用有償運送を認めた。ただし、発地はタクシーの営業所のない町内に限る、着地は市内全域のケースである（前述　第4章1）。また、タクシー利用券等の補助は自治体負担が大きく、現実的ではない可能性もある。なお、松山市興居島（沖合）は、法人タクシーはなく個人タクシーが存在する（前述　第3章2−3）。

・従来型の自家用有償運送の運営団体がすでにいても、一般私人が自発的に「自家用有償運送」を実施したい場合、上記と同様に考えるべきかという問題がある。現在はNPO等でないと自家用有償運送の主体として認められないが、高齢者単独世帯等の利用ニーズは多くなるはずであり、自宅に福祉用車両がある場合も増加すると考えられる。一方、従来型の運営団体を退出させる効果を持つケースでは否定すべきではないか。

②利用できる人

　基本的には、当該地域住民（登録）だが、医療・介護等のニーズを勘案すると、その家族、友人等の来訪者も利用可能にすべきと考える。旅行者は想定しづらい。

③運行・利用方法、利用時間

・定時、定路線等については各地域の判断に委ねる。「関係者が一堂に会する運営協議会等」が決めればよい。

・定路線、指定停留所間、自宅〜指定停留所、市内全域（バスエリアを除く等制限付きもあり）等いろいろ考えられる。

・定時（完全）、時刻表のあるデマンド（停留所停車、一部・全区間運休）を予約の有無で判断、フルデマンドも各種考えられる。参考事例として、前橋市の「巡回バス」は、合併前の旧町営バスを継承し約200か所の停

留所を設けてデマンドに近いサービスを提供。三条市の「ひめさゆり」は、市内既存タクシー全社を活用し、市内ほぼ全域に約600か所もの停留所を設けてデマンドに近いサービスを提供。横手市の「デマンド交通」は、市内の既存タクシー全社を平等に活用したフルデマンドで、運行エリア、台数等でバス・タクシーとの共存を模索している（前述　第4章1）。

・想定される需要からすると、デマンド型が主であろう。「関係者が一堂に会する運営協議会等」が決めればよい。

・いわゆる「流し」は、タクシー事業者がいない場合等を除き、原則として認めるべきではない。しかし、同じ住民としてのタクシー運転者の「生活（雇用）」も自治体は考慮せざるを得ない。

・デマンド型の場合、以下のような連絡方法と問題対策が想定される。利用者が直接、運転者へ連絡するケースである。これはパソコンからインターネットを活用し、または携帯端末を利用するケースであるが、運転者の電話番号が知られる等のプライバシーが侵害されるおそれがあるため、運営者が「コールセンター」を設置するといったことが考えられる。参考例として、豊岡市の「チクタク」がある。これは、市運営や地元NPOが運行管理を行い、コールセンターの役目も果たしている。また車両は市有車（保険は市負担）、運転者は地域住民・NPO所属。京丹後市の「ささえ合い交通」はNPO運営で、車両・運転者は地域住民、連絡はスマートフォンを活用している。松山市興居島はNPO運営で、車両・運転者は地域住民が受け持つケースである。これは「顔見知りの地域住民」が運転して安心感を持たせることができる。

・利用時間は日常生活時間帯で十分で、早朝、深夜は必要ないと考える。利用者の「安心感」、女性運転者などである。

④運営主体、運転者、車両

・自治体への登録を前提に対象地域住民に限定し、個人まで認める（「顔を知られている」等の安心感、自治体の管理監督）。

・利用者の安心のため、「過去何年間無事故」「取得後、何年以上経過」「年齢」「当該自治体での居住年数」「講習受講義務」等の制限を付したうえで、免許は第一種でよい。中型（限定なし）、中型（8t以下に限る）、普通。

保有する免許の種類により、定員11〜29人も運転可能か、10人以下に限るか、といった内容が決まる。

・対象車両は登録制とし、外見上すぐわかるように表示させる。

・大型車（30人以上）は不可とする。また、需要の少ない区域に限る。現実には普通車が多いと考えられる。定員11人以上の車両を購入する個人はまれと思われるため。

・レンタカーも可能（現実には困難か？）、公有車両の貸出しも可能。

⑤対価

・タクシー運賃の半分程度（現在の自家用有償運送と同じ）を上限とする考え方もあるし、現在の市運営有償運送の多くの事例を参考に定額（100円〜）・廉価も考えられる。わかりやすさ、現場での混乱を避けるため、一律（一定額）、または、ゾーン制（cf.　三条市「ひめさゆり」）等が現実的ではないかと考えられる（前述　第4章1）。

・車内に明瞭に表示（上記上限額は市報、HP等で広報）する。

・市町村発行の「利用証」を利用者が入手し、利用時に対価とともに運転者に渡し、後日、運転者が市町村窓口等に「利用証」を提出する際、燃料費等の実費に加え、「一定金額」を受け取れるようにすれば、市町村による補助の効果がある。もちろん、不正防止策は必要である。

⑥補助

　自治体からの補助または委託も検討すべきである。市運営自家用運送より人件費、車両購入が不要といった理由で、財政負担は少なくなるがタクシー事業者の反対も予想される。

⑦保険

　利用者の安心のため、通常の自賠責に加えて、対象車両に限定し、対象事故は当該有償運送時のみで、ドライブレコーダーを設置すればよいとすること、契約者は自治体等とすることを内容とする新型保険を検討すべきである。

　また、「十分な保険を付保した車両」のみを運行対象車両にするのも一

案であり、「十分な保険にするための追加的な保険費用分」を「市の補助」対象とすることも検討すべきである。

　参考にすべき事例として、豊岡市の「チクタク」、京丹後市の「市バス」（NPO運行委託）は市有車を貸し出して、市が保険料を負担する。京丹後市の「ささえ合い交通」は運転者が通常の自賠責保険（対人対物無制限、従前の保険に車両所有者が上乗せする）に加え、NPO運営であることから新型保険を上乗せした（前述　第4章1）（表6.2）。

・保険は、新型保険、従来型の2種類を検討。

・豊岡市「チクタク」とは、運営主体が私人に代わり、協議会がないことが異なる（前述　第4章1　図4.1-5）。

　これらを法令改正の私案として整理すると、次のようになる。

　「構造改革特別区域法の一部を改正する法律（案）」（第四章（1条追加）、別表（1段追加）の改正）としては以下の通り。

　「地方公共団体が、その設定する構造改革特別区域において、地域の交通の需要と手段その他の状況からみて、住民個人による自家用有償旅客運送を確保及び活用する事業（以下「個人運営自家用有償旅客運送活用等事業」という。）を実施することが、道路運送法第七十八条第二号に定める者の行う自家用有償旅客運送と連携または補完して、住民の生活を維持するための交通手段の確保のために必要であると認めて内閣総理大臣に申請し、その認定を受けたときは、当該認定の日以後は、当該個人運営自家用有償旅客運送活用等事業に係る自家用有償旅客運送として、当該地方公共団体の住民であって、構造改革特別区域法施行規則に定める要件を満たす者が、当該地方公共団体の登録を受けて、道路運送法第七十九条の規定に

表6.2　一般私人運営の公共交通空白地自家用有償運送

	市町村	運転士（車両）
有償運送事業	（登録）	◎
運行業務		◎
運転業務		◎
民事（対人対物）	◎	△（重過失）
刑事（行政処分）		◎（罰金等）

筆者作成

より、当該区域の住民の運送その他の構造改革特別区域法施行規則で定める旅客の運送を行う場合、道路運送法第七十八条の次に掲げる場合に該当するものとする。」

構造改革特別区域法施行規則（上記構造改革特別区域法の一部を改正する法律（案）第●条に基づく）「法第●条の構造改革特別区域法施行規則で定める要件は、次に掲げるとおりとする。

イ　直近三年間無事故であること

ロ　当該地方公共団体に居住して十年以上経過していること」

構造改革特別区域法施行規則（上記構造改革特別区域法の一部を改正する法律（案）第●条に基づく）「法第●条の構造改革特別区域法施行規則で定める旅客は、当該区域の住民、当該区域への来訪者又は当該区域の滞在者とする。」

なお、行う内容は従来の公共交通空白地・福祉有償運送と同じであるが、従来の主体は「自治体」「法人等」であり、個人ではなかったことから、「運送者」と「運転者」が異なり、「事務所の存在」も前提となっていた。このような関係から関連条文の改正が必要かもしれない。

7.　2つの提案の位置付け（参考図）

「まち」と「交通」のスマートシュリンクの中における上述した交通に関する2つの提案の位置付けを図示すると184ページの通りになる（図6.1）。

図6.1　交通に関する2つの提案の位置付け

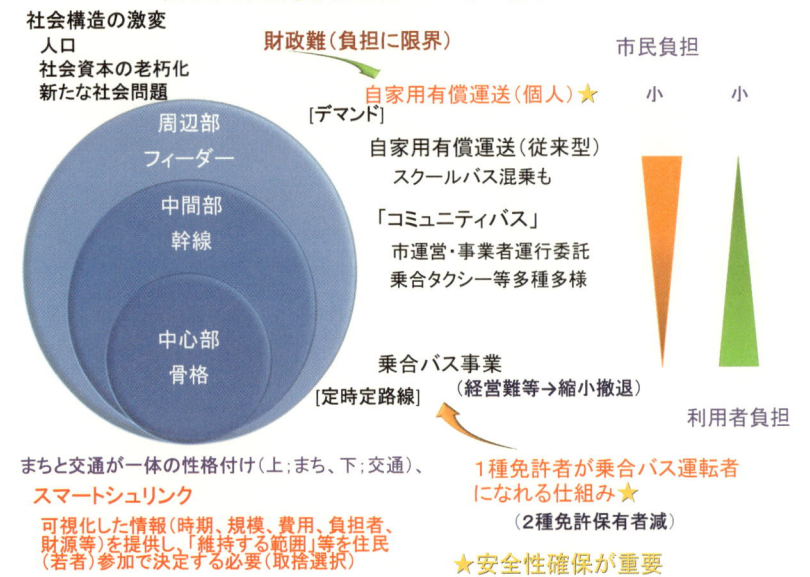

「限りある資源」を有効活用してQOLを高めるために

社会構造の激変
人口
社会資本の老朽化
新たな社会問題

財政難（負担に限界）

市民負担

自家用有償運送（個人）★　小　　小
[デマンド]

自家用有償運送（従来型）
スクールバス混乗も

「コミュニティバス」
市運営・事業者運行委託
乗合タクシー等多種多様

周辺部
フィーダー

中間部
幹線

中心部
骨格

乗合バス事業
[定時定路線]　（経営難等→縮小撤退）

利用者負担

まちと交通が一体の性格付け（上；まち、下；交通）、
スマートシュリンク
可視化した情報（時期、規模、費用、負担者、
財源等）を提供し、「維持する範囲」等を住民
（若者）参加で決定する必要（取捨選択）

1種免許者が乗合バス運転者
になれる仕組み★
（2種免許保有者減）

★安全性確保が重要

筆者作成

参考　都市別基礎情報、生活交通等に関する状況

※本情報は、調査時点（2015、2016年度）のもの、現状が異なることは十分あり得る。
本文、本文脚注と重複する部分もある。

都市別基礎情報

Aグループ——青森、秋田、奈良、和歌山、徳島、高知、長崎

都市別基礎情報に紹介する自治体の人口、財政規模、財政力指数に関するデータは2012年度決算ベースのもの。出典資料は「全国・全地域財政力指数番付」「都道府県庁所在地人口・面積・人口密度ランキング」。

・青森　（第3章2−6　参照）

人口約30万人（すでに年1％程度の減少が始まっている）、面積約800km²、財政規模約1,200億円、財政力指数0.54

市街地膨張の弊害及びそれによる行政効率悪化・中心市街地の空洞化・希薄化、また、高齢化・人口減少等に対して、コンパクトシティ化を1990年代初めから模索している。この1990年代初頭は整備東北新幹線盛岡以北が建設着工され、東北本線沼宮内以北はミニ新幹線による整備が計画されていた時代である。その後ミニ新幹線ではなく、全線フル規格による整備に変更された。

人口構成、人口減少は全国平均2035年の姿に約10年早い2025年に到達する見通し。

JR東日本のほか、市営バス1社である。東京都営バスに次ぐ歴史を持ち、約96％をカバーするが長大路線も多く、非常に経営が厳しい。よって、一般会計からの補填が大きく市民負担が大きい。このため、いろいろな改革がなされてきた。具体的には、路線の3分類の性格付けを行って、骨格、幹線は市営バス（公営企業）、支線は市（行政）が運営するという官民の棲み分けを狙い、また、運営方法の見直しを行った。だが、2012年度から非採算路線を「市民バス」と呼ぶ、赤字全額補助前提で、バス事業者等に運行委託（完全廃止はされなかったが、サービス水準を下げたこともあり、利用者増につながらず、当初の目的が達成できないことから、計画を見直している）。

福祉関係として、「いき・粋乗車証」（70歳以上の青森市内在住者は無料）も含めると約14億円強（一般歳出の約1.2％強、約5,000円/人）の市民負担で乗合バスサービスを維持。バスのカバー率96％を維持する目標。市民は小学校とともに、市内各地区の最低限の社会インフラ・行政サービスと認識しているとの指摘がある。一方、青森市内には民営乗合バス事業者（引受者）がいない。将来は、市運営公共交通空白地有償運送か、住民同士の世帯間送迎しかないかもしれないと市担当者は言う。

・秋田

人口約32万人、面積約900km^2、財政規模約1,300億円強、財政力指数0.61

人口・面積、予算規模、「まちのつくり」は、古い中心市街地、高度成長期の頃に整備された郊外団地（公営住宅・乱開発された民営住宅）、郊外に出た大学、病院など青森と類似。人口構成、減少は全国平均2035年の姿に、約10年早く2025年に到達。県単位では全国で最も人口減少が著しい。

行政コスト増加、中心市街地の衰退から、コンパクトシティ化を目指す都市づくりを図るが、現実には拡散が止まらない。2040年には対2009年で7,000円/市民1人、インフラ負担36,000円/市民1人の増加、と試算。市担当者によると、家の買い替え需要が少なく、郊外の家が売却できず、一方、中心市街地は高齢者が住み、また、相続が生じても、安価では売却しようとしないため空家が増加する。このため、購入可能な金額の家を探すとどうしても郊外になるうえ、昨今の賃金低下による影響で、さらに郊外に出るケースも少なくないとのこと。

鉄道はJR東日本のみ。

2006年、拠出金が10億円を超えていた市営バスを廃止（民間に移譲）後、その民営は1社で恒常的な赤字。市単独補助を2005年開始、2010年県補助が減額され、市の補助は経常損失の約40％、約2.5億円。

中心市街地活性化のため、循環バスをバス事業者に運行委託（運賃100円、21便/日、中型2台）、運行収入の5％をインセンティブとして控除し、負担金を算出。

中心部の「幹線」「支線」は一定のサービスレベル（幹線は1本/15分、支線は往復各4往復/日）を維持する政策、「郊外部」は路線バス廃止後も市民・地元関係者と市が協力し、代替交通（外出機会）を確保、「交通空白地帯」は、市民・行政等が必要に応じ「生活交通」を検討という考え方に整理。

市の郊外部の廃止路線に赤字全額補助の「マイタウンバス」17路線を、既存の事業者（バス会社、タクシー会社）に運行を委託（バス、ジャンボタクシー等）。タクシー券を配布（約16億円と試算）するよりも大幅に市の負担が小さいとの判断。

2005年合併前の旧雄和町に、循環型町営・民営の共同運営の路線バスがあったが、2009年、秋田中央交通が路線廃止。

福祉政策として「コインバス」（市内在住70歳（2011年度開始、2013年度68歳に引下げ）運賃100円/回で約1億円）、バス関係の市負担計3.5億円（一般歳出の約0.4％）。

基本的な考え方は、2011年「地域公共交通総合連携計画」、2016年「地域公共交通網形成計画」ともに変わっていない。県庁所在市として青森とともに厳しい状況である。

・奈良

人口約36万人、財政規模約1,200億円、財政力指数0.74

高度成長期に早くから集中的に団地、住宅開発などが進んだ大阪・京都等の古くからのベッドタウンであり、そのため、高齢化・人口減少が早く、大阪・京都に近いにもかかわらず、全国平均より約10年早い。

JR西日本・近鉄の鉄道網があり、鉄道空白地帯、中山間地域を中心に路線バスが運行。赤字補助路線は3路線（奈良交通高樋線、都祁線、月ヶ瀬線）。

児童数減少による公立小学校の統廃合に伴い、児童の遠距離通学等が必要になる場合、市がスクールバスを運営している。競合民営路線の維持が不可能になった路線だが、公立小学校の統廃合により運行の必要が生じたスクールバスと市がリース車両2両（白）を貸し出し、運行業務委託することにより、一体的運行を図る。この路線バスは、一部区間運休、2015年4月〜、運賃無料。自家用有償運送のための地域公共交通会議開催などの手続きが新学期に間に合わなかったことが原因で、いずれは有償化を検討、同様に1路線増加（2015年6月〜、いずれも旧合併村）。

パス式敬老乗車券は、市内在住70歳以上の人に交付。

・和歌山

人口約36万人、財政規模約1,400億円、財政力指数0.79

大阪への古くからのベッドタウンで、通勤・通学も多い、JR西日本・南海の鉄道があり、鉄道空白地帯、中山間地域を中心にバスが運行。

「地域バス導入ガイドライン」策定（2012年、概ね5年ごとに見直し、2016年改定）、交通不便地域住民の移動手段の確保のため、地域主体で目的を「地域バス」導入に特化した団体、「地域組織」を設立、そのバスの運営主体となり、事業者に運行委託し、市が補助等を行う「地域バス」1路線がある。それが紀三井寺団地線で、民営バス廃止後の足を確保として、団地を中心に追加バスルートを運営協議会が中心にルート・ダイヤ・運賃作成。協賛金等も募り、市補助は運行経費の80％を上限とする。

「地域バス」の要件は、以下の通り。

・定時定路線型、概ね8時間運行/1台・1日、年間約2万km、4往復以上/日、自家用有償運送、原則11人以上の車両、交通不便地域が概ね25％以上含まれる。また、既存バス路線との競合を避けている。

・地域の合意を得て、地域バス運営協議会を立ち上げ、市へ申請、地域公共交通会議での合意が得られれば、運行事業者を選定して、乗合バス事業の許可（道路運送法第4条）を得る、車両は市が調達・無償貸与。

・運行経費の90％を上限に市が補助した試験運行（1年間）後、1年間の本格運行。
　運行経費の80％を上限として市が補助、ガイドライン策定当初は市街化調整区域
　の場合85％を上限としていた。

・本格運行の開始6か月経過後、その利用状況や運賃収入と協賛金等が市の補助の
　上限が運行経費の80％であるため、最低20％は地域負担が可能か等について、基
　本的には運営協議会が判断する。例えば、市の予算が確保されない、利用者が極
　端に少ない等の理由で運賃収入が運行経費の10％を切る場合、運行継続は不可と
　なる。

・目標値として収支率50％を目指す（2014年度運賃収入は20％近い（住民の乗車運
　動等）。

・**徳島**

　人口約26万人、財政規模約900億円、財政力指数0.80

　鉄道はJR四国のみ。

　市営と民営バスが共存。当該民営バスは、採算性の高い本四連絡橋明石・鳴門ルー
トの高速バスを運行し、その収益により体力・競争力がある一方、市営バスは赤字
が大きく、その利用人員はピーク時（1966）の約1/9、一般会計からの繰入額は6億～
7億円と言われる。また、公営企業改革の一環として、民営バス並みに費用を改善
しても赤字になる路線・民営バスとの競合路線等を、民営バス会社に赤字補助を前
提に運行委託している。これが12路線あり、結果的に完全廃止はされてない。この
うち、市交通局の運行6路線、他の4路線も移行対象路線であり、残るは2路線、最
終的には、市営バスが廃止されるのではないかと予想。市営バス改革が焦眉の急と
なっており、県内の他市（小松島市、鳴門市）も市営バス廃止の流れである。

　まず、2010年に策定した「地域公共交通総合連携計画」において、収支率等を基
準に、市営バス路線のうち、民営バス並みの費用でも採算が取れない路線を中心に
して、民営バスに運行委託（赤字分を一般会計が補塡）する考えを示し実施した（7
路線）が、さらに収支改善を進めるため、2014年、民営バスへの運行委託路線の選
定基準として、民営バスとの競合等を追加して、民営バスへの運行委託路線数の増
加等を内容とする「地域公共交通総合連携計画」に見直しを行った。

　その考え方は、以下の通り。

・引き続き市交通局が運行する「公営企業路線」と、大幅に経常経費を削減しても
　収益改善見込みのない「移行対象路線」に選別し、緊急度に合わせて3分類（「移
　行対象路線」は「公営企業路線」に比べ、経常赤字が走行キロ当たり2割大）。

移行対象路線（県内他市公営バス費用368円/kmまで改善しても赤字の路線）

A　民営並み費用270円/kmまで改善しても赤字の路線

B　民営並みなら黒字化、乗車密度が市営バスの平均7.6人未満の路線

C　　　　　〃　　　　　　　　〃　　　　　以上　　〃

・2013年度までの取組み

　・川内・宮島線、天の原西・一宮・17号線、不動・大神子線を民間に運行委託（2011年10月〜、運行委託は入札制、市が赤字全額補填）、川内・宮島線を合わせて川内循環線新設）等、これにより赤字額（補助額）約8,000万円減

・2014年10月、渋野・五滝線を民間に運行委託

・2015年4月、中央循環・南部循環・山城線を民間に運行委託

・2016年4月、市原・島田石橋線を民間に運行委託

　以上、合計13路線が民間に運行委託された。

・上記2014年の見直しにより、民営バスとの競合性等の基準でさらに運行委託を推進、その結果、委託路線数は当初9→17/20→19（全20路線のうち、1路線は統合された）。具体的には、ABC各2、1、1路線の運行委託がなされ、残る市営バスの運行は2路線になった。

　市内在住70歳以上に「市営バス無料パス（運行委託後も利用可能）」を発行しているが、民営バスは独自に65歳以上高割引率定期券を発行している。

　中山間地域に地元運行協議会運営の「乗合タクシー」1路線（市が一部補助）。

・高知

　人口約34万人、財政規模約1,500億円、財政力指数0.54

　高齢化・人口減少は全国平均より約10年早い。

　周辺8市町村からの通勤・通学客が多い。

　JR四国（鉄道）・とさでん交通（鉄道・軌道）が東西方向にあるが、南北方向はバスのみ。

　郊外部31路線が補助対象路線（中山間地域は30路線中30、田園地域は1路線）。路線廃止にあたり、生活路線として必要なものは行政の委託運行。これは、民営バス会社等と協定を締結し補助を約束、または協定はないが赤字補助することが前提となったが、結果的に完全廃止はされていない。2億円弱/年の市の補助金（2011年度・生活バス路線運行維持補助金8,800万円、廃止代替バス運行費補助6,100万円、2013年度・生活バス路線運行維持補助金1万800万円、廃止代替バス運行費補助6,300万円と急増）だが、維持が困難になりつつある。

　中山間地2地域（旧合併村）において、赤字分全額を市が補助する「乗合タクシー」（11人未満の車両）各1台を運行しており、2013年10月から「愛あい号」「かわせみ号」を本格運行（田園地域は未実施）。

　中山間地域における地域交通は、市役所分庁舎周辺に支線（高知市中心部からの廃止路線代替バス）と地域内線との「乗換ポイント」を置き、路線型定期運行、1便/h程度、11人以上車両の「支線」充実、デマンド型11人未満車両の「地域内線」導入（鏡地域、土佐山地域）という考え方である。

　田園地域においても地域交通の導入を目指すとしている（高知市内の都市幹線・支線と地域内線の「乗換ポイント」を設けて、地域内線は東ゾーン、西ゾーンの2ゾーンに分け、循環型路線を定期運行、東ゾーンは11人以上車両、西ゾーンは11人未満車両を導入。

　中心部は放射状路線、プラス型ネットワークによる分散型ターミナル（4か所「基点」）、乗合バス、定時定路線型、郊外部は乗換拠点として70か所の「基点」を設ける、周辺部・過疎地帯はデマンド型乗合タクシー、定時定路線型で乗換拠点70か所を「基点」にして、デマンド型乗合タクシーのエリアを拡大する方向（すなわち、「乗換前提」とする地域公共交通を目指している「地域公共交通総合連携計画」（2011）を改定し、「地域公共交通網形成計画」（2016））に。

　2015年4月、土佐電気軌道、高知県交通が共同・新設・分割され、「とさでん交通」として再生した。

・**長崎**

　人口約43万人、財政規模約2,200億円、財政力指数0.54

　高齢化・人口減少が著しく、全国平均より約10年早く、2025年には5〜74歳が対2010年比17％以上減少する（全国平均は2035年で約21％減少）。

　山坂が多く、島しょ部もあることから、公共交通分担率が高い、人口密度は1,067人/km²と高い。JR九州のほか、民営の路面電車が中心部を運行、バスは民営と県営、全国的に見ても競争力のある民営会社で、県営で維持できなかった路線も運賃を引き下げて運行（県営バスは当該地区から撤退）、路線バスへの赤字補助はない。

　民営バスが運行しない島しょ部・中山間地域等においては、以下の通り。

・「コミュニティバス」8路線

　定時定路線型で、市が運営し、バス・タクシー会社に運行委託、赤字分全額補助
　路線により異なる運賃体系（対キロ、島しょ部は100円均一）
　運行エリアは合併前の町村地区

- ・「デマンド交通」1地区

  市が運営し、タクシー会社に運行委託、赤字分全額補助

  運賃は300円均一

  運行エリアは合併前の町村地区

  市のHP上はコミュニティバスに分類

- ・「乗合タクシー」5路線

  路線定期型で、市が運営し、タクシー会社に運行委託、赤字分全額補助

  運賃は200円均一

  運行エリアは合併前の長崎市地区

  民営バス会社が運行費補助を受けていないため、路線を維持しない場合、必要な
  ら市が赤字全額補助のコミュニティバス、乗合タクシーを運行するという民の担当
  分野と公の担当分野に関する明快な棲み分けが確立されている。どれだけの路線を
  維持するかは、路線の赤字額と財政力（公費負担力）とのバランスで決まる。生活
  交通へ市の関与の仕方は多く抱える島しょ部に対する施策とのバランスも考慮して
  いると考えられる。

- ・高齢者福祉政策の観点から、市内電車・バス共通利用券を市内在住70歳以上の人
  に交付（約5,000円/年程度）

Bグループ──盛岡、山形、前橋、富山、福井、甲府、長野、岐阜、津、鳥取、松江、山口、高松、松山、佐賀、宮崎、鹿児島

・盛岡

人口約30万人、財政規模約1,100億円、財政力指数0.66

人口規模（約30万人）・面積（約800km²強）、豪雪地帯等と青森、秋田と大差ないが、
岩手県内人口の盛岡市への集中度も高く、高齢化・人口減少が相対的に遅い、大学
を除き、ほとんどの主要施設が市内の中心部に残っているが、盛岡駅にも近い市内
中心部の医大病院が約10km離れた郊外に移転することが懸念材料。

- ・鉄道はJR東日本「いわて銀河鉄道」（東北新幹線並行在来線第3セクター会社）。
- ・バス事業者が3社で競争が激しく、都心循環バス「でんでんむし」がある。これは、
  民営バス1社（運賃100円、昼間運行）で、乗客が多く買い物客も多数利用され、
  老人が立って乗車する姿も見られる。
- ・市内中心部はまだ活気があり、地元百貨店の利用客も多い。
- ・中山間地域でスクールバスを活用。
- ・「ゾーンバス」を実施。JR盛岡駅から郊外の大規模団地間など、一部地域（松園）

では成功した。これはバス専用レーン（「基幹バス」）に加え、ミニターミナルの整備で効果が上がったためだが、市は専用レーンだけでは成功しないと自己評価している。また、「ゾーンバス」の費用約16億円中、市が6億円負担している。他に、コミュニティバスなどはないが、山間部のスクールバス・患者輸送車両への混乗を認める「行政バス」を活用している。

・高齢者福祉対策として、「お出かけパス」（70歳以上、居住地から市内中心部へのアクセスに限り、乗り放題（全路線バス対象）、利用者負担は5,400円/半年。

・山形

　人口約25万人、財政規模約900億円、財政力指数0.74

　人口構成は全国平均より約10年早いが、人口減少は全国平均並み。

　人口規模（約25万人）は、北東北3市と大きく違わないが、県内での集中が高く、平成の大合併はない。鉄道はJR東日本のみ。民営バス1社に運営費補助する。他は以下の通り。

・「コミュニティバス」1路線（平日2〜3便）。

・「地域交流バス」1路線（週1便）「コミュニティバス」とともに路線バス廃止後、運賃は地区内のみ200円、地区と中心部等300円、バス会社に運行委託、赤字分全額補助（負担金）。

・路線バス廃止後は、地域住民の自主運行デマンド乗合タクシー「スマイルグリーン」（週2便）への一部補助。

・「中心部循環100円コミュニティバス」1路線（市の商工会議所が運営）

・バスサービスに関して、市内を中心市街地、公共交通利用圏、地域生活交通圏と路線バス以外の生活交通が必要になるエリアに三分し、それぞれの目標を設定している。中心市街地から放射状に延びるバス路線に対して、交通軸（午前7〜8時の1時間に2本以上のバスサービス）、準交通軸（1時間に1本以上のバスサービス）を設定して育成を図る。なお、市内西部には交通軸は現在ない。

・福祉対策としての老人パスなどはない。

　さらに、2011年路線バス撤退に伴い「コミュニティバス」が1路線（西部循環線、運賃はエリア内100円、エリアを超えると200円）増加。今後も公共交通の衰退が見込まれることから、「地域公共交通網形成計画」（2016.3、計画期間は2016〜2020年度の5年間）を策定、「やまがた公共交通サービス向上宣言」を出し、従来以上に、まちづくりと連動した交通施策を推進している。

・前橋

人口約38万人、財政規模約1,400億円、財政力指数0.76

高齢化・人口減少は全国平均より数年早い。

鉄道（JR東日本、上毛電鉄）、民営バス6社。

バス路線を行政関与（補助）の観点から、自主路線、委託運行、コミュニティ交通に3分している。

・「自主路線」は、民営バス事業者が独立採算で運行している。

・生活交通のため「委託運行バス」（市が赤字分全額補助）をバス会社に運行委託コミュニティ交通として整理されているのは、以下の通り。

　・中心市街地活性化のため、市内中心部循環バス（「マイバス」運賃100円、所要時間約1時間、4ルート）

　・「街なか回遊バス」2ルート、週末のみ、運賃150円

　・巡回バス「るんるんバス」（2009年に合併した旧富士見村で定時定路線運行されていたものを継承し、1年間試行後、2013年11月バス停からバス停へのデマンド型乗合ジャンボタクシーに、運賃210円、バス停数約150か所）

　・巡回バス「ふるさとバス」は、2004年に合併した3地区において、2007年からバス停からバス停へのデマンド型乗合ジャンボタクシー、運賃210円、バス停数は約240か所。なお、同地区で合併前に定時定路線6路線であったものが2路線に減少した（1路線は休止扱い）、残る1路線は朝一便で、需要が少ないため休止の可能性が大きい。

・バス関係補助金3億円（福祉関係を除く）。

・群馬県内全域で、県内在住65歳以上の高齢者を対象に敬老共通パスカード（実質割引率30％以上）。

・富山

人口約42万人、財政規模約1,600億円、財政力指数0.77

高齢化・人口減少は全国平均より約5年早い。2007年に富山市中心市街地活性化計画が認定（第1号）され、「お団子と串」という、ユニークな公共交通機関優遇策を都市政策として講じている。市内の路面電車・鉄道・バス等公共交通機関の幹線を「串」、その駅・バス停及び周辺を「団子」に見立てて、そのエリアに居住人口を集める戦略である。

「公共交通沿線居住推進事業」として、以下の条件に該当すると市の補助が出る。鉄道駅から半径500m、高運行頻度バス路線（概ね60回以上/日）のバス停から半径

300mの用途地域決定済みの用地に住宅を取得・建設する場合である。

　LRT整備に熱心で、旧国鉄線の廃止路線をLRT化し、市内中心部で既存民営路面電車を数百m延伸して環状化を図ったほか、北陸新幹線（高架）金沢延伸（2015）に伴い、新幹線下をくぐる2つのLRT路線（富山地方鉄道の運行路線と第3セクターのライトレールの運行路線）を接続する計画で建設中。

　JR西日本、富山地方鉄道、ライトレール、民営バス2社（親子関係）。

　広域合併のため、旧町村時代からのものも含め、生活交通に関して各種メニューがある。

・「市営コミュニティバス」4地区5路線（合併した旧町村のエリア、バス会社へ運行委託1地区（赤字分は全額補塡）・市自家用車有償3地区）。

・「地域自主運行コミュニティバス」4地区（地元協議会が運営、市は運行費補助9/20を上限・車両無償貸与等、バス会社に運行委託）。

・「乗合タクシー」は、大沢野地域在住、70歳以上、または、65歳以上の高齢者世帯で交通移動が不便な人に限定で「シルバータクシー利用証」配布、予約型、運賃300円、市運営、タクシー会社と3年間契約、（入札）運行委託で実質補助（精算条項ない）。

・「まいどはやバス」は、民間会社「まちづくりとやま」が運営するコミュニティバス、中心市街地循環、運賃100円、昼間運行。

・「フィーダーバス」2路線は、富山ライトレール（旧富山港線）の整備時に撤退したバス路線に富山ライトレール会社（市等出資）が運営・運行するライトレールとの接続路線というコミュニティバス。

・パス式敬老乗車券は、市内在住65歳以上の高齢者へ配布、9:00～17:00運行、市内各地から中心部へ運賃100円（負担金1,000円/人）。

・福井

　人口約27万人、財政規模約1,400億円、財政力指数0.83

　高齢化・人口減少が進み、全国平均より数年以上早い。北陸新幹線敦賀延伸工事が行われているが、2016年12月敦賀以西、小浜を経由し、京都、大阪へのルートが決定された。

　JR西日本、福井鉄道、えちぜん鉄道、民営バス4社（うち1社は第3セクターで地元商店街が中心の「まちづくり福井」）。

・中心市街地活性化のためコミュニティバス「すまいる号」循環4ルート（運賃100円、第3セクター運営・運行は民営バス事業者に委託）。

- 「地域コミュニティバス」6路線（定時定路線（運賃100〜200円、バス・ジャンボタクシー）・デマンド（運賃200〜300円、ジャンボタクシー・セダンタクシー）、NPO等運営協議会が運営・市が欠損補助（10/10、補助上限は定時定路線型800万円、デマンド型600万円）。
- 「乗合タクシー」2地区（運賃200円、ジャンボタクシー、市欠損補助）。
- 「地域バス」（市運営自家用有償運送・スクールバス等活用）旧合併町村地域3地域6ルート（運賃100円）。
- バス、乗合タクシー事業者への運行費補助は約1億3,900万円/年（うち、乗合タクシー（上記）は約1,100万円）。
- 福祉政策としての「高齢者パス」の制度はない。

- **甲府**

  人口約19万人、財政規模約700億円、財政力指数0.76

  山梨県内人口の集中度が比較的高く、高齢化・人口減少ともに全国平均並み。

  JR東日本、民営バス3社（うち2社は親子会社）。
- コミュニティバス、デマンド交通等はない。約5〜10年前に実証実験を実施したが、需要がなく本格運行しなかった。現在、コミュニティバスは北南の循環バス2ルート、デマンド交通はJR甲府駅にあまり遠くないが、坂の地域。
- 「廃止代替バス」4路線あり、バス会社等に運行委託（年度末精算で赤字はない）。
- 2015年2月、昇仙峡の宮本地区住民を対象に「デマンド型無償運送」の実証実験、2015年4月以降「市運営自家用有償運送（デマンド型）」へ移行（一部は廃止代替路線と重複）。

  JR中央線は特急列車もあまり速くなく、豪雨等の自然災害にも弱く、運休も少なくなかったが、リニア建設が始まり新駅が設置されることから市民の期待が集まる。

- **長野**

  人口約38万人、財政規模約1,600億円、財政力指数0.68

  JR東日本、しなの鉄道（新幹線の並行在来線を第3セクター化の長野市内の「北しなの線」、なお、軽井沢〜篠ノ井間は「しなの線」）、長野電鉄（長野駅付近は地下区間）、民営バス2社。

  2014年1月「市公共交通ビジョン」を策定したが、2015年3月北陸新幹線金沢延伸等（北陸方面からの訪問客も期待）から、2015年4月同ビジョンを改定した。

  非常に広大な市域（約835km^2）を持ち（2005年及び2012年の広域市町村合併が原

因)、「一房の葡萄」の大きさ(需要)の違う「粒」(居住・活動拠点)に、どのような「枝」(交通手段)で栄養を送るか(市内交通の自動車分担率は約7割、公共交通は約6%)という発想である。

　まちの中心であるJR長野駅(長野電鉄駅も地下にある)からの放射状路線は「民間路線バス」、鉄道駅周辺は「コミュニティバス(行政主体)」、中山間・交通空白地域は「市バス」「乗合タクシー」で定時定路線・デマンド運行(行政主体)という交通手段で、人口の約85%をカバー(バス停から300m等)することを目標とし、交通空白地域での移動手段確保策を見直し、利用実態の検証、空白地域の範囲(広さ)といった必要性を把握する。また、基準は地域公共交通会議で運行継続の基準を設定し、運行継続基準に満たない場合は、地域住民(団体)主体で運行方法を検討・決定し、地域や企業が応援経費を負担する等、さまざまな手法を行政等がサポートして選択するという考え方を公表している。

　公共交通は「自分や地域の問題」との意識に変わる必要であり、これまでの意識では維持・確保ができなくなるとの認識から、バス会社の欠損を年間約1.5億円と想定し、市民に「あと2回乗車」を期待している。市が片道無料券2枚/人を配布し、バス会社の欠損分の半分は利用者、半分は市(民)の税金で補塡する。

　路線バス補助4路線のほか。

・「循環バス」4地区あり、中心市街地循環「ぐるりん号」1路線(運賃150円均一)、地域循環コミュニティバス「東北ぐるりん号」(運賃200円均一)、「篠ノ井ぐるりん号」(運賃200円均一)、「茶臼山動物園線(ZOOぐる)」(運賃150円均一)。いずれも民営バス事業者に委託、想定赤字分全額補助、年約3,000万円補助。

・鉄道・路線バスの「廃止代替バス」8路線ある。うち、7路線は民営バス事業者、1路線は鉄道事業者が運行していたが、当該不採算でバスまたは鉄道を撤退する状況になった際、廃止鉄道路線1路線は沿線三市が生活路線として必要と判断して事業者と協定を結び、市の補助要綱に基づき、想定運行経常損失の全額補助をすることとなっている。運行事業者は従前と同じ場合が多く、運賃もまた従前と同額。年約9,000万円の補助があり、運賃は廃止前と同額。

・「委託バス」4路線(一部補助、年450万円)。

・「市営バス」7地区26路線ある。合併前の旧町村バスを継承、うち「スクールバス混乗」4路線を含む。2005年1月に1町3村、さらに2010年1月には1町1村との合併に伴い、合併協議書に明記して旧町村で運行されていた「町村営バス」を「市バス」として継続運行。これはバス・タクシー会社に運行業務委託している。運賃は1路線が廃止代替バスと競合区間があるため当該区間は対距離制、それ以外200

円均一。車両はマイクロバス、ワゴン)、年約1億円を市が負担。

・「乗合タクシー」10路線あり、ジャンボタクシー、運賃200円均一、赤字分全額補助(年約1,400万円)。

・「中山間地域のデマンド乗合タクシー」6地区・赤字分全額補助(1,400万円)(普通タクシー、運賃200円均一)。

・「お出かけパスポート」これは市内在住70歳以上、運賃100円で運行。市町村合併に際し、「お出かけパスポート」が長野市全域で使用可能であることが周辺自治体(住民)にとって、合併賛成への大きな要素になったが、そのための市負担は年1.4億円。

鉄道・バス(民営、市営)・スクールバス・お出かけパスポート等を含む交通施策関係全体で、一般会計歳出の約0.8%(0.77%)、年約12億円に達する。青森市ほどではないが相当に大きい市民負担となっているので、市当局も市(民)負担も限界が近いと感じている。

・岐阜

人口約42万人、財政規模約1,600億円、財政力指数0.80

JR東海、名鉄の鉄道会社の鉄道会社のほか、バスは2004年度末、岐阜市交通部・名鉄バスから全路線譲渡により、市営バスは廃止され、岐阜乗合自動車1社のみが運行。

公共交通を軸にしたまちづくりに積極的で、「地域公共交通総合連携計画」(2013.8)によると、岐阜市交通部及び名鉄バスの路線譲渡によって、岐阜乗合自動車1社が運行、市内に起終点を持つバス路線の6~7割が赤字運行、赤字補助額は概ね年1億円で推移。赤字補助対象路線は郊外団地との路線、旧市営バスからの譲渡路線が主である。

2002年度以降、種々の取組みにより、路線バス利用者の減少に歯止めがかかり、2007年度以降微増に転じている。

・「幹線」「支線」「コミュニティバス」等が連携したバスネットワークの確立が目標。

　・幹線は8放射を基本、強化策としてBRTの導入を推進、支線区間は地域のニーズに応じた運行、必要に応じ直接幹線からの乗り入れを行う。

　・幹線の運行間隔は早朝・深夜を除き終日10分以内、広域幹線はピーク時20km/h以上(市内市街地を概ね30分以内)、所要時間変動係数を15%以内。

　・支線の運行間隔は毎時1本、幹線との円滑な乗継(原則10分以内)可能なダイヤ。

　・「地域運営協議会が運営、事業者に運行委託(市一部補助)のコミュニティバス」

は2006年度に初めて導入、地区数、利用者数ともに年々増加して、現在18地区（1地区を除き運賃100円、高齢者は2割引）、市の赤字補助額1億円弱、小学校校区50校区中39校区で導入を目指す、路線バス・コミュニティバスによる日常生活の移動カバー率は現在約85％で、96％を目指す。

・都心型「循環コミュニティバス」3路線。市が運営、運行委託はバス会社2路線、タクシー会社1路線。
・高齢者用「お出かけバスカード」市内在住70歳以上、3,000円/年・2割引カードを1回のみ交付（チャージ後・2割引）。

BRTが市内中心部の「基幹的交通」の役割を果たしている。「拠点ターミナル」をJR岐阜駅前、「サブのトランジットセンター」は方面別に複数設け、支線への乗換に資する等「乗換ターミナル」を整備に力を入れるため、「岐阜市地域公共交通網形成計画」を策定（2015.3）、さらに、この「地域公共交通網形成計画」を実現するため、「地域公共交通再編実施計画」を策定し、本邦初の国土交通大臣認定を受けた（2015.8）。

「地域公共交通網形成計画」の内容は、以下の通り。

・公共交通カバー率を鉄道駅から1km、路線バス停から500m、コミュニティバス停から300mとして、96.3％を目指す。
・岐阜駅以北では岐阜駅を中心に放射状の路線、利用者が多く、鉄道のフィーダーの役割を果たしているが、岐阜駅以南では利用者も少ない。
・全体ではバス路線の約6割が赤字路線。
・幹線バス路線上に人口の56％が居住。
・幹線バスにはBRTの導入等、支線バス、コミュニティバスと組み合わせたネットワークの形成を目指す。
・バスの路線再編を実施し、幹線バスの起終点にトランジットセンターを設け、公共交通軸沿線・拠点バス停とともに都市機能を誘導する。
・このように、生活交通分野は「市民協働手づくりコミュニティバス」を重視する政策と生活交通に関して地域住民に負担と責任を求め、地域運営協議会が運営し、事業者に運行委託（市が一部補助）する方式を推進している。「コミュニティバス」は18路線あり、1地区を除き運賃100円・高齢者2割引、赤字補助計1億円弱、小学校校区50校区中39校区で導入を目指しすでに達成した。

・津
　人口約28万人、財政規模約1,000億円、財政力指数0.74

鉄道はJR東海、近鉄、伊勢鉄道、民営バスは三重交通1社。

・廃止代替バス「津市自主運行バス」8路線あり、市運営・バス等会社に運行委託、「津市コミュニティバス」との整合性を図る必要がある。

・中心市街地をNPO法人「バスネット津」運営「コミュニティバス」（運賃100円、2004年から運行）。近くに民営バス路線があり市運営ができず、当該、民営バス会社も運営を引き受けなかった。だが、住民、商店街、病院等が中心になり、市の補助を得て運営、地元バス会社である三重交通に運行委託している。

・市運営「津市コミュニティバス」が8地域ある（運賃200円（一部対距離））。広域合併時、「3年をかけて検討する」との協議書に基づき検討の結果、整合性の取れた形で2010年継承運行開始。6地域だったが新たに2地域増えた。広域合併のため、従来からある「津市コミュニティバス」との整合性を図る必要があると言われている。

　・白山地域（3ルート）は合併前白山町「町民バス」（運賃250円、1986年〜）。

　・河芸地域（2ルート）は合併前河芸町「町民バス「スマイルGO」」（無償、2004年〜）。

　・芸濃地域（4巡回ルート）は合併前芸濃町「町民バス」（運賃100円、2003年〜）。

　・美里地域（2ルート）は合併前美里村「村民バス」（運賃100円、2003年〜）。

　・安濃地域（4ルート）は市町合併前安濃町「巡回バス」（無償）。

　・美杉地域（往復1ルート）は合併前美里村「村民バス」（対距離制、1992年〜）。2006年合併後も同じ運賃体系（運賃200〜700円）で運行。

　・久居地域（5ルート）は合併前久居市が無償の「福祉バス」で運営してきたため、それを当面継続。

　・一志地域（2ルート）は町運営。また、「デマンドタクシー」は、交通空白地域で登録住民、自宅と指定施設までという条件で運行委託（運賃200円、タクシー）。

　運行主体は、久居、河芸、芸濃、安濃の4地域は市運営自家用有償運送をしている。白山、美里、美杉の3地域は路線バス会社、一志は貸切バス会社（運行委託・道路運送法第4条）。

・「乗合タクシー」3地区で、地域主体で運営しタクシー会社に運行委託し、市が一部補助、（運賃300円、登録地区住民利用）。うち1地区はワゴンタクシーで高松山団地住民が中心に運営（毎週2.5日、1.5往復）。他2地区は普通タクシー（週1日・1.5往復）。

　2015年度から交通空白2地区で、地元自治会が運営する乗合タクシーを、市が一部補助してタクシー会社に運行委託している（運賃300円/乗車）。運行開始、週1日。市は交通空白地区で住民が希望する場合は、同様の方式を導入する考えを「地域公

共交通網形成計画」（2015）で明らかにしている。

・鳥取

人口約19万人、財政規模約1,000億円、財政力指数0.51

鉄道はJR西日本のみ、民営バス2社。高齢化・人口減少等から利用者数が大幅減少、かつては、民営バス2社が激しい競争を行っていた。

・市内中心部活性化のため市内循環バス「くる梨」3ルートある。運営・民営バスに運行委託（運賃100円、市の負担は年約3,000万円）。

・「気高循環バス」4ルートで、気高町内を運行。市運営自家用有償運送（29人乗り車両）で、運行業務を民営バスに委託している（運賃200円、市負担1,200万円）。市福祉バス、民営バス廃止代替路線などで運行。

・NPO等法人運営の過疎地自家用有償運送2地区にある。福部地区は「らっちゃんバス」・社会福祉協議会が運営している。また、「ふるさとバス」はNPO法人OMUが運営しており、大郷・御熊・中海中地区にて運行。これには市が経常赤字一部補助している。

歯止めのきかない公共交通利用者減少、移動手段を公共交通に依存する人への対応、交通事業者を取り巻く厳しい経営環境、行政負担額の増加等の状況に対処する「地域公共交通総合連携計画」（2009策定・2011改定）の中で、以下を推進してきた。

・役割に応じたバス路線に再編成する。JR鳥取駅から放射状に延びる現行の乗合バス路線の主要拠点を連絡する「幹線系」と主要拠点から周辺地域・集落までの地域内サービスを担う「支線系」に再編成。これとともに、移動ニーズに応じた路線の再編・新設。

・NPO等法人運営する公共交通空白地自家用有償運送の導入を支援。現在上記2地区地域の自発的な取組みによる新しい移動手段の確保として、既存のタクシー会社やその車両を利用した乗合タクシー等がある。

さらに、高齢化・人口減少の著しい鳥取市内の南部地域に特化した「南部地域新総合公共交通計画」を策定（2012.3）。

・「幹線系」　6:00〜21:00運行、10〜15分間隔の運行、朝夕を中心に急行便等を運行、運賃は現行と同じ対距離を採用するとともに、乗継拠点を整備し、支線系などとの接続を図る。

・「支線系」　住民とともにルート等を策定。小中学校の通学便は現行と同じ、それ以外はできるだけ運行回数を減少し、車両サイズも縮小する。交通空白地域*を最大限減らすため、デマンド型乗合タクシーの区域運行で、運賃一律200円（幹

線と乗継割引100円）。

　＊交通空白地域；鉄道駅・バス停から400m以上離れた地域
・「予想収支」赤字額が幹線系約8,000万円減、支線系約3,000万円減、収支改善は利用者増による。
・また、市内全域で乗合バスの撤退後、「代替タクシー」で当該路線に乗合タクシーを運行する場合、経常損失を全額補助する施策、小中学校の遠距離通学を余儀なくされる家庭に公共交通利用の場合は定期券補助（少額の自己負担）、自家用車の場合はガソリン料金補助（16円/km）する施策がある。
・高齢者福祉対策として、高齢者（65歳以上、70・75歳以上で定期券代が違う）対象の割引定期券（約3割引）の施策を講じている。

・松江

　人口約21万人、財政規模約1,000億円、財政力指数0.55（島根県0.22　全国一低い）高齢化・人口減少は全国平均より約10年早い。

　鉄道はJR西日本、一畑電鉄、市営・民営バス各1社（高齢化・人口減少などから利用者が大幅減少）。

　現状、公共交通である路線バス、郊外のコミュニティバスの利便性維持・向上（市営バス、一畑バスの競合路線の再編成を含む）のため、利用促進と過度な自家用車利用の抑制（「地域公共交通連携計画」(2010)）を図る。具体的な目標として、人口2%減に対して、利用者10%減/5年が見込まれるが、現状維持を目指す、バスサービス満足度70%を目指している。

・「コミュニティバス」13地区あり、広域合併前の旧町村8地区（合併前は町村営バス）、旧松江市内の交通空白地帯5地区となる。13地区のうち「デマンド型乗合タクシー」路線は、旧松江市内2地区、地区協議会が運営主体、運賃200円（うち1路線は運賃300円）、最低2人乗車を目標、バス・タクシー事業者に運行委託、13地区のうち、事業者運行委託で市全額赤字補助は8地区（＋1地区の一部路線）、「市運営自家用有償運送」4地区（旧合併町村4地区＋1地区の一部路線（旧美保関町営バス継承が最も赤字額大、全体の約半分、数千万円））。
・「松江だんだんバス」市内在住65歳以上の高齢者が対象で、市営バスのみ利用可能、利用者負担は5,000円/月・2万円/半年等、一畑電鉄バス利用者が「共通バスカード」を使用し市営バスに乗車した場合、運賃が100円割引。
・バス運行に係る市一般会計負担（民営事業者補助、市営への繰入、コミュニティバス、スクールバス、高齢者・障害者・通学割引）計7.5億円（2014）。

・山口

人口約20万人、財政規模約800億円、財政力指数0.65

高齢化・人口減少は全国平均より約5年早い。

鉄道はJR西日本のみ、民営バス4社で、最大事業者の防長交通は1999年、市交通局の路線を全部継承。

・市運営「コミュニティバス」が交通空白地域に2ルートがあり、吉敷・湯田ルート、大内ルート、1時間ごと、運賃200円、防長交通に運行委託している（全額赤字補助）。

・旧合併2町（阿東・徳地地区）において、町営バスが運行されていたが、合併に伴う市民の足を守るため、市運営の「生活バス」として運行されている（阿東・徳地地区）、市運営「生活バス」（阿東地区3ルートのうち、2ルートは「市運営自家用有償運送」・民営バス会社に運行を委託、1ルートは「乗合タクシー」・タクシー会社に運行委託、徳地地区のルートは民営バス会社に運行を委託し、全額赤字補塡している）。

・「コミュニティタクシー」8地域あり、地域住民主体コミュニティタクシー推進協議会等が運営・運行はタクシー会社に委託している（赤字は一部市負担）。

・「グループタクシー利用券の交付」しており、以下の要件をすべて満たす場合は、年間60枚/人「タクシー利用券」を交付している。条件として、①4人以上のグループ、②自宅から公共交通機関・バス停等まで1km以上離れている、③65歳以上等の場合は、運賃300～700円とする。金額に幅があるのは、自宅からの対距離のため。

・「高齢者優待バス乗車証」市内在住70歳以上、運賃全線100円。

・高松

人口約42万人、財政規模約1,600億円、財政力指数0.80

高齢化・人口減少は全国平均より約5年早い。

JR四国、民営路面電車、民営バス3社（うち1社がほぼ独占）。

・「コミュニティバス」3地区において、貸切バス会社に運行委託、運賃200円、合併旧町営バスを継承、「最低限度運行」（週3日、1日3往復）は3割、それ以上の頻度の運行部分は5割の地元負担を前提に、残る赤字分は市が補助。

・「まちバス」1地区で、高松市最大の中心市街地を活性化する目的で、丸亀町商店街振興組合がバス会社に運行委託している（運賃100円）。

・「香川シャトル」（香川・香南町、運賃は対距離制）2011年度に市が実証実験した後、バス会社が自主運行で継続し、市は赤字分をほぼ全額補助している。

・「太田駅サンメッセ」（運賃100円）、「県立病院」（運賃100円）は、鉄道駅からのフィー

ダー輸送に資するルートとして自主運行するバス事業者に、市が運行経費の9/20を上限に補助している。

・「乗合タクシー」2地区で、地元自治会・協議会が運営、タクシー会社運行委託、市が一部補助している（運賃300円）。自治会が運営する「どんぐり号」は山田地区、また、地元協議会が運営する「はくちょう号」は高松西部（弦打）地区を運行。

まちづくりと公共交通利用促進策に関して一貫した取組みがなされており、「第5次総合計画」（2008.2）及びそれに続く「都市計画マスタープラン」（2008.12）で「多核連携型コンパクト・エコシティ」形成を目指すとしていたが、香川県の財政難等から県知事の琴平電鉄連続立体交差事業中止表明（2010.3）を受けて、「総合都市交通計画」（2010.11）を策定し、また、「公共交通利用促進条例」（2013.9）を制定した。

さらに、香川県が断念した琴平電鉄連続立体交差事業を市が推進すべく「地域公共交通網形成計画」（2015.3）、「地域公共交通再編実施計画」（2016.3）を策定し、琴平電鉄連続立体交差に伴い整備される新駅等の公共交通結節拠点整備し、近畿圏への高速バス路線整備及び結節点整備に伴うバス路線再編を打ち出した。バス路線再編の実現には関係者の合意等に長時間を要することが予想されるため、地域公共交通再編実施計画の大臣認定を受けると得られる補助金は、認定後の5年間に限られるという問題から先送りしている。

また、2016年度に「公共施設再編整備計画」の策定及び「立地適正化計画」の策定を予定している。これと公共インフラと交通がパラレルに検討されている。

・松山

人口約52万人、財政規模約1,800億円、財政力指数0.69

高齢化・人口減少は、全国平均。

JR四国、路面電車、バスは5社が市内を運行する（うち、1社は中島島内のみ運行）が、ほぼ伊予鉄道の独占（ガリバー的事業者で黒字、当該会社にお任せに近い状態にある、一部の赤字路線に国・県とともに補助で対応）。

これまで廃止代替バス、コミュニティバス等の例はなかったが、2015年4月、沖合の興居島で「NPO（社会福祉法人）運営の公共交通空白地自家用有償運送」が開始された（運転者、車両持込のボランティア）、運賃500円（1人乗車）・300円（2人乗車）・200円（3人乗車）、地域公共交通会議の地域代表メンバーとして個人タクシー事業者が参加した。

・佐賀

　人口約24万人、財政規模約900億円、財政力指数0.63

　高齢化・人口減少は、全国平均より約5年早い。

　鉄道はJR九州のみ、バスは市交通局、民営バス3社。

　都市機能集約型・地域拠点連携型の「コンパクトなまちづくり」を目指し、JR佐賀駅から放射状に延びる幹線バス網を維持しつつ、地域特性に応じたコミュニティバス等（小型バス、デマンドバス、デマンドタクシー）で地域の公共交通を守るとの考え方を「佐賀市公共交通ビジョン」（2011〜2020）で謳う。

　市交通局の経営が悪化し市民の負担が大きくなったため、「経営健全化計画」を策定、経営改善に努め、2014年11月資金不足を解消した。

・「コミュニティバス」3地域（デマンドタクシー1地域（タクシー会社に運行委託）、運賃300〜400円）。

・「富士町コミュニティバス」（市運営自家用有償運送、運賃100〜300円、富士町内を8ブロックに分け月2回運行）。

・三瀬地区「巡回バス」2ルート（合併前は村営バス、西ルートは市・東ルートはNPO法人運営自家用有償運送）。

・「高齢者ワンコインシルバーパス」（1年間有効、市内在住70歳以上対象）。

・宮崎

　人口約41万人、財政規模約1,500億円、財政力指数0.60

　全国平均より5年早い年齢構成、県内での集中度が高く、人口減は少ない。

　JR九州のほかは、バスは宮崎交通の独占。

　中山間地の生活交通のために、以下を運行している。

・北地区のコミュニティバス「あやめ号」（運賃200円）週3日運行、ジャンボタクシーにて運行協議会が運営。タクシー会社に運行委託している。

・路線バス利用が困難な高岡地区住民限定（登録制）「乗合タクシー」（運賃300〜700円、週6日運行、小型タクシー、運行協議会がタクシー会社に運行委託）。

・木花巡回バス「このはなバス」（運賃200円、17便/日、地域協議会が運営、登録住民のみ利用可能、貸切バス会社の宮崎観光バスに運行委託）（宮崎交通の廃止路線を1年弱、市の赤字補助（1/2）で廃止代替バスが運行していたが、利用客減で廃止、高齢者等の足を確保するため、「宮崎市コミュニティバス運営方針」に基づいて、2007年12月から運行開始）。

・「スクールバス」6路線（タクシー会社に運行委託）。

・高齢者福祉の観点から、市内（3か月以上）在住70歳以上の高齢者に「敬老パスカ」（乗車または降車が市内である宮崎交通を利用すると、運賃100円/回）、65〜69歳の高齢者に「悠々パス（半年）」（県内発着の宮崎交通、半年定期券購入補助2,500円＋利用時の運賃100〜500円）を配布。

　宮崎交通は、県内全域に路線を持つ県内唯一のバス会社（大会社）であったが、経営が急激に悪化して、2005年に産業再生機構及び地元有力企業など産業界の支援を受けたグループ8社の持株会社「宮交ホールディングス」の経営下に入り、支援期間中の2006年10月弁済完了。

・鹿児島

　人口約61万人、財政規模約2,500億円、財政力指数0.68

　全国平均より約5年早い年齢構成、県内での集中度が高く、人口減は少ない。

　JR九州、路面電車（市交通局）、バスは鹿児島市交通局、民営5社と会社数が多い。

・「廃止代替バス」10路線（うち8路線は交通局（継承）運行、2路線は赤字補助前提で民間事業者に運行依頼）。

・「桜島島内の廃止代替バス」1路線（交通局継承）。

・「コミュニティバス」（「あいばす」）10地区28路線（運賃150円、バス会社運行委託）。

　さらに利用者の少ない地域では、以下の通り。

・「吉野循環バス」2コース（運賃150円、バス会社に運行委託）。

・「乗合タクシー」1地区（錫山地区、デマンド型5便/日（市タクシー協会運行委託、同地区自宅から近傍団地のバス停、運賃150円、その他駅等650円）。

・市負担は交通局運行する以外の上記諸対策と運行対策費補助金で計約1.8億円/年。

・「敬老パス」（市内在住70歳以上、普通運賃の1/3、市営・民営を問わず、全公共交通機関利用可能）。

　市交通局は「経営健全化計画」を2011年度に策定した（当時の欠損額約2.5億円/年）が、利用者減少に歯止めがかからず、想定以上に欠損額が拡大したため、2014年4月改定（欠損額約4億円/年、累積欠損約45億円）、経営は非常に厳しい。

Cグループ──水戸、宇都宮、金沢、大津、大分、那覇

・水戸

　人口約27万人、財政規模約1,000億円、財政力指数0.82

　年齢構成は全国平均並みだが、人口減少は数年遅い。

　JR東日本、鹿島臨海鉄道のほか、民営バス4社。

「魅力・活力を集積型スマート・エコシティ」を目指している、市内をその性格から3つのエリアに分けている。具体的には、Ⅰ（都市核）、Ⅱ（都市核と連続した市街地）、Ⅲ（主に市街化調整地域）で、エリアごとに「まちなかのにぎわいを支える回遊性の高い公共交通（エリアⅠ）」「まちなかと交通結節点に便利に移動できる公共交通（エリアⅡ）」「まちなかと交通結節点に移動できる公共交通（エリアⅢ）」というサービスを提供できるまちづくりを目標としている。

バス路線を「幹線」と「支線」に分け、中心部に集中する路線を減らし、エリアⅢに再分配するとともに、交通結節点での乗換えも含め、再編成を検討。

・市に赤字補助制度なし、最近は廃止されたバス路線なし、コミュニティバス等ない、高齢者用バス等ない。

・特殊な例だが、廃止希望が出されていたバス路線に地元からの声もあり、2010年度から3年間社会実験、2013年度から3年間、確保維持事業（利用客が増加）として、地元の利用促進運動、沿線の水戸・那珂市の負担で維持1路線（市負担は約50万円）。

・宇都宮

人口約52万人、財政規模約1,900億円、財政力指数0.94

人口構成は比較的若く、人口減少も少なくて、遅く、全国平均より5年ほど遅い。

JR東日本、東武鉄道のほか、民営バス3社。

「ネットワーク型コンパクトシティ」を目指す都市交通戦略を策定。

非常にマイカー依存度が高く、公共交通機関のカバー率は約70％（交通空白地では約30％）、運行頻度が2便/h以下のバスは市街化区域で約4.5割に達する（公共交通不便地域）。公共交通空白地（鉄道駅から1,500m、バス停留所から250m以遠の区域と定義している）は、市の可住地面積の約62％に達し、人口の約33％（約17万人）もが居住しているとの認識から、市が目指す公共交通ネットワークとして、①基幹・幹線公共交通ネットワークの構築は鉄道・東西基幹公共交通（LRT）・主要バス路線が担う、②基幹・幹線公共交通ネットワークを補完する公共交通の整備はミニバス・地域内交通が担う、③交通結節点の機能強化による乗継円滑化、駐輪場整備等によるアクセス圏域の拡大、を挙げている。公共交通として、基幹公共交通、幹線・支線公共交通、ミニバス（循環バス、コミュニティバス）、乗合タクシー等で地域毎の特性に合ったものを選択するとの方針。

JR東日本線により市内が東西に分断されているとの認識から、JR宇都宮駅を東西にまたぐLRT整備構想がある。2016年11月に実施された市長選ではこのLRT構想推進派の市長が僅差で辛勝した。

・赤字補助（国、県、市より、全額補助ではない、市負担分4,000万円）。

・需要が見込まれるエリアで新規路線開設。

・中心市街地の循環バスの社会実験（「南循環線」（道路運送法第4条事業者が実施・補助約900万円））。

・郊外住宅の循環バス社会実験（「平松本町線」（道路運送法第4条事業者が実施・補助約900万円））。

・交通空白地帯の解消（市街地、郊外）。

・「生活交通確保プラン」（2006）に基づき、「地域内交通の導入」施策を実施。地域・事業者・市の協働、市は上限2/3補助（ほかに、車両補助40万円）。

・地域運営協議会が運営の定時定路線型乗合タクシー1路線（ジャンボタクシー1台）、「さきがけ号」（運賃150円、運賃・協賛金の合計での不足分は市補助（上限2/3））2008年8月運行開始。

・現在試験運行中を含め、地域運営協議会運営のデマンド型乗合タクシー11地域・12ルート（運賃300円・150円、運賃・協賛金によってもなお出る不足分は協議会に市補助（上限2/3）、7,000万円）。

・旧上河内町町営バスはこのデマンド型に変更されている。

・福祉パスなどはない。

・金沢

人口約47万人、財政規模約1,700億円、財政力指数0.78

平成の大合併の際、周辺市町村と合併せず、人口密度が高く、県内での集中率も高く、高齢化・人口減少ともに全国平均よりやや遅い。

2007年「金沢新交通戦略」を策定、同年施行の地域公共交通活性化再生法を受け、翌2008年に「交通まちづくり計画・地域公共交通連携計画」を策定。約420年間、一度も戦災にあわず、結果として、道路整備が限界になっており、公共交通確保の重要性が特に叫ばれるといった都市の特性等踏まえ、過度なマイカー利用から脱却することで、自動車に依存したまちから歩行者と公共交通を優先するまちづくりを目指す。

計画の骨子は市を4つのゾーンに分け（「まちなかゾーン」「内・中環状ゾーン」「外環状ゾーン」「郊外ゾーン」）、ゾーンごとに、歩行者・公共交通優先ゾーン、公共交通利便ゾーン、公共交通とマイカーの共存ゾーンを考える。住民参加も得ながら、適正規模での移動手段の維持・確保を図るゾーンと交通モードについても整理する。「まちなかゾーン」では歩行回遊ルートを設定及び「金沢ふらっとバス」の追加設定、

「内・中環状ゾーン」では環状バス運行、「外環状ゾーン」では通勤時パークアンド
ライド用の駐車場の計画的な設置、「郊外ゾーン」では維持が困難な路線について、
居住者属性・交通需要・道路環境・スクールバスや施設バスの有無など各地域特性
に応じて、地域が主体的に行うモビリティ確保の取組みも重要であり、取組団体に
対して市も支援する(情報提供・アドバイス・必要なら財政援助)。独特なものとして、
「ゾーン間連携」として公共交通重要路線の設定（鉄道、12のバス路線）、バス利便
性向上を希望する町会・学校等の団体への「金沢バストリガー方式」の公募がある。

　JR西日本（2015年北陸新幹線開業（長野～金沢）効果（国内外の観光客の増加）
が著しい）、IRいしかわ鉄道（北陸新幹線の並行在来線である北陸本線の石川県内
区間を第3セクター化）、民営バスは実質3社（うち最大の北陸鉄道がその地域子会
社5社でも運行）。

・1999年から市内中心部循環「ふらっとバス」を運営（市運営・事業者に運行委託）、
　現在、循環4ルート（運賃100円）。

・2007年に運行開始した山間部「オンデマンドバス」も2011年に民営バス会社によ
　る定時定路線化。

・2008年度地元（バスを利用する学生が多い）大学と協定を締結し、「トリガー方
　式」*の実証実験（運賃100円）を実施した（5年間）が、乗客数が目標に達せず、
　2013年度に別の方式（「フリー定期券」）で当該事業者が運行を継続。

　＊交通事業者と地域住民等の間で事前設定した採算ラインに達しなければ元に戻
　　す協定を締結し、運賃値下げや路線の新設・延長・増便等のサービス向上の諸
　　施策を導入する仕組み

・高齢者福祉パスなどはない。

・**大津**
　人口約34万人、財政規模約1,200億円、財政力指数0.79

　JR西日本湖西線等の整備・高速化（国鉄改革後）により、奈良・和歌山等に代わっ
て、急激に京阪神地域のベッドタウンになったことから、まちが若い。高齢化・人
口減少ともに全国平均より大幅に遅い。

　JR西日本、京阪電鉄の他、民営バス6社。

　廃止バス路線はないが、市内の山に近い地区で複数の路線廃止の動きがある。路
線バスの赤字補助制度はある。

・2015年度からデマンド乗合タクシーの実証実験（山間部で市の南部の上田上地区）
　「パートナー協定方式」（金沢トリガー方式と極似）を4年間試行するが成果が上

がらず、引き続きどのような形態が望ましいかを、地元協議会を中心に検討を行う予定。

・湖西線和邇駅以北の山間部で2015年度からデマンド型乗合タクシーを実証実験したが、成果が上がらず、廃止。

・高齢者福祉バスはない。

・**大分**

　人口約48万人、財政規模約1,800億円、財政力指数0.87

　JR九州のほか、民営バス2社。

　路線バスの赤字補助制度はない。

　2006年度に全路線バス事業者共通の系統番号に統一して、アルファベットと数字でわかりやすく、中心部から郊外への基幹路線、準基幹路線を設定した。

・「ふれあい交通」8地区14ルート。最寄りのバス停まで1.5km以上離れて居住している人が対象で、2人以上必要だが、バスの発停車時刻に合わせて、最寄りのバス停までデマンド型乗合タクシーが運行、利用に際しては前日までの予約制、運賃200円、原則週6便を限度（最高10便まで。毎日運行ではない）（通学用も1ルートある）、旧大分市、合併町の旧佐賀関町、旧野津原町の両方ある。タクシー協会に運行委託（協会内部で運行事業者を選定）（廃止バス路線もある）。

・バス路線廃止の動きがあると、住民に「ふれあい交通」の希望があるか調査し、地元自治会がバス会社に赤字補填をして存続する場合、当該自治会に対して、市が一部補助。

・福祉対策として「高齢者ワンコインバス乗車証」（運賃100円、市内在住65歳以上（対象113,358人・登録84,155人、委託料3億円）（以前の「共通バスカード」を交付していた市内在住70歳以上対象者を前提に試算。以前行われていた高齢者への「共通バスカード」交付に比べて、格段に市の負担が少ない、福祉予算の中では大きくない））。しかし、この施策も対象者の増加、対象高齢者が通勤に利用する等の問題が出て、現在、見直しの方向で検討中（2019.2）。

・**那覇**

　人口約32万人、財政規模約1,300億円、財政力指数0.74

　人口は横ばいから微減、高齢化率は低く、約20％、全国平均より約10〜15年遅い。全国平均2020年の年齢構成（人口減（対2010年）約3％、0〜19歳・16％、20〜64歳・55％、65〜74歳・14％、75歳以上・15％）にようやく2035年に到達（人口減は5.4％

（5〜74歳・12.1％減））、2040年に7.9％減。

　モノレールのほか、民営バス4社（うち2社は親会社が同じ100％子会社）。

　「モデル性の高い基幹的公共交通」（LRT、BRTの整備を念頭に置いている）の導入を検討するなど都市交通の混雑緩和等を主たる目標としており、多くの地方都市が抱える問題（高齢化・人口減少）は、まだ意識されていないのではないかと考えられる。交通に関する福祉対策としては、交通弱者対策、バリアフリー等がある程度。

小規模な市

・3,000〜1万人

・歌志内（北海道）

　人口約3,800人（全国で最も人口の少ない市、人口減は年約3％、2025年に対2010年比（以下同じ）約37％減、2035年約56％減（1,940人減））、高齢化率約50％（2025年約52％、2035年約53％）、財政規模約50億円、財政力指数0.11

　公債残高が約44億円に上り、ほぼ1年分の市の予算規模に匹敵する。公営住宅居住者が約5割（旧炭鉱町で炭鉱夫用住宅、かつては鉱山会社所有だったが、1998年空知炭鉱が閉山し、会社が市に譲渡して公営住宅になったものが多い）、公共インフラの老朽化、人口減少等も著しく、下水道の約99％は建設費償還・管理費負担が大きく、し尿処理施設、共同浴場の維持・管理も厳しい。除雪費用も大きくのしかかる。

　バス1社、実質1路線（隣接する砂川市からの路線が市内を貫く形で運行されている）。
・市運営コミュニティバス、市運営自家用有償運送等ない。

・夕張（北海道）（第5章2−2参照）

　人口約9,400人（人口減は年約3％（急激な減少）、2025年約39％減、2035年約54％減）、高齢化率約50％（2025年約53％、2035年約54％）、財政規模約110億円、財政力指数0.17、地方債残高約440億円（市予算の4年分）

　すでに、小学校・中学校・普通高校が各1校、医療機関が1、養護老人ホームが1。

　JR北海道（石勝線夕張支線、JR北海道と同支線の2019年4月廃止及びバス転換等への支援・協力で合意済み）、バス1社（本社を同市に置く）4路線。
・市運営バス等はない（財政難（財政再建団体）から、とても市が財政的に関与する運営はできない）。

・3万人
・男鹿（秋田県）

　人口約3万人（人口減は年約2％、2025年約26％減、2035年約42％減）、高齢化率約40％（2025年 48％、2035年 49.5％）、財政規模約180億円（税収は約2割、地方交付税約4割）、財政力指数0.38

　JR東日本（男鹿線）、バス1社・3路線（秋田市に本社を置くバス会社、中央病院・男鹿駅から数便/日、高齢の通院客の足として機能）で、乗降客が減少し、路線廃止の動きがある（その場合、市運営の代替バスになるのではないか）。
・「市単独バス」（市が運営し、路線バス会社・貸切バス会社・タクシー会社等へ運行委託）6路線
・「スクールバス混乗」

・豊前（福岡県）

　人口2.7万人（人口減は年約1％、2025年約14％減、2035年約24％減）、高齢化率約34％（2025年36.9％　2035年36.9％）、財政規模115億円、財政力指数0.47

　JR九州（日豊本線）のみ、民営バスは2002年度完全撤退した。
・「市営バス（市運営自家用有償運送）」5路線（隣接市との路線含む）（運賃100〜600円、100円刻みの設定で釣銭なし、運転者は市が直接雇用、スクールバスと統合等を図る、バス車両は民営時代に比べ小型化）。
・隣接する中津市と共同「コミュニティバス豊前中津線」（民営バス会社に運行委託）。
・一般会計繰入額約2,400万円（約2,900万円コミバス含む）（増加、一般歳出の約0.2％、利用者1人当たり市民負担1,900円）（運賃収入約1,200万円）。
　「地域公共交通網形成計画」を策定（2016.4）して、公共交通空白地にデマンド交通の導入を目指している（2015年度デマンド交通（タクシー会社に運行委託）の実証実験）。現在の「市営バス」についても「幹線バス」である「コミュニティバス豊前中津線」に対して「支線バス」と位置付け、乗換拠点等へつなぐ役割を果たすよう再編成を図るととともに、その利用状況等から、サービス水準の見直しを図る"目安"を設定する方針を明らかにしている。

・5万〜6万人
・湯沢（秋田県）

　人口約4.9万人（人口減は年約2％、2025年約24％減、2035年約38％減）、高齢化率約35％（2025年43％、2035年46％）、財政規模約280億円、財政力指数0.30

　JR東日本（奥羽本線）、バス1社・7路線（由利本荘市に本社を置くバス会社）。

・「シャトル」（市運営・バス会社運行委託）1路線。

・「乗合タクシー」（定時定路線型・デマンド型）16路線。

・「（スクールバス混乗の）コミュニティバス」（路線バス廃止により通学に支障）。

・「無料診療バス」

　「地域公共交通網形成計画」を策定（2016.1）して、バス路線の統合等の再編（市内中心部におけるわかりやすいバス路線に整備し直す、現在は総合病院への路線が重複）、結節機能の整備・強化（JR東日本湯沢駅前広場の整備にあわせて分散しているバス停を集める。道の駅の結節機能の強化）、通学生が利用しやすい路線バスのダイヤ改正、「乗合タクシー」の見直し（定時定路線型・デマンド型の「乗合タクシー」各1路線のデマンド型運行への統合、運休日の変更）等を目指す。

・喜多方（福島県）

　人口約5万人（東日本大震災のため、社会保障・人口問題研究所は福島県内の自治体の将来人口推計を公表していない）、高齢化率約33％、財政規模約270億円、財政力指数0.36

　JR東日本（磐越西線）、バス会社2社（うち1社は2011年経営破綻して、現在「みちのりホールディングス」傘下）6路線。

・「委託バス」5路線（廃止路線を既存バス運行事業者に運行委託）。

・「コミュニティバス」1地区（無料）。

・「巡回福祉バス」1地区（無料）。

・「スクールバス」（混乗）。

・「医療機関送迎バス」（7の医療機関・無料）。

・「送迎バス」（温泉施設等）。

・「デマンド型乗合タクシー」5地区（各地区を2～5エリアに分け運行、運賃400円、定期券あり、2011年9月～運行）。

・路線バス補助・委託バス関係の市補助は約6,500万円（2008年、一般歳出の約0.25％、3年間で2,000万円増・約1.4倍）。

・萩（山口県）

　人口5.1万人（人口減は年約2％（2025年約20％減、2035年約35％減、2040年約44％減、と急減））、高齢化率約40％（2025年46％、2035年47％）、財政規模約350億円（税収は約16％、地方交付税約42％、地方財残高約330億円）、財政力指数0.33

JR西日本（山陰本線）、バス1社16路線（山口県周南市に本社を置く。関西の大手民鉄の資本系列会社）。

・市内循環「まぁーるバス」2ルート（観光地と医療施設等巡回、路線バス会社に運行委託、運賃100円）、観光地（萩市内、津和野、秋吉台等）が多いが、観光客が激減）。

・京丹後（京都府）（第4章1参照）

人口5.8万人（人口減は年約1％（2025年約18％減、2035年約30％減））、高齢化率約35％（2025年約39％、2035年約42％）、2015年にすでに日本全体2035年の年齢構成、財政規模約400億円、財政力指数0.33

2004年旧6町が合併して、新市（中核になる町がない）。

鉄道1社・京都丹後鉄道（ウィラーが運営、市内在住65歳以上は運賃全線200円）。

2004年の京都交通（亀岡）の経営破綻でバス路線の廃止が地域に大きなダメージを与えたことから、種々のバス活性化策を講じる。

民営バス1社（丹海バス）10路線だが、市内区間は運賃上限200円（「市営バス」と同様に合わせた）。

「市営バス」9路線、3〜4便/日、旧合併町営バスを継承したものが多い。運賃上限200円。9路線は以下の通り。

・市運営自家用有償運送8路線

・うち、「市バス」4路線（市有車を貸出（車両保険は市負担）、運行業務を委託。委託先はバス事業者2路線、NPO2路線（地元NPOへの委託地域は、タクシー会社が撤退した地域）デマンド型・週3日運行）。

・「スクールバス混乗」4路線。

・残る1路線は事業者に運行委託（道路運送法第4条、事業者が路線・ダイヤ・運賃等決定するが、上限は200円）。

これらに係る市の負担約1億3,000万円/年（上限200円の民営バスへの補助、市バス運営費用等）で一般歳出の約0.3％。「スクールバス」は補助（交付税措置をされる）と「混乗」の運賃収入で維持（小中学校統合は一服）。

また、公共交通空白地（タクシーすら撤退した網野町・久美浜町）で乗車・降車地域は限定（同町内のみ）だが、地域住民・観光客等を対象とする「デマンド型乗合タクシー」（タクシー会社に運行委託、EV車、運賃500円（旧町域を越えるごとに250円）、定員4人、8:30〜17:30運行。代行・輸送サービスの買物・図書館予約・病院予約（以上のサービスは料金400円/15分）・見守代行（別途料金がかかる、こ

の2つの町内のみ）、地域内に限定で少量貨物運送を行っている）。

さらに、2016年3月、地元NPO（「気張る！ふるさと丹後町」）運営公共交通空白地自家用有償運送でUBER JAPAN（株）の協力を得て、ICT（情報通信技術）活用した実証実験を開始した（発着地は丹後町とし、町外発着地は京丹後市内のみに限る）。これは法的には、現行のNPO運営公共交通空白地自家用有償運送そのものだが、スマートフォンを活用し、利用者の直近にいるNPO登録運転士が運送するサービスで、形態としてはタクシーに近い。欧米で行われている「ライドシェア」は、すべて自動車保有者と運転者に責任が委ねられており、実施主体、安全性の確保等に公的な関与がなく、まさに自己責任である。また、有償運送であるため、「白タク」であるとして、タクシー業界、労働組合からも反対が強かった。

なお、国家戦略特別区域諮問会議は、自家用有償運送の客体として、訪日観光客等の主として観光客を想定して制度拡大を決定し、2016年3月所要の法律改正が施行。

・日向（宮崎県）

人口6.3万人（人口減は年約2％）、高齢化率約29％（2025年約34％、2035年約36％）、財政規模約300億円、財政力指数0.47

JR九州（日豊本線）、バスは1社で宮崎交通の経営悪化（2005年産業再生機構等の出資する持株会社「宮交ホールディングス」の経営傘下に入り再生）により、2000年代前半大幅な路線廃止の動きがあり、市内路線が縮小された。

その際、市内中心部活性化のため、中心部循環バス「ぷらっとバス」（市運営・タクシー会社に運行委託）を運行開始したが、2009年道路運送法の改正に伴って、同年4月から市運営自家用有償運送に切り替えた。

・市運営自家用有償運送「市民バス・ぷらっとバス」（運行業務は民間委託）東西南北各2、計8路線。

・同じく、市運営自家用有償運送、南部地域（5路線）・東郷地域（3路線）の2地域、デマンド型運行、週1日運行・2〜4往復／日運行。南部地域は「南部ぷらっとバス」（当初は「乗合バス　なんぶ」と呼ばれていた）・日向交通協同組合（乗合タクシー）に、東郷地域は「東郷ぷらっとバス」（当初は「乗合バス　とうごう」と呼ばれていた）・山陰タクシー（乗合バス）に、それぞれ運行委託。

・8万〜13万人

・豊岡（兵庫県）（第4章1参照）

人口8.5万人（人口減は年約1％、2025年約14％減、2035年約23％減）、財政規模

約500億円、財政力指数0.39

　高齢化率約33％（全国平均2035年に到達済み、2025年約36％、2035年約38％）と、非常に高齢化・人口減少のスピードが早い。2003年広域合併、市域面積は兵庫県一の広さ。

　JR西日本（山陰本線）、京都丹後鉄道（ウィラーが運営）。

　公共交通の主役はバスと整理し、路線バスを最大限に維持が基本。2007年の路線バス（全但バス）撤退の轍を踏まない、路線バスを極力維持することが基本との政策を取っている。

　路線バスは全但バス1社（運賃は対キロ制）、うち神鍋高原線は上限200円、赤字分は市の全額補助だが、合併町であり、鉄道駅までの利用、高校生利用という特殊な路線。

・路線バスの廃止に際し、生活路線と乗合バスサービスが必要と判断した場合、市運営自家用有償運送「市営バス・イナカー」運行。バス事業者2社（路線と貸切）に運行業務を委託、市有車貸出（車両保険は市負担）。8路線、その多くは定時定路線（一部デマンド型））（運賃100～400円）。

・利用客が減少し、「市営バス・イナカー」が非効率な地域は、市運営自家用有償運送「チクタク」運行。「地域主体交通」と呼ぶ。4地域で行われ、地元協議会（NPO）に運行業務を委託、市有車を貸出（車両保険は市が負担）、ダイヤ・停留所は地域が決定（地域内はフリー乗降可能）、デマンド、住民登録制、運賃100～200円（「市営バス・イナカー」時代より市負担が減少（約100万円/地区）している）。

・市内中心部の活性化のため、市街地循環バス「コバス」、A・B2ルート、通勤時はAがエクスプレス運行、運賃100円、市有車を貸出（車両保険は市が負担）、路線バス会社に運行業務を委託（道路運送法第4条）、赤字全額補助（精算払）している。

・スクールバス混乗はない（2011年に廃止、バス停まで遠くて歩けない、需要ない）。

・タクシーは市内中心部のみ。

・市負担は約1億円、一般歳出の約0.2％。

・横手（秋田県）（第4章1参照）

　人口9.3万人（人口減は年2％弱（2000年初めより年1％強の連続減少）、2025年約18％減、2035年約30％減））、高齢化率約35％（青森・秋田の2025～30年頃の姿、2025年約40％、2035年約42％）、財政規模約550億円（市税約15％、地方交付税約40％）、財政力指数0.33

　JR東日本（奥羽本線、北上線）、バス1社（隣の由利本荘市に本社のある事業者）13路線（中心部循環バス2路線、生活バス（廃止）代替バス2路線を含む）、最近はバス利用者年率約7％の減少（すでに10路線廃止）。

・「中心部循環バス」2路線（運賃200円、地元の活性化協議会運営・羽後交通に運行委託、市が一部補助（2013.10〜）、365日運行、8:00〜18:30運行）。

・「生活バス（廃止）代替バス」4路線（乗合バス2路線（週2日運行200〜600円）、乗合タクシー2路線（デマンド1路線）（平日運行200〜600円））。

・市内全域「（フル）デマンド交通」（2013.10〜）（中心部バスゾーン（ほぼ市運営「中心部循環バス」運行エリア）を除く（＝乗降不可）市内全域が対象地域、乗合タクシーで運行、通常のタクシー料金の約6割で利用可能（市の負担は残る4割分・5,000万円/年））、地元活性化協議会が運営・タクシー会社に運行委託（対象車両数は2台×全10社とし、市内会社全社を平等に取り扱うとともに市の総負担抑制）。

・以上の施策に係る市負担1.4億円/年（一般歳出の約0.25％）。

・旧合併町営無償バスを継承したもの（平鹿町地区無償巡回バス「平鹿ふれあい交通」、山内町地区のコミュニティバス、旧大森村地区のシャトルバス）。

・市運営自家用有償運送はない。

・スクールバス混乗はない。

・福祉対策としての高齢者パスなどないが、障害者は乗合バス半額。

・**高山（岐阜県）（第4章1参照）**

　人口約9.1万人、高齢化率約31％、財政規模約520億円、財政力指数0.53

　高齢化・人口減少は全国平均より約15年早い。2020年頃、高齢者数のピーク。

　全国一市域が広い（広域合併をした結果、大阪府、香川県より広く東京都並み）が、可住地面積が狭い（高山駅3km内に約7割居住）、移動制約者約23％。

　外国人も含め、観光客が多い。

　JR東海（高山本線）、民営バス事業者は濃飛（圧倒的シェア）、富山地鉄、白鳥交通。

　民営バス事業者は「幹線」（市の赤字補助制度はない）を運行する（民営バスの路線には「支線」「フィーダー」はない）。運賃は対キロ制だが、旧市町村内のみ乗車の場合100円（「市民乗車パス」）。

・市運営・事業者に委託する「自主運行バス」は中心市街地循環と郊外部の2種類。

・「まちなみバス」（中心市街地循環、運賃100円均一、国庫補助あり、県補助なし（DID地域のみの運行であり、県補助要綱に合致せず））。

・地域バス「のらマイカー」10地域（うち、8地域は乗合バス会社（濃飛バス）へ

運行委託、2地域は乗合タクシー（デマンド）、タクシー協会に運行委託、運賃100円）、幹線接続路線として国庫補助制度に加え、県の補助制度（旧合併町村内の地域であるため）があり、2011年3月再編（それまで合併前町村で運行していた各種バス等（運賃は有料・無料各種）を活性化協議会で検討の結果））。

・運行委託料の決定方法は、バスは車種別キロ当たり単価を決め、年度初めの設定ダイヤに基づき委託料決定し、タクシーは1回当たり単価を決め、月締め実績払い。

・八代（熊本県）

人口約12.6万人（人口減は年約1％弱）、高齢化率約32％、財政規模約580億円、財政力指数0.46

2004年九州新幹線が新八代・西鹿児島間で部分開業し、八代駅ではなく、新しい新八代駅を開業し、JR九州鹿児島本線、肥薩線、肥薩オレンジ鉄道の一部も乗り入れた。2011年3月に九州新幹線が博多・鹿児島中央で全通した。

市内にはJR九州（鹿児島本線、肥薩線）、肥薩オレンジ鉄道。

バスは民営1社（九州産交）のほか、熊本空港と新八代駅・八代駅・八代港等の主要地点を結ぶ空港連絡バスがある。

2006年からの5年間で乗合バス利用者が約3割減少し、市の財政負担が約5割増加したことに危機意識を持ち、2011年度に路線バスの再編、市街地循環バスの運行開始、乗合タクシーの運行開始等の施策を講じた結果、乗合バス・乗合タクシーの利用者数は横ばいになり、財政負担額も約3割減少したが、最近また利用者数が徐々に減少し、財政負担額も上昇しつつある。

そこで、2015年3月「地域公共交通網形成計画」を策定（2015～2019年度の5か年計画）、乗合バス、乗合タクシー、交通結節点整備などに関する施策を講じるとともに、市内に広く点在する公共交通不便地域のうち、人口密度が1000人/km²を超える12地域を優先的に対応することとし、交通事業者への運行委託ではなく、地元住民が主体となった新たな公共交通サービスの導入を検討している。

・延岡（宮崎県）

人口12.7万人（人口減は年約1％、2025年約12.5％減、2035年約22％減）、高齢化率約31％（2025年35％、2035年36％）、財政規模約600億円（約140億円（旭化成の企業城下町））、財政力指数0.45

高齢化・人口減少が早くから進み、全国平均より約10年早い、延岡は大分、宮崎から離れ、周囲に大きい市町村はない。

　JR九州（日豊本線）（高千穂線は台風で甚大な被害を受け、廃止）、バス1社（宮崎市に本社を置く宮崎交通（前述））。

・中心部「循環バス」2ルート（市運営、事業者に運行委託）。

・公共交通空白地域「コミュニティバス・乗合タクシー」19路線（うち、合併3町営15路線は継承）（2006・2007年合併した上記旧3町の各地域15路線・旧市内4路線）、北川線（マイクロバス）以外はジャンボタクシー・小型タクシー、運賃はどの地域も100円、運行委託（赤字分は市負担）、週1〜3日運行。

・**首都圏に近い10万人強の市は様相が異なる（後述）**

　佐野市、足利市、館林市、伊勢崎市、古河市、野田市、日立市など

町レベルで公共交通に非常に関心のある自治体（人口4,000〜2万2,000人）

・**美深町（北海道）**

　人口約4,800人（人口減は年約1％強、2025年約21％減、2035年約34％減）、高齢化率約37％（2025年41％、2035年41％）、財政規模約50億円、財政力指数0.14

　高齢化・人口減少が著しく進み、すでに全国平均2035年の人口構成に達している。財政も厳しく、社会インフラ維持費用に係る負担も大きく、豪雪で除雪もままならない。

　JR北海道宗谷本線（名寄以北は「単独維持困難路線」とJR北海道が公式表明）、路線バスは2路線（名寄市に本社を置くバス会社が運行）。

・スクールバス混乗3路線（タクシー会社・砂利事業者に運行委託）。

・町の補助額（委託額）はそれぞれ約2,000万円強/年（一般歳出の約0.8％）。

・人口が集中する市街地でも高齢化が進み、朝夕（6:00〜9:00、15:00〜21:00）は定時定路線型のコミュニティバス、昼間（9:00〜15:00）はデマンド型フレックスバス（停留所数約100か所）導入、2年間の実証実験を経て、2013年4月から終日「フレんどバス」（愛称）。7:00〜21:00、日曜運休、デマンド運行（30分前までに要予約）、町内を3エリアに分けて各30〜40か所の停留所、停留所間を運行（三条市（新潟県）「ひめさゆり」と同じ発想）、運賃150円、タクシー事業者に運行委託。

・郊外部はデマンド型（6便/日）バス運行（中型のリース車両、事業者に運行委託）。

・スクールバス混乗車両を通院需要に合わせて増便する等の施策。

・**仁木町（北海道）**

　人口約3,600人（人口減は年約1.6％）、高齢化率約37％、一般会計規模約34億円、

財政力指数0.14

　JR北海道函館本線（北海道新幹線札幌延伸時に函館本線函館〜小樽間は、JR北海道から経営分離されることに地元自治体も合意しており、小樽方面からの列車も現在は余市（余市町）止まりが多いが、それもなくなる2030年度に町は最大の課題に直面する）、路線バスは2路線（銀山線（余市・赤井川）、小樽線（小樽・ニセコ））、各4往復/日、高速バス2路線（ニセコ号（札幌・ニセコ）3往復、いわない号（札幌・岩内）16往復、スクールバス3路線（運行経費1,350万円）。

　小中学校各2校へのスクールバスは維持しないと通学困難学生が出る、高校生は小樽、札幌に通学するが、JR運行本数が少なく、JR駅へのアクセスも悪い。高齢者等の移動に関しては町内（交通）過疎地（銀山地区）の路線バスの乗車率が悪く、補助金が増加中。

　これらに対応するため、銀山地区での路線バスの見直し・仁木町が中心になって路線バスを維持する、余市駅・町内JR駅へのバス・アクセスの改善、スクールバス混乗、NPO運営自家用有償運送の導入、タクシー補助等の施策を盛り込んだ「地域公共交通網形成計画」を策定（2016.3、2016〜2020年度の5か年計画）。

・白糠町（北海道）

　人口約8,300人（人口減は年約1％）、高齢化率約36％、財政規模約70億円、財政力指数0.24

　かつて国鉄時代に白糠線が運行されていたが、1980年に制定された「日本国有鉄道経営再建促進法」に基づき、第1次特定地方交通線に選定され、1983年全国第1号の廃止路線となった。

　民営バス4路線（1路線は2系統合わせて往復34便/日、2路線は往復各4便/日、1路線は2便/日）。

・町営バス1路線（往復6便/日）、スクールバス混乗1路線（週2便）。

・町営バスの利用者減、町の負担が増加したこと等から、2016年秋の2か月間、コミュニティバス、乗合タクシー等の実証実験を行った。「市街地コミュニティバス」2ルート（定時定路線型8便/日、6便/日）、「山間部予約制バス」2ルート（デマンド型6便/日、4便/日）、「山間部予約制乗合タクシー」1ルート（6便/日）、事業者に運行委託、いずれも運賃は無料。この実証実験期間中は町営バス、民営バス（高校系統1路線）、スクールバス混乗は運休。

　これらを経て、2017年3月に「地域公共交通網形成計画」策定。

- **鰺ヶ沢町（青森県）**

　人口約1万人（人口減は年約2％）、高齢化率約39％、財政規模約70億円、財政力指数0.18

　JR東日本五能線、路線バス1社3路線（弘前市、五所川原市、深浦町との間を結ぶ路線）。

- 2016年3月策定の「地域公共交通網形成計画」に基づき、路線バス（町内）とスクールバスを統合（路線重複）、2017年4月から町運営の定時定路線型コミュニティバス「あじバス」3路線（事業者運行委託2社（新たに道路運送法第4条許可））が運行開始した（路線バス事業者は運転士不足等のため応札しなかった）。路線数増加・増便、町内区間100円均一を図り、利便性向上（町の負担は増加するが「住民の移動を確保」）。

- 町運営デマンド型・ドアツードア・対象各地域で週1便曜運行「買い物支援バス」の実証実験を行い（2015.9〜2016.3）、福祉協議会運営する自家用有償運送「買い物支援バス」（「お出かけバス」、対象各地域週1便、100円、町が車両購入し貸付け（ワゴン車、過疎交付金等を活用）、登録制（安否確認・要介護の前段階の人を対象））を開始予定（2017.4〜）（参図1.1）。

- 路線バス（町内路線の収支率約2割程度）への（町内路線は全額赤字）補助約0.3億円/年（対一般会計比約0.4％）、スクールバス運行委託費約1億円/年（2015年度）と、合計で町の財政支出の約2％と非常に大きい。

- **階上町（青森県）**

　人口約1.4万人（人口減は年約1％）、高齢化率約27％、財政規模約60億円、財政力指数0.31

　JR東日本八戸線、民営バス（南部バス）6路線（3〜9往復/日、運賃500円均一）。

- 町運営・事業者運行委託コミュニティバス5路線（1〜3往復/日、運賃100円均一）。
- 観光用巡回バス（無料）。

　高齢者等交通弱者の通院・買物、小中学生の通学、高校生の域外通学の足を確保するため、コミュニティバスの再編、タクシーの活用（乗合タクシー券等）などを活用していくことを内容とする「地域公共交通網形成計画」を策定（2016.3、計画期間は5年間）。

- **藤里町（秋田県）**

　人口約3,600人（人口減は年約2％）、高齢化率約44％、財政規模約40億円、財政力

参図1.1　鰺ヶ沢町「地域公共交通網形成計画」（抄）

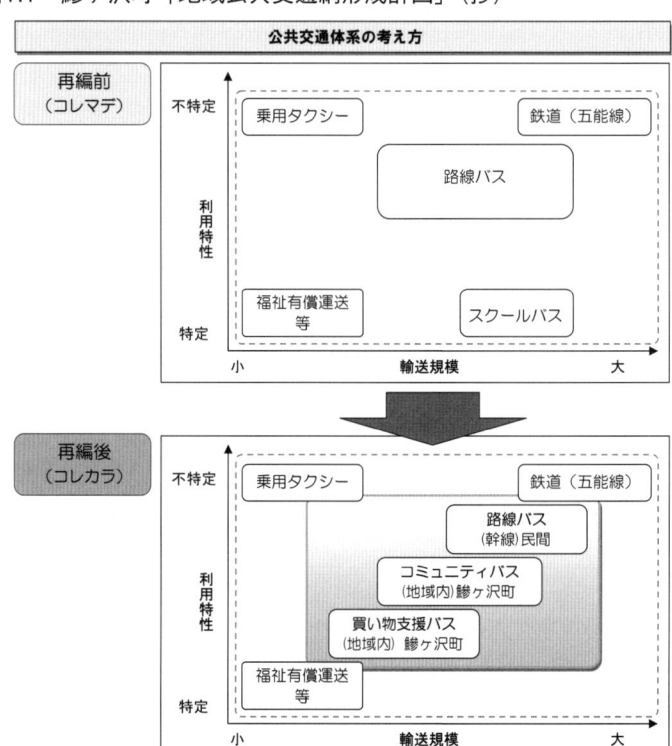

図 50　交通体系のコレマデとコレカラ（上：再編前、下：再編後）

３．公共交通体系を構成する交通システムの連携の考え方

　鰺ヶ沢町および中心部の都市拠点を中心として、各交通システムが連携することで、一体となって町民の利便性に寄与できるように体系を構築する。

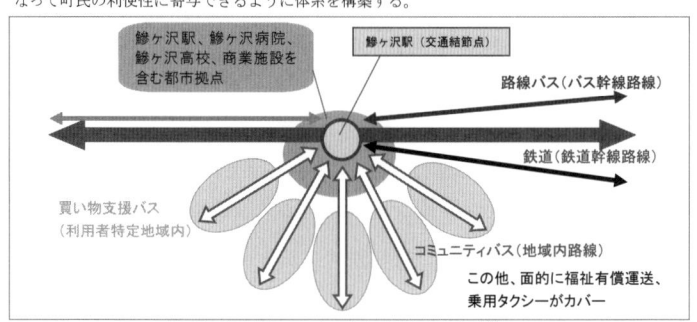

図 51　各交通システムの拠点を中心とした連携

出典　鰺ヶ沢町HP

指数0.12

　JR東日本奥羽本線は約30km離れる能代駅が中心で、その手前に二ノ井駅がある。これらの駅までは路線バスが運行されているが、本数は少ない。

　町内交通はバス4路線（路線により国、県、町の補助）、路線乗合バスに対する町の補助約1,600万円（対一般会計歳出の約0.4％）。

・高齢者パスは町内在住70歳以上が対象で無料。

・町運営自家用有償福祉輸送（藤城町社会福祉協議会に運行委託）。

　バス不便地域へのデマンド交通（タクシー事業者による乗合タクシー）「駒わりくん」の導入を目指して、実証運行等を実施することなどを内容とする「地域公共交通網形成計画」を策定（2015.11、計画期間は5年間）。

・小国町（山形県）

　人口約8,000人（人口減は年約2％）、高齢化率約38％、財政規模約80億円、財政力指数0.26

　JR東日本米坂線（12便/日）、高速バスは新潟市と山形市を結び4便/日。

・バスは町営バス（循環線3系統、郊外船4路線）。

・デマンド型乗合タクシー。

　人口減少が著しく、小学校の統廃合が進み、スクールバスが増加する（8ルート・2014年度、路線バスとの競合する系統も多い）とともに、高齢化が著しく進み、町内の宅配事業もその配達エリアを中心部に縮小傾向にあり、町の公共交通に対する補助額も増加し、財政は厳しい。

　町営バス路線を「地域幹線」「町内幹線」「支線」などに性格を分け、地域交通拠点も整備して、町民の足を守ることを目的として、「地域公共交通網形成計画」を策定（2015.6、計画期間は6年間）。

・五霞町（茨城県）

　人口約9,000人、高齢化率約27％、財政規模約50億円、財政力指数0.79

　JRはない。バスは民営バス1路線。

・町運営コミュニティ交通「ごかりん号」（2015年4月から実証運行2年間、2017年4月から本格運行を計画）。

・スクールバス2系統。

・NPO運営公共交通空白地自家用有償運送（町が社会福祉協議会に委託、自家用有償運送に係る権限が町に移譲されている）。

　町はこの3つのツール（民営路線バス、町運営コミュニティ交通「ごかりん号」、NPO運営公共交通空白地自家用有償運送）で持続可能な公共交通を維持しようとしており、さらに、企業等の送迎バスの利用も検討するとして、「地域公共交通網形成計画」策定（2015.3、計画期間は2015〜2019年度の5年間）。

・那珂川町（栃木県）

　人口1.7万人（人口減は年約2％弱）、高齢化率約34％、一般会計規模約98億円、財政力指数0.40

　JRはない。民営バス4路線。

- 町営バス5路線（民営バス路線廃止に際し、市町村代替運送になったもの、利用者数約4.6万人/2008年度）。
- 町運営コミュニティバス6路線（新規に町が路線を開設したもの、利用者数約2.7万人（2008年度））。
- 町営バスに係る財政負担は年々増加し、約2,700万円/年（2008年度）。コミュニティバスに係る負担も同様で、約1,800万円/年（2008年度）。
- 交通関係の通学費補助は約1,100万円/年（2009年度）、スクールバス（5小学校）の運行経費約2,000万円/年（2009年度）。

　これらの諸施策はいずれも路線型運行であるため、町の財政にとって非常に大きな負担になっており、町内の6つの郊外部でデマンド交通を導入することとした（「地域公共交通再編実施計画」策定（2010））。

・茂木町（栃木県）

　人口約1.4万人（人口減は年約1％）、高齢化率約36％、一般会計規模約80億円、財政力指数0.42

　真岡鉄道（旧国鉄の第2次特地方交通線で1988年栃木県・茨城県、真岡市、筑西市、茂木町、地元銀行等が出資する第3セクターとして運行開始）、JRバス1路線。

- 那須烏山市営バス1路線。
- 町営スクールバス17路線。
- 町運営デマンド交通「めぐるくん」（乗合タクシー、タクシー会社に運行委託、町内を4つのエリアに分け、1台ずつ運行）。

　公共交通空白地も多く、現在の乗合タクシーも利用者ニーズに必ずしも合っていないことから、「めぐるくん」の運行エリアを1つとし、運行時間が1時間を超えることが予想される場合は、「乗継利用」で対応することに変更（2016年10月以降）、

あわせて「地域公共交通網形成計画」を策定（2016.10、計画期間は5年間）。

・東秩父村（埼玉県）

　人口約3,000人（人口減は年2％強）、高齢化率約37％、一般会計規模約20億円、財政力指数0.21

　JR東日本・東武鉄道は隣接する自治体を通る。民営バス（イーグルバス）1路線・3系統、各4・11・14便（うち、1系統は国（約200万円）・埼玉県（約100万円）の補助、2系統は小川町・東秩父村の補助（約600万円））、小川町（東武東上線）まで運行、村営バス1路線（県の補助約500万円）、寄居駅（JR八高線）まで運行。
・NPO運営公共交通空白地自家用有償運送（3台、元は農協が行っていた訪問介護サービス）。

　民営バスと村営バスの統合、デマンド交通の導入等の検討を内容とする「地域公共交通網形成計画」策定（2016.3、計画期間は2016～2020年度の5年間）。

・ときがわ町（埼玉県）

　人口約1.2万人（人口減は年2％弱）、高齢化率約26％、一般会計規模約54億円、財政力指数0.52

　JR東日本・東武鉄道。民営バス（イーグルバス）定時定路線型7路線。

　バスは各路線からすべて「せせらぎバスセンター」で乗換目的地まで（「せせらぎバスセンター」に町民が集える施設があり、町役場もある）、運賃はゾーン制。

　一部デマンド区間あり（バス小型車両(9人以下)）、運賃は路線バスと一体で計算（乗換時に220円か360円支払う、路線バス降車時に無料か140円支払い、最高額は500円））（参図1.2.1－1.2.2）。

　「地域公共交通総合連携計画」策定（2010.3、計画期間は2010～2012年度の3年間）。

・大多喜町（千葉県）

　人口約9,900人（人口減は年約1％）、高齢化率約38％、財政規模約50億円、財政力指数0.43

　いすみ鉄道（旧国鉄の第2次特定地方交通線で1988年千葉県、大多喜町、いすみ市、地元銀行、小湊鉄道（上総中野で接続する）が出資する第3セクターとして運行開始）、小湊鉄道、民営バス21路線。
・スクールバス（混乗）。
・高齢者向けサービス支援サービス（タクシー運賃の7～8割を町が負担）。

参図1.2.1　ときがわ町のバス路線と運賃

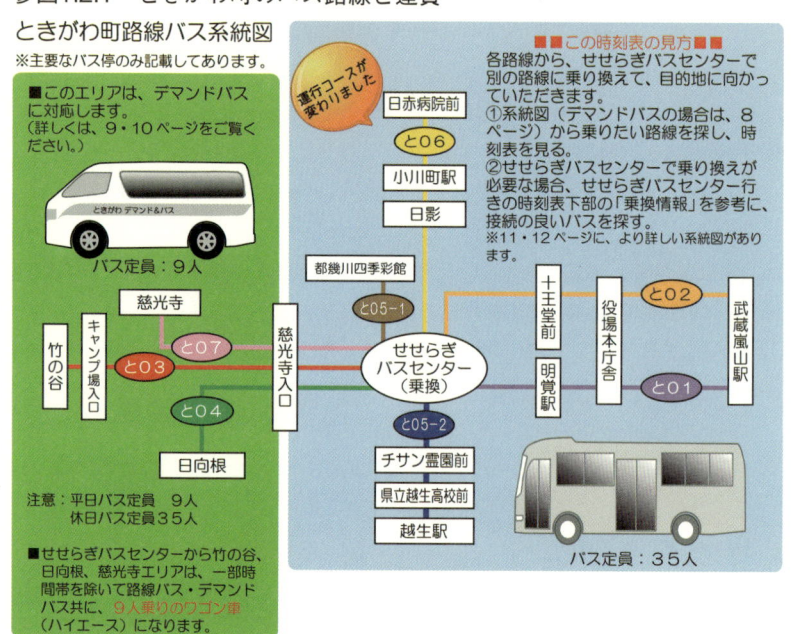

ときがわ町路線バス系統図
※主要なバス停のみ記載してあります。

■このエリアは、デマンドバスに対応します。
（詳しくは、9・10ページをご覧ください。）

バス定員：9人

注意：平日バス定員　9人
　　　休日バス定員35人

■せせらぎバスセンターから竹の谷、日向根、慈光寺エリアは、一部時間帯を除いて路線バス・デマンドバス共に、9人乗りのワゴン車（ハイエース）になります。

■■■この時刻表の見方■■■
各路線から、せせらぎバスセンターで別の路線に乗り換えて、目的地に向かっていただきます。
①系統図（デマンドバスの場合は、8ページ）から乗りたい路線を探し、時刻表を見る。
②せせらぎバスセンターで乗り換えが必要な場合、せせらぎバスセンター行きの時刻表下部の「乗換情報」を参考に、接続の良いバスを探す。
※11・12ページに、より詳しい系統図があります。

バス定員：35人

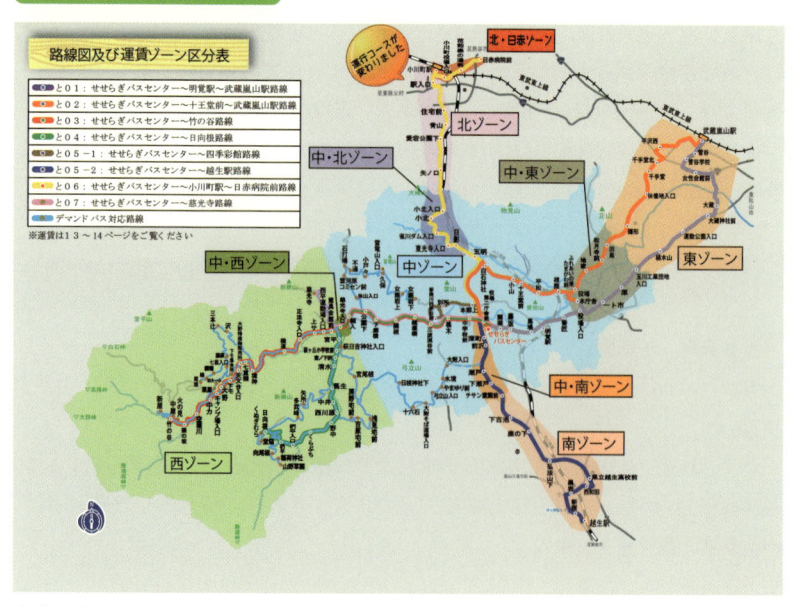

路線図及び運賃ゾーン区分表

- と01：せせらぎバスセンター～明覚駅～武蔵嵐山駅路線
- と02：せせらぎバスセンター～十王堂前～武蔵嵐山駅路線
- と03：せせらぎバスセンター～竹の谷路線
- と04：せせらぎバスセンター～日向根路線
- と05-1：せせらぎバスセンター～四季彩館路線
- と05-2：せせらぎバスセンター～越生駅路線
- と06：せせらぎバスセンター～小川町駅～日赤病院前路線
- と07：せせらぎバスセンター～慈光寺路線
- デマンドバス対応路線

※運賃は13～14ページをご覧ください

出典　ときがわ町HP

図1.2.2　ときがわ町のバス路線と運賃

ゾーン 上段：大人 下段：小児,身障等	中	中・東	東	中・西	西	中・南	南	中・北	北	北・日赤
中ゾーン	220円	220円	360円	220円	360円	220円	360円	220円	360円	360円
	110円	110円	180円	110円	180円	110円	180円	110円	180円	180円
中・東ゾーン	220円	220円	220円	220円	360円	220円	360円	220円	360円	360円
	110円	110円	110円	110円	180円	110円	180円	110円	180円	180円
東ゾーン	360円	220円	220円	360円	500円	360円	500円	360円	500円	500円
	180円	110円	110円	180円	250円	180円	250円	180円	250円	250円
中・西ゾーン	220円	220円	360円	-	220円	220円	360円	220円	360円	360円
	110円	110円	180円		110円	110円	180円	110円	180円	180円
西ゾーン	360円	360円	500円	220円	220円	360円	500円	360円	500円	500円
	180円	180円	250円	110円	110円	180円	250円	180円	250円	250円
中・南ゾーン	220円	220円	360円	220円	360円	220円	220円	220円	360円	360円
	110円	110円	180円	110円	180円	110円	110円	110円	180円	180円
南ゾーン	360円	360円	500円	360円	500円	220円	220円	360円	500円	500円
	180円	180円	250円	180円	250円	110円	110円	180円	250円	250円
中・北ゾーン	220円	220円	360円	220円	360円	220円	360円	220円	220円	220円
	110円	110円	180円	110円	180円	110円	180円	110円	110円	110円
北ゾーン	360円	360円	500円	360円	500円	360円	500円	220円	220円	220円
	180円	180円	250円	180円	250円	180円	250円	110円	110円	110円
北・日赤ゾーン	360円	360円	500円	360円	500円	360円	500円	220円	220円	180円
	180円	180円	250円	180円	250円	180円	250円	110円	110円	90円

・小児：半額(10円未満切上げ)

・身障・知的・精神障害者、児童福祉法適用者並びにその付添い人：5割引き(10円未満四捨五入)

出典　ときがわ町HP

・公共交通への補助・負担約5,800万円（対一般会計約1.2％）。

　既存公共交通機関の機能分担と連携強化により「有機的な地域公共交通ネットワーク」の構築を目指す「地域公共交通網形成計画」策定（2016.3、計画期間は2016～2020年度の5年間）（内容は新鮮味に欠ける）。

・**大桑村（長野県）**

　人口約4,000人（人口減は年約2％弱）、高齢化率40％弱、財政規模約36億円、財政力指数0.25

　JR東海中央本線（西）、民営バスはない。

・村が運営し、貸切バス事業者に運行委託の「くわちゃんバス」3路線（1路線は循環路線）（2路線は1往復・循環5便、運賃200・400・500円）

・村が運営し、タクシー会社に運行委託の乗合タクシー5地域5～9便、運賃300円。

・地域公共交通への村の負担は1,140万円/年（事業費1,600万円）（対一般会計歳出約0.3％）。

　公共交通を村民の「移動手段のセーフティネット」と位置付け、現行の「くわちゃんバス」と乗合タクシー5地域における「確保する公共交通網」を定めて、村民等とともに維持する「地域公共交通網形成計画」を策定（2016.6、計画期間は2016～2020年度の5年間）。

・紀北町（三重県）

　人口約1.7万人（人口減は年約2％）、高齢化率約40％、財政規模約110億円、財政力指数0.29

　JR西日本紀勢本線、バスは民営2路線（1路線は国・県・町の補助対象、1路線は国・県の補助対象）。

・町営「いこかバス」3路線（うち1路線は廃止代替バス）（うち2路線には国庫補助）（いずれも事業者運行委託）

　急峻な山と海に挟まれ、公共交通空白地も多く、また、人口減少が著しく、財政も厳しいが、何とか町民の足を守るべく、国・県の補助をも受けて路線バス維持を図る。「地域公共交通網形成計画」を策定（2015.5、計画期間は2016～2022年度の7年間）。

・愛南町（愛媛県）

　人口約2.2万人（人口減は年約2％）、高齢化率約40％、財政規模約105億円、財政力指数0.22

　JRはない（主要バス路線の始終点である宇和島市（宇和島）、宿毛市（宿毛）には、JR四国予讃線、土佐くろしお鉄道の始発駅がある）、バス1社11路線（長大路線が多い）。

・町運営コミュニティバス「あいなんバス」3系統。

・スクールバス10系統（小学校14、中学校5、高校1、運行経費約2,400万円）。

　人口の約1/6が公共交通空白地に居住していると認識し、人口減少・高齢化等、集落の分散等を見据えて、路線バスを再編成し、民営バスで「幹線・支線」ネットワークを、「あいなんバス」はさらに需要の少ない地域（「支線」）を支えるとして、「地域公共交通網形成計画」を策定（2015.3、計画期間は2015～2019年度の5年間）。

・吉野ヶ里町（佐賀県）

人口約1.7万人、高齢化率約22％、財政規模約80億円、財政力指数0.58

JR九州長崎本線（吉野ヶ里公園駅）、バス路線は民営2路線（鳥栖市と神埼市、久留米市と佐賀市を結ぶ長大路線）。

・吉野ヶ里町コミュニティバス5路線（このほか通勤通学時には4路線）・バス会社に運行委託（補助費は約1,800万円/年）。

公共交通空白などにおける町民の移動を確保するため、「コミュニティバス＋デマンドタクシー」の活用、2つの手段を地域の特徴に応じて、使い分ける再編を目指して、「地域公共交通網形成計画」策定（2016. 3、計画期間は2016〜2020年度の5年間）。

・和水町（熊本県）

人口約1.1万人、高齢化率約39％、財政規模約80億円、財政力指数0.23

公共交通への補助・負担約6,200万円/年（対一般会計歳出の約0.8％）（うち路線バス約3,600万円/年）。

JRはない、路線バス1社9路線（すべて補助対象路線）。

・町営病院が運営するケアバス5路線（各路線とも週1〜2便）。

公共交通空白地も多く、交通弱者の移動の確保等のため、町内に新たな「町民の生活に密着した」地域内交通システム（町が運営し、バス会社に委託、3便/日程度、町内公共施設・温泉施設等を巡る）の導入を検討し、「地域公共交通網形成計画」を策定（2016.3、計画期間は2016〜2020年度の5年間）。

中核市等

・旭川

人口35万人、高齢化率約30％、財政規模約1,600億円、財政力指数0.48

人口減少・年齢構成は全国平均より約15年早い（1985年頃から人口減少傾向）、2009年「定住自立圏」（1市8町）の中心市宣言。

中心部にある唯一の西武百貨店が撤退（2016.9）、中心部の空洞化が著しい。

JR北海道（JR北海道は旭川以北・以東への特急を札幌始発から旭川に変更予定（車両新製が経営状況悪化からできないため））、バス会社2社。隣接の深川市と協力し、両市間を結ぶ路線（国庫補助が切れた乗車密度5人未満）に補助（2012年度から）。

・中心市街地循環バス「まちくるバス」（運賃50円、所要約20分、系統2方向あり、1方向24便/日（午後運行）、民間協議会が運営し、バス会社に運行委託）、9〜2月

中旬運行（積雪時のまちの活性化を図る）。

・「地域内フィーダー」1地域（乗合タクシー、米飯地区と東旭川駅周辺との間を往路4便/日、復路6便/日）。

・乗務員不足（2社とも）でスクールバスの運行ができない路線がある。

・2003〜2010年、永山地区の住宅エリア内巡回コミュニティバス「ミニバスはーとふる」（運賃150円、73停留所）が運行していた。

・函館

人口約27万人、高齢化率約30％、財政規模約1,400億円、財政力指数0.44

人口減少・構成は全国平均より約15年早い、2014年に全市域が「過疎地域」指定。

JR北海道新幹線、函館本線、「道南いさりび鉄道」（第3セクター）、市電（路面電車）、バス（1社）、市電を運営しており、基本的にバス交通はバス会社に任せている。

2016年3月北海道新幹線（新函館北斗〜新青森）開業の効果に期待を寄せる。

合併により函館市になった東部地区は、バスの運行頻度が少なく、運賃が高く、最終バスが早いなどの問題がある。

・市内東部1団地でデマンド型バス運行。

・市が運営等「福祉バス」4路線。

・「病院送迎」2路線、「スクールバス」6路線、以上すべて運行委託（ほとんどが函館バス）。

・「ループバス」（都市内拠点間バス）。

・「とびっこ」（函館空港発着で市内と結ぶ循環バス、約40便/日）。

・八戸

人口約24万人、高齢化率約28％、財政規模約1,000億円、財政力指数0.64

JR東日本新幹線、八戸線、第3セクター「青い森鉄道」公営・民営2社、公営・民営で重複路線多く、市内中心部で等間隔ダイヤ・共同運行を実施中（運賃上限300円・50円刻み）。

・市内循環「るるっぷバス」右左2ルート（8便/日、運賃上限200円、利用客少なく、非常に採算悪い（約1,500万円/年の赤字）・補助なし。

・「育てる公共交通」（協働交通）を標榜。

・「南郷コミュニティバス」6地区（旧合併町地区、運賃100円、貸切バス会社に運行委託）、路線バスの廃止代替。

・「コミュニティ（乗合）タクシー」1地区（運賃200円、登録住民のみ利用、乗降

客が減り、バス会社からタクシー会社に運行委託先変更）、路線バスの廃止代替。

・「八食バス」2ルート（運賃は2種で、100円均一（八食センターと八戸駅間）、200円以下（八食センターと八戸中心市街地）、南部バスが運行受託）。

・「シンタクン」（最終新幹線接続乗合タクシー、運賃900円）。

　広域（八戸を含む約36万人）交通計画策定、上限運賃500円の広域バス、広域バスと各町村のコミュニティバスが接続（弘前広域圏と似ている）。

・伊勢崎

　人口約21万人、高齢化率約24％、財政規模約810億円、財政力指数0.81

　JR東日本、東武、バス会社3社だが路線数非常に少なく、マイカー依存度が非常に高い。

・コミュニティバス「あおぞら号」10ルート、（無料、市内全域を運行、市が運営し、貸切バス会社に運行業務委託、中型バス（合計10台、運転士10人、青ナンバー）、狭い道路も走行、福祉的要素も強い、一部路線は市・県境を越え各市町コミュニティバスと連絡、合併（2005）前に旧各市町村で運営されていたコミュニティバスを2008年に抜本的に再編成）、無料で青ナンバーという、極めてまれな対策。

・2014年度財政負担1.2億円/年（対一般歳出の0.2％弱）。

・太田

　人口約22万人、高齢化率約23％、財政規模約800億円、財政力指数0.92

　人口構成などは全国平均より数年若い。

　富士重工の企業城下町で工業出荷額13位。

　東武（3路線）、路線バスは2社2路線、マイカー依存度が非常に高い。

・「シティライナーおおた」3路線（市が運営し、タクシー会社に運行委託、うち2路線は旧合併町、定時定路線、運賃200円、中小型車両、補助約2,000万円）。

・「おうかがいバス」（市運営・タクシー会社に運行委託、高齢者等市内在住の自力で移動手段を有しない人対象（登録制）に、公共施設、鉄道駅、病院、大型商業施設等と停留所（約740か所）の間をデマンド運行、ワンボックス車両（10人乗り）、運賃100円、市負担年約5,000万円（最初はフルデマンド・運賃無料（究極の対策）、（議会、市民等からの批判もあり）2012年度から有料・停留所化））。

・交通関係の市負担は上記の計約7,000万円/年（赤字補助制度ない）、一般歳出の約0.1％。

・つくば

　人口約23万人（今も人口増加中、2035年に現在と比べ2万人増加）、高齢化率約19％（2035年約26％）、財政規模約800億円（国庫支出金、市債の増加から最近数年急増）、財政力指数0.98

　鉄道（つくばエクスプレス）、路線バス3社、マイカー依存度が非常に高い。

・「つくバス」7路線（市が運営し、バス会社に運行委託、道路運送法第4条、定時定路線、運賃200・300・400円、大型車両、6時台〜21時台、最大32便/日（30分間隔））。

・「つくタク」5地区（市運営・タクシー会社運行委託、デマンド、運賃地区内300円・共通ポイント（7か所）まで300・1,300円）。

・長岡

　人口約28万人、高齢化率約29％、財政規模約1,400億円、財政力指数0.60

　高齢化・人口減少が著しく、全国平均より約10年早い。

　JR東日本（新幹線、信越本線、上越本線、越後線、飯山線）、実質バス1社（1社子会社）。

・「NPO運営自家用有償運送」3地域（2地域は旧合併村地区）（一部タクシー会社に運行委託、バス利用者減少が著しく、県・市の補助も急増したため、公共交通空白地の交通は地域住民が責任を持ち、運営主体になるとの考え方から民間運営）。

・「まちなかべんりバス」（長岡駅、総合病院、大型商業施設間シャトルバス、運賃170・250円、8:00〜19:00、越後交通に運行委託）。

・上越

　人口約20万人、高齢化率約30％、財政規模約1,100億円、財政力指数0.56

　高齢化・人口減少が著しく、全国平均より約10年早い（2020年ピークに65歳以上人口減少、2030年をピークに75歳以上人口減少）。

　JR東日本（北陸新幹線、上越本線）、並行在来線の第3セクター北越急行、えちごトキめき鉄道、実質的に民営バス1社（その地域4子会社）（利用者の減少著しい）、タクシー7社。

・「乗合タクシー」1地区。

・「スクールバス混乗」4地区。

・「地域バス」1地区（患者輸送のほか、通園・通学送迎、無料）。

・「乗合タクシー」「スクール混乗」も公共交通機関と明記（「市総合公共交通計画」）

・バスは「幹線」（市の中心と区の中心）と「支線」（地区内集落と幹線との接続）

・松本

人口約24万人、高齢化率約26％、財政規模約900億円、財政力指数0.68

高齢化・人口減少が比較的遅く、全国平均より約5年遅い。

2005年、2010年と相次いで周辺町村と広域合併。

JR東日本中央本線、松本電鉄、民営バスはアルピコバス1社。

バスを最大限維持（「協議路線」と呼ばれる、市単独補助あり）する考え方で、民営バスとして極力維持すべく、国と「協調」補助実施。

- ・「西部地域コミュニティバス」5路線、定額運賃210円、310円。
- ・「四賀地域バス（デマンド）」定額運賃210円、310円（国の補助金が減る可能性が高いため、今後のあり方を議論中（事業者の赤字が増加）。
- ・民営バス路線の廃止の希望があり、市として維持すべきと整理したものは「協議路線」として減便・不定期運行等の措置は講じるものの市単独補助で維持（空港・朝日線）。
- ・旧四賀村、奈川村時代に村営バス運行路線は、競合区間の民営事業者との運賃の調整はするが、「市運営自家用有償運送」（四賀地域（運賃は距離別）、奈川地域（運行形態は路線定期・不定期・地区内運行と各種、運賃は定額運賃）、運行管理業務をタクシー会社、運転士派遣会社に委託）
- ・「お出かけパスポート」（市内在住70歳以上の人に、民営・市営バス（市運営自家用有償運送）・乗合タクシー、運賃100円で市内区間乗車可能なICカード配布）

・沼津

人口約20万人、高齢化率約28％、財政規模約700億円、財政力指数0.96

高齢化・人口減少のスピードが2010年以降早く、全国平均より約10年早い、2020年をピークに65歳以上人口減少、2030年をピークに75歳以上人口が減少。

JR東海東海道本線、御殿場線、民営バス4社。

- ・コミュニティバス1社2路線（JR原駅、片平駅から循環バス「ミューバス片浜循環・原循環」（運賃100円、導入費用（バス購入費等）・運行経常赤字の一部を市補助（約1,000万円/年））（かつて運行していた「ビーバス南北循環」は2012廃止）。
- ・「デマンド型乗合タクシー」1地区（運賃100〜380円）。
- ・バス事業者が独自に高齢者用割引定期券。

・富士

人口約26万人、高齢化率約25％、財政規模約900億円、財政力指数1.00

JR東海（新幹線、東海道本線、身延線）、民営3社（富士急行子会社2社、山交子会社）、吉原中央駅から放射状路線多いが、富士駅、新富士駅へは乗換えが必要な場合が多い。

・「ひまわりバス」（駅から駅へ中心市街地循環バス、運賃200円、6便/日、平日のみ運行等、小型バス、バス会社に運行委託）。

・「コミュニティバス」7路線（うち、1路線で実証実験中、運賃200円、1〜6便/日、平日運行、10〜37人乗り小型バス等を利用、タクシー会社に運行委託、市の補助（運行経費の2/3を上限））。

・「デマンドタクシー」7地区（うち、2路線で実証実験中、地区によって運賃200〜400円、毎日運行、登録した地元住民のみ利用可能）。

・豊田

人口約42万人、高齢化率約20％、財政規模約1,900億円、財政力指数1.11
極めて年齢構成が若く、財政力も豊か。

トヨタの企業城下町であり、市内ではマイカー利用が多いため、トヨタは社員の通勤時に公共交通機関の利用を推進している。

JRはない、名古屋鉄道（豊田線、三河線）、愛知環状鉄道、愛知高速鉄道（リニモ）、民営2社（名鉄バス、宝栄交通）。

鉄道・「基幹バス」と「地域バス」を交通結節点でつなぐ構想（「豊田市公共交通基本計画」（2007））。

「地域バス」8地区で運行されており、地域運営協議会を中心に交通事業者、市が連携する「コミュニティバス」であるが、運行形態は定時定路線・デマンド型・フルデマンド型と、地域により各種、車両は小型バス・ワゴン・ジャンボタクシーと各種形態があり、その運行はバス会社（7地区）、タクシー会社（1地区）等に運行委託する。運賃100円・200円（地域による）。

・四日市

人口約31万人、高齢化率約23％、財政規模約1,100億円、財政力指数0.98
高齢化・人口減少は比較的遅く、全国平均より約5年遅い。

JR東海関西本線、名古屋鉄道、三岐鉄道、伊勢鉄道、四日市あすなろう鉄道、民営バス3社（三重交通、三岐鉄道、他1社）。

・「自主運行バス」3路線（市運営・バス会社運行委託、定時定路線、運賃はバス会社の対キロ制、廃止代替バス路線もある、5〜13便/日、利用者50〜90人/日）。

・「生活バスよっかいち」1路線（NPO法人運営バス会社運行委託）。

鉄道・幹線バスと支線バス・コミュニティバスが連携し、市中心部、生活拠点施設に快適・便利に行けることを目標。

・姫路

人口約53万人、高齢化率約24％、財政規模約2,100億円、財政力指数0.85

JR西日本山陽新幹線、山陽本線、播但線、姫新線、山陽電気鉄道、民営バス2社（神姫バス、わずかに高砂市運営「じょうとんバス」（神姫バスに運行委託））。

かつては市企業局交通事業部がバス事業を運営していたが、2010年事業廃止、全路線を神姫バスに移譲。

・「コミュニティバス」2地区（沖合の家島、坊瀬島）3路線（他に2地区で、かつて社会実験したが利用者少なく廃止）（市運営自家用有償運送、定時定路線、車両はミニバン、運賃100円、6〜12便/日、休日運休）

・倉敷

人口約48万人、高齢化率約25％、財政規模約1,700億円、財政力指数0.83

高齢化・人口減少は全国平均より数年遅い。

1960年頃、岡山市、倉敷市など含む大合併構想あったが、頓挫。

JR西日本山陽新幹線、山陽本線、伯備線、宇野線、備讃線、水島臨海鉄道、井原鉄道、民営バス5社（両備ホールディングス、下津井電鉄、中鉄バス、岡山電気軌道、井笠バスカンパニー（下津井電鉄以外は両備グループ））。

路線バスへの補助（県・市）等の施策によって、それまでのバス利用者数の減少率に歯止めがかかった（▲2.2％に半減）。

路線バス撤退後は、バスより地元住民運営のタクシー利用を軸に考える。

・「コミュニティタクシー」8地区（高台の団地多い、1地区は以前、市運営の「コミュニティバス」が運行されていた）（地元の乗合タクシー運営委員会等が運営し、タクシー会社に運行委託するデマンド型が多い、地域住民宅からバス停留所まで、3〜4便/日、平日運行が多い、地区により運賃300・400・500円、利用1時間前までにタクシー会社に電話予約が必要、市が欠損補助）。

・福山

人口約48万人、高齢化率約27％、財政規模約1,700億円、財政力指数0.80

高齢化・人口減少は全国平均より約5年早い、2040年まで高齢者は増加。

JR西日本山陽新幹線、山陽本線、福塩線、井笠鉄道、民営バス5社（中国バス、

トモテツバス、おのみちバス、井笠バスカンパニー、北辰バス）。

・市内中心部の循環バス「まわローズ」、1ルート（運賃150円、58便/日、20分間隔9:00〜18:30、バス会社に運行委託）。

・「乗合タクシー」2地区（運賃350・400・500円、平日運行・12〜15便/週、タクシー会社に運行委託、市が欠損補助）。

・呉

人口23万人、高齢化率約33％、財政規模約1,000億円、財政力指数0.60

人口減少が著しく（現在年約1％減、2035年約27％減）・高齢化も早く、全国平均より約15年以上早い。平地が少なく、山を開発した住宅地、中山間地、島しょ部も多い。

JR西日本呉線、民営バス4社（かつて「市営バス（市交通局）」が市内全域を運行、2012年、市交通局廃止、全路線をバス会社に譲渡）。

路線バスへの補助（県・市）が多い。

・民営バスが撤退した地区・路線で、「生活バス」8地区（市は乗合サービスを確保する水準（通勤通学は平日のみ、病院買物は週2回）を設定、タクシー会社に運行委託、運賃は140・160円定額、対キロ制など、市が赤字補助）。

・「乗合タクシー」2地区（2010・2011年運行開始、地元運行協議会が運営・タクシー会社に運行委託、市一部補助）。

市が一部補助路線バスの収支率は約50％、生活バスの収支率は約15％を退出の基準に考える。15％を切り、地元が乗合タクシー（地元運行協議会が運営）を希望する場合、市は一部補助を検討する。路線バス撤退後は、乗合バスより「地元住民運営のタクシー」利用を軸とする考え方を公表している。

島しょ部を多く抱え、離島航路等との過疎地対策としてのバランスも見る必要があると考えられる。

・下関

人口約27万人、高齢化率約33％、財政規模約1,200億円、財政力指数0.53

人口減少（現在年1％減、2035年約25％減）、高齢化率が著しい。高齢化率は2035年約38％と、全国平均よりも約15年以上早い。

JR西日本新幹線、山陽本線、山陰本線、民営バス2社。

・「生活バス」3地域（旧合併の3町地区、市運営自家用有償運送、平日運行、地区によって定時定路線、予約制、その両方の3類型、貸切バス会社・タクシー会社に運行

業務委託）、運賃は100円刻み100〜700円。

・久留米

人口約31万人、高齢化率約26％、財政規模約1,400億円、財政力指数0.61

高齢化・人口減少は全国平均よりやや早い。

JR九州九州新幹線、鹿児島本線、久大線、西鉄大牟田線、甘木線、民営バス4社（西鉄地域子会社2社、隣市のバス会社、西鉄撤退後に貸切バス事業者の参入1社）。

「地域公共交通網形成計画」（2015.3策定）は赤字補助9路線の見直し（生活支援交通への移行も視野）、公共交通空白地（約24％）での「よりみちバス」（地域生活拠点へアクセス）の検討を挙げている。

・「よりみちバス」4校区（2015年12月に運行開始、運賃200円、定時定路線・デマンド、タクシー会社への運行委託、7〜12便/日）。

従来、バス会社依存（路線バス・コミュニティタクシーに赤字補助だけ）だったが、市（民）の負担で生活交通を支える仕組みが始まった。

・佐世保

人口約25万人、高齢化率約30％、財政規模約1,100億円、財政力指数0.50

人口減少・高齢化が早い（現在年1％減、2035年約21％減）、高齢化率2015年約30％（2035年約36％）。

JR九州佐世保線、バスは公営（市）・民営2社。

佐世保市営バス改革（交通事業改善計画）を実施中、2018年までの5年間で単年度黒字化、累積損益の赤字転落防止を目指す、著しい赤字路線は路線撤退も視野に入れる。

公共交通空白地のレベルを5段階（路線バス運行密度の高低、人口、集落の分散度合から分類）に分け、そのうち最も利用人員の少ないレベル5の3地区を対象に地元民間協議会が運営することを前提として、以下の通り。

・「まめバス」大野地区2路線（民間協議会が運営・バス会社に運行委託、運賃300円）。

・「ふれあい号」1地区（民間協議会運営・タクシー会社に運行委託、車両はジャンボタクシー、運賃200円、路線型）。

・「あじさい号」1地区（民間協議会運営・タクシー会社に運行委託、車両はデマンド型普通タクシー、運賃300円、8便/日、主要バス停まで）。

・市営バスがあるためか、市運営コミュニティバス・自家用有償運送等はない。

首都圏の中小都市

・周辺部の小規模都市

・南房総（千葉県）

人口約4万人（高齢化率約43％（秋田県男鹿市以上）（生産年齢人口はすでに50％を切る、高齢者数のピークは2015年頃、人口減少2035年35％）、平成の大合併時、隣接する館山市（人口地域最大約5万）と合併協議が調わず、同市を取り巻く形で房総半島に市域が形成されたが、館山市への依存度が高い）、財政規模約250億円、財政力指数0.36

公共施設の解体に合併特例債の一部を充当する等財政は厳しい。高齢化・人口減少に加え、合併特例債に係る激変緩和措置が切れる2020年度を危惧（現在、税収・交付税等で約190億円/年だが約25億円減少する可能性あり）。

JR東日本内房線、民営バス2社（路線バス補助2,440万円）。

・「市営路線バス・快速うらら」（市運営自家用有償運送、市内の内房・外房間を結ぶ）。

・「廃止代替バス」3路線（市運営・事業者運行委託（道路運送法第4条））。

・「市営バス」2路線（合併前町営バス継承した市運営自家用有償運送、7便と5便、その多くはデマンド型運行）。

・「スクールバス混乗」2路線。

・「循環福祉バス」（無料）。

収支率は廃止代替が約20％、市営バスが数~約20％、スクールバス混乗が約3％。

路線バス補助約2,400万円、市営バス負担約1,800万円、福祉政策としての外出支援バス・タクシー運賃助成約700万円、合計約5,000万円（一般歳出の約0.2％）。

市は市営バスを乗継場所までの運行とし、そこからはデマンド型乗合タクシー導入を検討するが、合意得られず（参図1.3）。

・三浦（神奈川県）

人口約4.5万人、高齢化率約35％（秋田県湯沢市並み。高齢者数のピークは2020年頃。坂も多く、人口減少が著しく（2035年対2010年35％減）、（かつては別荘地も多かった）空き家も急増、県庁と移住セミナー「神奈川で、暮らそう」開催（2015.9））、財政規模約160億円、財政力指数0.68

京浜急行、市内は全域を京浜急行バス（鉄道路線を持つ京浜急行の子会社）がカバー（多くの市とは違う）。

参図1.3　南房総市の新たなバス輸送体系イメージ

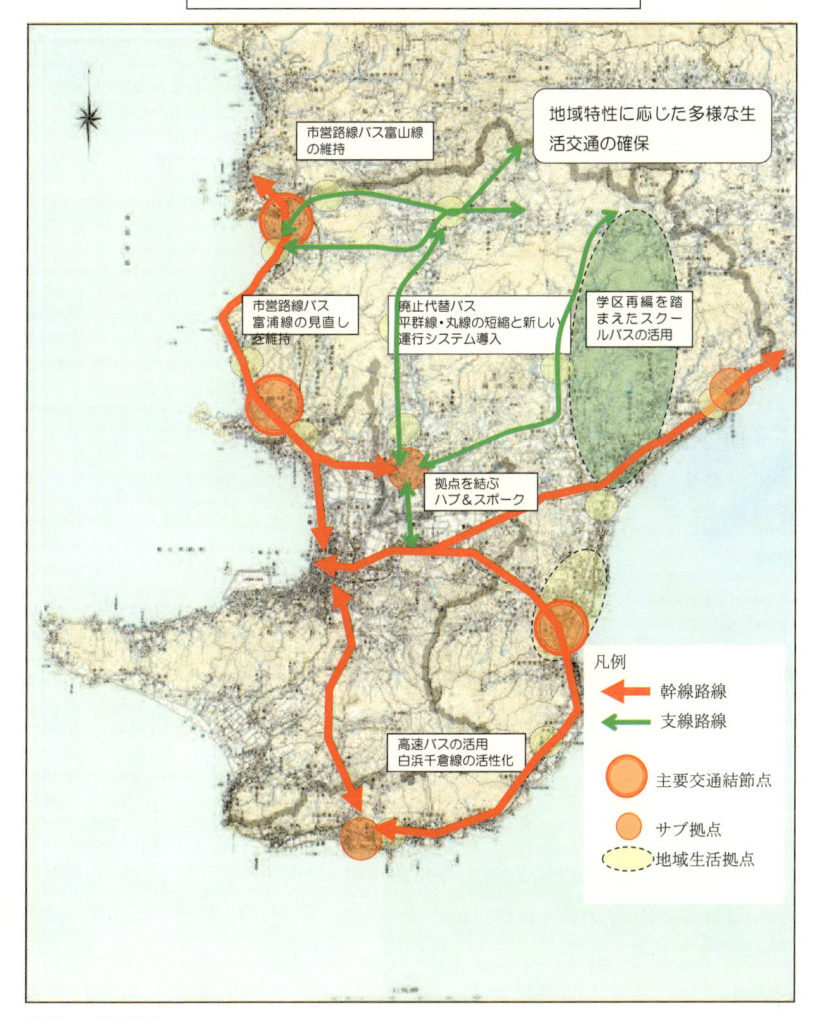

■　新たな輸送体系イメージ

出典　南房総市HP

・**民営路線バスが撤退した都市（北関東）**

・佐野（栃木県）

　人口約12万人、高齢化率約28％（人口減は年約1％、全国平均より約5年早い）、

財政規模約500億円、財政力指数0.72

JR東日本両毛線、東武鉄道、バス10路線（うち、市営バス「さーのって号」9路線（市運営自家用有償運送、運賃収入約2割））。

・「市営バス」は、かつて民営バス2社が市内全域を運行していたが、1社が完全撤退し、2008年から市運営自家用有償運送を開始し、タクシー会社・運転士派遣会社に運行業務を委託。市営バス特別会計（自家用有償運送事業特別会計）は2013年度歳入・歳出とも1億9,000万円（ただし、国庫支出金約3,000万円、県支出金約400万円、一般会計からの繰入れ約5,000万円、実質運賃収入は約2,000万円・収支率約20％）。

・足利（群馬県）

人口約15万人、高齢化率約30％（人口減は年約1％、全国平均より約5年早い）、財政規模約500億円、財政力指数0.71

JR東日本（両毛線）、東武鉄道、バス10路線あり、市の生活路線バス「あしばす　アッシー」8路線（貸切バス・タクシー会社に運行委託）、市域を越えて運行されている佐野市営バス「さーのって号」1路線、桐生市コミュニティバス「おりひめバス」1路線。

・かつて民営バス会社2社（鉄道会社の子会社と地場バス会社）が市内全域を運行していたが、モータリゼーションの進展とマイカー保有率の高さ等から1990年代中頃に完全撤退し、廃止代替バスが運行開始したが、2011年「足利市地域公共交通総合連携計画」に基づき、路線再編成が本格的になされ、生活路線バス「あしばす　アッシー」になった。

・館林（群馬県）

約8万人、高齢化率約27％（人口は年約0.5％減、全国平均並み人口減少・高齢化）、財政規模約290億円、財政力指数0.80

鉄道は東武鉄道のみ。

1980年頃から路線バスの撤退が相次ぎ、1986年末に全路線廃止（全国の市で初めて）、市民生活の足を確保するため、「タクシーチケット」配布等の紆余曲折を経て、事業者（観光バス会社）に運行委託（道路運送法第4条）する形態に1993年に移行した。現在は周辺4町を含む「広域公共路線バス」。

・伊勢崎（群馬県）（中核市等の項で前出）

　　人口約21万人、高齢化率約24％（人口はほぼ横ばい2035年は対2010年比約5％減）、財政規模約810億円、財政力指数0.81

　　JR東日本両毛線、東武鉄道、バス会社3社だが路線数は非常に少なく、マイカー依存度が非常に高い。

・コミュニティバス「あおぞら号」10ルート（合併（2005年）前のコミュニティバスを抜本的に再編成し（2008年度）、「無料バス」を市内全域で運行、貸切バス会社に運行業務を委託、中型バス（計10台、運転士10人、青ナンバー）、幅員の狭い道路も走行する等、福祉的要素も強い、一部は市・県境を越え、近隣市町コミュニティバスと連絡を図る、2014年度財政負担1.2億円（対一般歳出0.2％弱）、無料で青ナンバーという極めてまれな対策）。

・路線バスが中心的役割の15万～20万都市

・古河（茨城県）

　　人口約14万人、高齢化率26％（人口微減）、財政規模約500億円、財政力指数0.76

　　JR東日本東北新幹線、東北本線、路線バス3社（古河駅から放射線状路線）。

・「ぐるりん号」循環バス3ルート（バス事業者に運行委託、運賃100円、7～8便/日、毎日運行、旧古河市地域）。

・「愛・あい号」（合併旧町地域は全域・旧古河市の総合病院、旧町民のみの登録制デマンド型乗合交通、2005年合併の旧町地区への対策である（圧倒的に旧古河市に都市施設が集積している））。

・野田（千葉県）

　　人口約16万人、高齢化率27％（人口横ばい）、財政規模約500億円、財政力指数0.87

　　東武鉄道、バス3社。

・市が関与する「まめバス」6ルート（2003年合併した旧関宿町地区から市役所等中心部へのアクセス改善等のためコミュニティバスを新設（2004年に3ルート）、運賃100円、事業者に運行委託、2ルートは毎日、4ルートは平日）。

・熊谷（埼玉県）

　　約20万人、高齢化26％（人口年約0.3％減）、財政規模約700億円、財政力指数0.88

　　JR東日本上越新幹線、高崎線、秩父鉄道、路線バス3社、タクシー9社（タクシー適正化・活性化法の「特定地域」（供給過剰））。

- 「ゆうゆうバス」4系統（市運営コミュニティバス、この4系統は「さくら号」（12便）、「グライダー号」（5便）、「ムサシトミヨ号」（5便）、「ひまわり号」（4便）、運賃100円、事業者に運行委託、市町村合併前からの旧市町村運営のコミュニティバスを継承）。

- **上尾（埼玉県）**

  約22万人、高齢化率約25％（人口横ばい）、財政規模約600億円、財政力指数0.90 JR東日本高崎線、埼玉新都市交通、路線バス3社。
- 「ぐるっとくん」6ルート（市内循環バス、市運営・市内の全バス事業者（3社）に運行委託、運賃100円）。
- 「市運行バス」2ルート（路線廃止・中止の際、補助金で路線維持、運賃180円）。
- 循環バス、運行バス両者で財政負担は約1.1億円（対一般歳出比約0.2％）。

- **古い中型都市（重厚長大産業都市）**
- **日立（茨城県）**

  約19万人、高齢化率約30％（（1％増）、人口約年1％減）、財政規模約700億円、財政力指数0.82 JR（常磐線）、民営バス1社。
- 「パートナーシップ協定」方式；行政・住民・事業者3者が協働で、路線バスを維持する目的で5地域（住民が急速に高齢化する郊外団地が多い、一部乗合タクシーもある）。
- 路線バス赤字は約2億円/年。
- 「地域NPO法人運営の公共交通空白地自家用有償運送」。
- 日立電鉄跡地を利用したBRT導入（4m単線専用道路と歩道併設、約8.5km・所要約26分）。2017年秋、このBRTの無人運転化を模索して利用者アンケート調査を実施。

- **横須賀（神奈川県）**

  人口約40万人、高齢化率約30％（高齢者数は2020年頃ピーク迎える。人口減は年約0.5％）、財政規模約1,400億円、財政力指数0.81 JR東日本横須賀線、京浜急行、市内の路線バスは京浜急行グループが運行。

- **若い都市**
- **武蔵野（東京都）**

  人口約14万人、高齢化率約23％（2030年頃から高齢者急増、人口微減）、財政規

模約630億円、財政力指数1.43（都内随一）

　JR東日本中央線、京王電鉄、西武鉄道、民営バス4社。

・古くから「コミュニティバス」の導入に積極的で、全国のバスの先駆けとなった「ムーバス」を1995年11月運行開始、現在7路線、運賃100円、市内運行する乗合バス会社2社に運行委託。

　バス停から300m以上以遠の地域を公共交通空白地域、300m以内であってもバス便の少ない地域を公共交通不便地域とし、その解消を目指す。

・**町田（東京都）**

　約43万人、高齢化率約25％（高齢者は現在急増中。人口も増加中、2020年頃に人口のピーク）、財政規模約1,400億円、財政力指数0.97

　JR東日本横浜線、小田急電鉄、京王電鉄、東京急行、民営バス3社

・市・住民・事業者3者協働の「コミュニティバス」が多く運行、「玉っこ（北ルート、東ルート）」「かわせみ号」（運賃180円、バス事業者に運行委託、運行事業者が異なる）。

・東西に長い市域に起因する公共交通不便地区の対策として、「市民バス　まちっこ」ルート（運賃100円、乗合バス会社に運行委託し、赤字分を市が補助、便数多い）。

・**政令指定市**

・**静岡（第3章4参照）**

　人口70.0万人（2016年70万人を切った。首都圏・名古屋圏への流出が多いのが原因）、高齢化率28.6％（2015年）、財政規模約2,820億円、財政力指数0.90

　2003年、旧静岡市と旧清水市が対等合併し、現在の静岡市になった。

　鉄道はJR東海東海道本線、静岡鉄道、大井川鉄道。

　路線バスは、しずてつジャストライン、富士急静岡バス、山交タウンコーチ、路線数は47（うち、1路線は昼間のデマンド化）。

　「自主運行バス」3路線。

　コミュニティバス「ゆいばす」（由比コミュニティバス）2路線（運賃は路線により、定額200円、対キロ制、ブロックに分け定額200〜1,200円（非常に長い路線・運行時間が約1時間半というのもある）、毎日運行ではなく、隔日の曜日運行）。

　NPO運営・公共交通空白地自家用有償運送1。

　2013年「静岡市バス交通計画」策定。バス利用者は横ばいだが、路線バスへの補助額、自主運行バス（路線バスの廃止代替で、市運営・タクシー事業者等に運行委

託）の路線数等が増加傾向。同計画では、市内を「都心部・市街地」「郊外地」「山間地」の3つの地域に分け、それぞれの将来のバス交通の目標を設定。バス路線の再編成（路線の集約化、BRT・コミュニティバスの導入を検討）、バス路線維持（路線バスへの補助、路線バス集約化などの見直しなど）、自主運行バスへの補助、自主運行バスの運行方法の見直し（デマンド化、NPO運営・公共交通空白地自家用有償運送化等）を挙げる。

路線維持に関して、平均乗車密度を基準に系統補助・区間補助について、評価を行うことを明らかにし、また、他市の事例を挙げて、運行方式、運行継続の判断等を定量的に行うことを示唆している。その一つの考え方として、事業者から路線単独維持が困難との申し出があった場合、または、路線廃止の申し出があった場合、代替路線の有無、路線集約化の可能性、乗車密度等を勘案して、補助による維持を目指すケース、住民主体の生活交通を目指すケース等を挙げている。

・岡山（第3章4参照）

人口71.9万人、高齢化率24.9％、財政規模約2,900億円、財政力指数0.75

1960年頃、岡山市、倉敷市など含む大合併構想があったが頓挫、2005年及び2007年にそれぞれ周辺の2町を吸収合併。

JR西日本山陽新幹線、山陽本線、赤穂線、宇野線、本四備讃線、吉備線、津山線、民営路面電車と民営バス8社。

「岡山市都市交通戦略」策定（2011）、一極集中型の都市構造、バス路線は中心部から放射状、平坦な地勢から市街地が拡大、通勤・通学を中心として自転車利用も多い、都心と地域拠点との連携軸の強化、都心内の回遊性の向上を目標とする。

NPO運営の公共交通空白地自家用有償運送1地区（足守地区・市北西部の丘陵地帯、面積約69km²、人口約7,000人、高齢化率約33％（2011）、路線バス減便から小学生のバス通学が困難になった2004年春から検討した結果、社会福祉法人が運営主体となって事業開始（同年11月）、開始時の登録会員数404人、週6日運行（平日運行）、同地区居住者等に限定、運賃はゾーン制、ゾーン内は400円/回、ゾーン越えると500円/回、29人乗り車両）。

2015年8月政令指定市として初めて、民間賃貸住宅40戸利用した「お試し住宅」を開始。岡山県外から岡山市へのUIターン希望者を対象とし、月額1.5万円を超える家賃最大3.3万円まで最長3か月間補助、仲介手数料も家賃1か月分（最大4.8万円）を補助、最大6か月間の定期借家契約し、延長可能。

・熊本（第3章4参照）

　人口74.0万人、高齢化率24.4％、財政規模約2,800億円、財政力指数0.66

　JR九州九州新幹線、鹿児島本線、豊肥本線、熊本電気鉄道、市電、民営バス4社。「公共交通基本条例」制定（2013）、市営バスを廃止・民営化（2015年、数年をかけて徐々に路線移譲）、路線バス補助のほか、以下の通り。

・「公共交通空白地域」（バス停から1km以上）に「乗合タクシー」17地域（1地域デマンド型運行）。

・「公共交通不便地域」（バス停から500m以上1km未満）に「乗合タクシー」1地域。

・休日は公用車2台のカーシェアリングを実施。

　公共交通事業の経営悪化と交通容量の限界等から、効率の良い公共交通を目指すため、バス路線を再編成し、「幹線」「支線」「フィーダー」「コミュニティ路線」等に分け、「乗継拠点」となるターミナルを整備して、「ゾーンバス」を導入する構想がある。

　すなわち、バス路線を「幹線」（中心部と拠点間の放射状路線）、市街地幹線（市街地内を運行）、「市街地環状」（市街地内で拠点間を連絡する環状の路線）、「支線」（結節点間を結ぶ路線、地域内の面的サービス路線）、「中心部循環」の5つに分類し、各々について、運行間隔（幹線10分〜支線60分）目標を設定、結節点・乗換拠点として、「主要ターミナル」（中心部の公共交通体系の核となり複数公共交通機関の結節点）、「サブターミナル」（幹線と市街地環状が交差する拠点）、「ミニ・バスターミナル」（商業施設や医療施設等地域の拠点機能、幹線と市街地環状、支線の結節点）を設ける考え方。

・浜松（第3章4参照）

　人口78.9万人、高齢化率26.7％、財政規模約2,800億円、財政力指数0.85

　2005年の市町村合併で旧市町村を区域とした12の地域自治区を設定（広域合併で、高山市に次ぐ面積である）。

　JR東海東海道新幹線、東海道本線、遠州鉄道、天竜浜名湖鉄道、民営バス3社。かつて市営バス（市交通部）があったが、1984〜86年に民間に順次移管された。

　路線バス補助（国県のみ）のほか、以下の通り。

・市街地循環バス「くるる」3ルート（運賃100円）。

・合併前市町村の運行バス（有料・無料）を中心に、「自主運行バス」1路線（事業者に運行委託、「地域バス」に移行を検討）。

・「地域バス」11路線（地域フィーダー、事業者運行委託、地域住民が検討主体（地

域交通検討会）となり、ルート・運賃等策定し、運行経費の80％を限度に市が補助、2年間の実績等検証し、収支率が20％切ると、改善運行としてルート変更、減便を行い、さらに「最低保証運行」として、2往復/日×2日/週・デマンド運行）。この「最低保証運行」は市民のシビルミニマムと位置付けられている。現在、市の負担は年2.5億円（路線バスを維持するコツは「乗ってもらう」こと、としている）。

・「公共交通空白地自家用有償運送」2地区（タクシー撤退地域）（NPOが運営、平日運行、運賃は地区で定額制、1地区は2台・500～4,700円、1地区は1台・500～3,100円）、市は初期投資（車両等）・運行経費に補助（経常赤字の1/2限度）。

・スクールバス混乗はない。

・70歳以上高齢者に「地域パス」（4,000円相当）という鉄道、バス、タクシー、ガソリン券、マッサージの中から選択するサービスを提供している。

　福祉自家用有償運送はNPO法人、社会福祉協議会が運営主体だが、障害者自立支援法に基づく補助が大きく、「有償」ではなく、「無償」にする主体が多く、減少傾向。

・新潟（第3章4参照）

　人口80.7万人、高齢化率27.2％、財政規模約3,500億円、財政力指数0.70

　JR東日本上越新幹線、信越本線、羽越本線、越後線、磐越西線、白新線、民営バスはほとんどが新潟交通及びその子会社。

　「にいがた交通戦略プラン」を策定（2014一部改定）。

　市内中心部にBRTによる1路線新設（2015.9）。

　路線バス補助のほか、以下の通り。

・「区バス」7区（市が運営し事業者に運行委託、2007年政令指定市移行前後から、中央区（新潟交通の路線が充実）を除く7区で運行（収支率3割が継続要件）。

・「住民バス」（住民が運営主体、事業者運行委託、市一部補助（運行経費の7割上限・市の負担3億円/年、「区バス」を引き継いだものもある）。

・北九州（第3章4参照）

　人口96.0万人、高齢化率29.7％（人口減少（最近の減少数は日本一）・高齢化が進んで、石炭・鉄鋼等で栄えたかつての面影はなくなっている）、財政規模約5,300億円、財政力指数0.69

　1963年に合併した旧5市を継承した5区（門司、若松、戸畑、小倉、八幡）は、区による違いも大きく、小倉都心・黒崎副都心という「北九州市ルネッサンス構想」を推進していたが、現在では小倉一極集中という感じになっている。

JR九州山陽新幹線、鹿児島本線、日豊本線、日田彦線、山陽本線、北九州モノレール、筑豊電気鉄道、平成筑豊鉄道、バスは市営（旧若松市営）、西鉄で事業エリアが違う。市営バスの経営悪化が大きな課題。

「環境首都総合交通戦略」（2008策定・2014改定）を踏まえ、「地域公共交通網形成計画」策定（2016）、2020年を目標年次とし、市公共交通カバー率を80％で維持、公共交通分担率の約24％向上、を図る。

公共交通拠点（主要交通拠点、交通拠点、生活交通拠点）と公共交通軸（鉄・軌道、バス）を設定し、主要幹線軸（概ね約10分に1本）、幹線軸（概ね約30分に1本）と支線で市民の足を守る。

・「おでかけ交通」8地域（公共交通空白地域（バス路線の廃止地域が多い）・高齢化進行地域（同市は全国平均より高齢化率が高いが、市内でも全市域平均より高齢化率が高い）において、地元協議会が運営主体の乗合タクシー・普通タクシー（タクシー会社に運行委託）等に市が一部補助、平日運行7:00～18:00が多い）。

・福岡（第3章4参照）

人口約150万人（人口増加中、2020年度頃がピーク）、高齢化率約22％（2015）、財政規模約7,700億円、財政力指数0.84

JR九州山陽新幹線、九州新幹線、鹿児島本線、篠栗線、西鉄、市営地下鉄、民営バスは西鉄。

「地域公共交通網形成計画」（2015.3策定）では「人に安心、まちに活力、地球にやさしい～コンパクトで持続可能なユニバーサル都市・福岡を支える交通～」を基本理念にしている。

具体的な施策として、博多駅周辺を中心に道路混雑の著しい区間において、バスの走行環境改善（バス専用レーンの整備等）、都心拠点間の公共交通幹線軸の整備などを掲げる一方で、バス路線の廃止等により新たに生じる公共交通空白地には、生活交通特別対策地域を指定し、補助対象として代替交通を整備する、としている。

・相模原（第3章4参照）

人口約72万人、高齢化率23.9％、財政規模約2,700億円、財政力指数0.96

JR東日本横浜線、相模線、中央線、小田急電鉄、京王電鉄、民営バス5社（うち2社は最大路線を持つ1社の地域子会社（中山間地））。

新交通システムの導入を検討中(当初BRT導入を目論んだが、市民の反対で撤回)。

・数地区「コミュニティバス」「乗合タクシー」を本格運行・実証実験中（公共交

通不便地域（駅・バス停からの距離）を指定、住民が希望し、地域公共交通会議で合意が得られれば、市が運行事業者を選定して実証実験（1年程度）、結果を検証して継続要件を満たすと本格運行、市が相当程度（運行経費の約半分程度？）補助することとしている。2006年に「コミュニティバス」実証実験を開始、相模原市も浜松市と似た考え方であるが、「最低保証運行」の考え方はない）。

生活交通等に関する状況
交通に関して過去に講じられた施策例

比較的古くから過疎地で行われた施策がほとんどで、少々時点が古いものが多いが、興味深い事例を挙げる（自治体名称は当時のもの）[95]。

・広域自治体をまたがるバス

　岐阜県廃止代替バス：補助金増加防止ため基準策定、複数市町村路線の補助金按分（県、国（県境越え）の役割重要）

　青森県津軽地方：広域市町村が共同で単独補助（目的等への共通認識、合意形成ルールの重要性）

　広島県能見島：第3セクターを設立

・住民組織によるバスサービスの確保

　京都市伏見区「醍醐コミュニティバス」：運賃収入は半分を目途、自治体等の補助なし、会員制、負担金

　愛知県豊田市「ふれあいバス」：市が主導型、運賃収入は半分を目途、会員制、負担金、回数券は非会員も購入可能

　愛知県小牧市「桃花台バス」：事業者（あおい交通）主導

・過疎地域に新規路線サービス

　青森県鰺ヶ沢町：住民が回数券購入で路線維持

・平成の大合併前後の複数自治体間パートナーシップ

　西東京市（2001年合併）「コミュニティバス」：田無・保谷両市合併の目玉施策で

95　寺田一薫編著『地方分権とバス交通』（2005）等による

あった。2002年運行開始（3路線）

島根県安来市（2004年合併）一部事務組合運営「イエローバス」：2000年運行開始。一般会計に継承

和歌山県岩出市、紀の川市「事実上の協議会」によるコミュニティバス：2002年本格運行

・NPO法人が村から運行受託

長野県中川村：村営バス再編（有料・無料、計9路線から運航方式を変更し、「巡回」「スクール」「コミューター」に統合）で2004年本格運行、乗客増加

・タクシー券制度に代わる路線バス復活

館林市：モータリゼーションの影響により1987年に市内の民営バスが全部撤退、（これに合わせて導入された）「オレンジタクシー券」制度の市負担の大きさ（6,800万円/年超）から路線バスが復活（1997）、2001年現在7路線、入札制の実施、適正利潤の見直しにより経費節減（補助金約170〜240円/輸送1人）

・福祉タクシー券制度見直しと路線バス復活

長野県大町市：路線バスが順次廃止され、「福祉タクシー券」制度が拡充したが、路線バス復活の要求が強く、2000年コミュニティバス（路線）が復活、2002年現在4路線、入札制で経費節減（補助金約220円/輸送1人）。なお、乗降客の少ない1路線をデマンド型は廃止か、を検討（2013）

・デマンド交通

広島県大和町（現三原市）：2003年12月、デマンド型乗合「ふれあいタクシー」が運行開始（運賃300円）、収入の9割以上が町補助金（約1,200万円）

・町内会による巡回タクシー

広島県三次市：タクシー会社と往復配車契約を締結、代表者が前日までに乗車数・送迎地点申込み、運賃（当初1,000円）は住民同士で集金

・自治体福祉有償運送を社会福祉協議会（福祉のむら）に事業として委託

岡山県備中町：福祉車両を貸出し、登録・運転業務者ともに地区住民

・自治体保有車両の有償貸出し

　鳥取県日南町：福祉車両等を予約制であることと有償で貸出し、市民が利用（自治体保有車両のカーシェアリング）

　なお、最近の事例については、国土交通省HP地域公共交通支援センター「地域公共交通活性化事例について」で検索できる。

交通以外の施策例

　関連情報として事例などを挙げておく（本文との重複は極力避けている）。

・コンパクトシティ化（中心市街地の活性化など）、都市機能・施設の集約

　・方向性は正しいが、現実には期待されるほど実績が上がっていない例多い

　・2014年度国土交通省はコンパクトシティ形成支援事業（医療福祉施設、教育文化施設等都市のコアになる施設の集約地域への移転促進、移転跡地の都市的利用からの転換を促進する支援制度）を創設

　・38都道府県130市町が同支援制度を活用し、立地計画作りを進めている（「朝日新聞」2015年5月14日朝刊）

・行政サービス・社会インフラの選択的集約、都市機能・施設の集約、複数の自治体で行政サービスの一体運用（連携・分担）

　・行政サービスの一体運用はいくつかの市町村ですでに実施中（高知県東部5町村など）

　・官公庁庁舎、公民館、小中学校、保育所、公営住宅等の統廃合

　　すでに動きあり、中心部の統合の際は跡施設・跡地の高齢者施設等への転用も視野に

　・「小中学校35％減、（40年から）80年耐用にしないと、現行施設維持費8,000億円では無理」（文科省試算）、2035年に小中学生・保育園児は約2/3に減少するので、小中学校・保育園1/3不要になるのではないか、一方、首都圏等待機児童問題があり、若い親の収入が必ずしも高くない、地域的なミスマッチなどが原因と考えられる

　　・教職員

　　　小中学校70万人、保育園55万人も削減の必要（公立は自治体財政にも影響）

　・さいたま市は、体育館図書館等6施設を中心部へ集約予定（公的施設約1,700か所、維持費用約280億円）

・既存インフラの有効活用・多機能的活用

　廃校、公民館等を利用した図書館、カフェ等、老人用福祉施設は多数ある

・道路、橋梁、上下水道等でも維持更新ではなく、廃止を実施せざるを得ない

維持コストを下げる工夫がまず必要（例　合併浄化槽、ソーラーパネル）、

水道料アップする自治体急増財政難等から道路、橋梁を修繕できない市町村が出ている

上下水道等の利用料は過去の資本費・管理費相当分であり、再整備費用の留保ない場合が多い。

水道料金値上げの動きが加速しているが、設備老朽化、利用者の減少が原因であり、2040年までに半数近くの自治体が3割以上値上げすると見られる。長野市試算によると、50年後には倍の料金必要（更新費急増、年70億円、人口半減）（「日経新聞」2015年6月4日夕刊）、下水道（46万kmのうち、4万kmが約10年後に更新時期を迎える）（「日経新聞」2015年6月8日朝刊）

・病院・福祉施設等も建替え時等には中心部、他自治体へ（首都圏で用地確保難）

20〜30年ほど前に郊外に総合病院等が移転し、現時点での建替え需要は必ずしも多くないと考えられる

杉並区は、自区民用特養を静岡県南伊豆町に建設（「介護移住」）・介護費用負担も2017年供用開始、豊島区等も同様な検討をしている

盛岡市中心部の私立医大病院の郊外移転が懸念材料（主要都市施設が市内中心部に残っていることが盛岡市の強みであった）

酒田市の県立、市立病院が2008年に統合、地方独立行政法人「日本海総合病院」と分担（急性期・回復期）・連携して、収支改善

・「公営住宅」の整備、福祉施設一体型の住宅整備

市営団地（柏市、豊四季台団地で一部を高齢者向住宅に改装、医療福祉施設を誘致）

UR運営の団地内で医療福祉拠点づくり（首都圏・近畿圏の23団地（高島平、多摩ニュータウン、奈良北、千里ニュータウン等）で利用者が減少した駐車場等空施設を活用して医療福祉拠点づくり（2014年度〜）

大規模な地域再編をしても、人口減少ほどには社会資本に係る公的支出は減少しない、地域再編に関して、社会資本の効率性の観点から住民の合意が形成されるとは考えにくいとの指摘[96]もある。

・都市の膨張の制限

96　国土交通政策研究所「人口減少地域における地域・社会資本マネジメントに関する研究」（2009）「北海道空知地方に関する試算」

252

・周辺部への大型商業施設、住宅等建設の抑制

・土地利用規制の抜本的見直し（都市膨張はさせない）

新設は止められるが、既存の施設は営業できる限り存続するのが実態（郊外部では車移動し大型商業施設で買物、というライフスタイルが定着している地域も多い、中小都市のコミュニティバス等には大型商業施設をバス停とするものも多い）

上水道は供給義務があり、都市膨張の弊害（住民がいる限り供給義務があり、維持コスト増）が如実に現れる

逆線引きは困難（個人の財産権の侵害になる）

・移住の推進

・中心部空家の活用、放置危険空家に係る固定資産税減免措置の廃止

空家の活用方策、財源確保が難しい。放置危険空家に係る減免廃止措置済み

文京区は、空家解体費（上限200万円）を負担・無償借上げ、広場等として利用、10年後再協議。長崎市は空家を市に無償譲渡、公園整備、自治会で管理する例。こうした事例はまれ。

資産価値が高いと考え、安価で手放（売却）したくない（所有したい）人が多い？

公営住宅の建替えより自治体が中心部空家を借り受け、福祉・医療付で、高齢者移住を推進するほうが効果的（時間・費用）ではないか（賃料が固定資産税相当以上なら、所有者は当面の実損なし）

お試し移住施設を持つ自治体は約3割・248/893市町村（移住・交流推進機構）、岡山市（医療福祉施設充実）は、UIターン者対象に民間賃貸40戸「お試し移住」（家賃1.5万円超の物件は最大3.3万円・3月分等市が負担）

・郊外（優良）空家を自治体・事業者が買取・借受等、子育て世代等へ貸付け

自治体の「地域優良賃貸住宅制度」を活用（事業費の45％を国が補助（社会資本整備総合交付金））（地方ではあまり活用されていない（されない）との声もある）

・公営住宅建替（財源厳しい）時等には中心部へ、医療・福祉施設と一体化

住生活基本計画は公営賃貸（100戸以上）に医療・福祉・子育て等施設併設、目標率2020年に25％）

熊本県は、熊本市内で県営住宅建替時に、福祉施設を1Fに併設

青森市は、民間が青森駅前中心部に医療・福祉施設と一体化したマンション整備

URの高度成長期に建築した郊外団地で空室率の高いものに居住する住民を、同意を得て、駅近くに新設するUR団地（500戸程度）に住み替えてもらう（2

つの団地の統合も）ことを検討中（UR法改正が必要（改築する際、隣接地が
要件であったが、飛び地にも改再築できるように））（東京圏、大阪圏を想定、
高島平・町田・多摩ニュータウン・千里・泉北の一部）、一方、URは1,700団地、
75万戸を管理；経営改善（現在、繰越欠損約1,700億円、有利子債務約12兆円）、
管理戸数を減少させる方針、2030年 72万戸、2045年 65万戸）

県営・市営等住宅も総管理戸数は横ばい・募集は減少傾向（新規の入居が困難）

「多世代が暮らせる」まちづくり（例 「シェアー金沢」（児童、学生、高齢者
等多世代の相互扶助）

・医療・福祉一体型の住宅整備等の所要の施策が人口減少・高齢化のスピードに
間に合うか？

国・地方の財政はさらに厳しくなる（地方は2025〜35年に人口は対2010年比、
約20％以上減少、高齢者数はほぼピークに近づく、高齢化率は30％を超え、
40％に近づく県も少なくない）（急性期医療施設は過剰になる地方も出る）。

全国で高齢単独世帯の4割が共同住宅、1/3が借家に住んでおり、一部高齢者・
母子家庭の貧困世帯（生活保護受給者）が増加等により、全国的に公的住宅ス
トックが不足する恐れが大きい

・「公営住宅」供給量を増加する必要

・貧困問題、高齢者世帯等対策等でも公的住宅ストック整備する必要（高齢者
の賃貸大家に補助…文京区（高齢化率21％）最大2万円）

・限界集落等から公営住宅「等」へ移住「勧告」（住居は自治体が準備（中心部
空家を借受け、転貸等…賃料は固定資産税相当?で十分ではないか））

現在住んでいる住居の売却が困難（「売却できる」とは、その場所に「住む（住
みたい）人」の存在を意味するが、郊外に住みたい人が減少）

問題点を指摘すると、①公営住宅等の空室がない限り転居できないのが実態で
はないか、②経済的理由として引越費用を捻出できない人がおり、引越費用を
自治体が負担してもインフラを維持するよりコストが安いのではないか、③公
営住宅の入居基準の一つである年収等が厳しくなり住宅難民が増加する可能性
が大きい。都心部の空家を活用できれば、空家対策・中心市街地活性化などの
一石二鳥の効果が期待できる。

集合団地に居住したほうが維持コスト、医療・福祉など高齢者対策の面から効率的
（夕張市は公営住宅入居者等の中心部移転（新市営住宅「歩、萌」等）数千人
規模を実施中、もっとも約20年後どれだけの人口かは疑問（第5章2－2参照））

旧東ドイツ（人口急減）の都市改造計画（減築…老朽住宅解体と新共同住宅建

設）（第5章2－1　Bund-Lande-Programm　Stadtumbau　Ost　und　West参照）

・公的住宅ストックの整備財源（他の施策との優先度）の問題

・対象集落の決定方法（住民の合意）、移住拒否者への対応等難題も多い

・広域移住

多くの地方都市で首都圏等からの移住を推進、就業、医療・介護等を目的とし
て、PR、お試し移住等の費用の一部を補助、空家紹介、（実際に住む際の）家
賃一部補助等を講じている自治体が多い

移住者は現時点では必ずしも多くない、かつて成功例と言われた北海道伊達市
も転出増に転じた

「シェアー金沢」は一定の街区に、高齢者、学生、児童など多世代の集住を図り、
多世代のコミュニティを目指している

浜田市は、一人親世帯に着目し、市内で介護事業等に携わる場合（高齢者の介
護とシングルマザー支援がセットの対策）、転居・住居費用の補助を行っている

なお、日本創成会議が2015年、首都圏の高齢者急増及びそれによる医療・介護
施設の著しい不足に対して、医療・介護ともに受け入れ可能な地域として、全
国41地域を挙げ、広域移住を提言した[97]。挙げられた41地域のほとんどが地方
の県庁所在市、中核市である

97　日本創成会議「東京圏高齢化危機回避戦略」（2015.6）。41地域は、大都市型として
　　北九州市、地方都市型として室蘭市、函館市、旭川市、帯広市、釧路市、青森市、
　　弘前市、秋田市、山形市、上越市、富山市、高岡市、福井市、福知山市、和歌山市、
　　岡山市、鳥取市、米子市、松江市、宇部市、高松市、坂出市、三豊市、徳島市、新
　　居浜市、松山市、高知市、大牟田市、鳥栖市、別府市、八代市、宮古島市、また、
　　地方都市型準地域として北見市、盛岡市、金沢市、山口市、下関市、熊本市、長崎市、
　　鹿児島市。
　　地方の中枢都市は、現在医療・介護施設が相対的に整っており、今後人口減少が進み、
　　施設に余裕が生まれることが、ここに挙げられた大きな理由である。

参考にさせていただいた自治体

　インタビュー、ヒアリング、HPの閲覧等の方法により、本研究の参考にさせていただいた自治体は、以下のとおりである。ここに心から感謝の意を表したい。

北海道

　赤平市、旭川市、芦別市、網走市、石狩市、岩見沢市、歌志内市、恵庭市、江別市、小樽市、帯広市、北広島市、北見市、釧路市、札幌市、士別市、砂川市、滝川市、千歳市、苫小牧市、名寄市、根室市、登別市、函館市、美唄市、深川市、富良野市、北斗市、三笠市、室蘭市、紋別市、夕張市、留萌市、稚内市、白糠町、仁木町、美深町

青森県

　青森県、青森市、黒石市、五所川原市、つがる市、十和田市、八戸市、平川市、弘前市、三沢市、むつ市、鰺ヶ沢町、板柳町、大鰐町、階上町、藤里町、田舎館村、西目屋村

岩手県

　盛岡市

宮城県

　大崎市

秋田県

　秋田市、大館市、男鹿市、潟上市、鹿角市、北秋田市、仙北市、大仙市、にかほ市、能代市、湯沢市、由利本荘市、横手市、藤城町、美郷町

山形県

　酒田市、鶴岡市、長井市、南陽市、山形市、小国町、川西町、白鷹町

福島県

　会津若松市、喜多方市、郡山市、伊達市、福島市、南相馬市

茨城県

牛久市、かすみがうら市、神栖市、古河市、つくば市、行方市、常陸太田市、日立市、水戸市、五霞町、東海村

栃木県

足利市、宇都宮市、佐野市、真岡市、那賀川町、芳賀町、茂木町

群馬県

伊勢崎市、太田市、館林市、前橋市

埼玉県

上尾市、春日部市、熊谷市、越谷市、さいたま市、小川町、ときがわ町、鳩山町、東秩父村

千葉県

鴨川市、君津市、千葉市、野田市、南房総市、八街市、大多喜町

東京都

町田市、武蔵野市

神奈川県

小田原市、鎌倉市、川崎市、相模原市、藤沢市、三浦市、横須賀市、横浜市、真鶴町

新潟県

魚沼市、柏崎市、佐渡市、三条市、上越市、長岡市、新潟市、見附市

富山県

小矢部市、黒部市、高岡市、富山市

石川県

金沢市

福井県

あわら市、越前市、大野市、勝山市、坂井市、鯖江市、福井市、永平寺町、越前町

山梨県

甲府市

長野県

長野市、松本市、大桑村

岐阜県

海津市、各務原市、岐阜市、高山市、土岐市、羽島市、飛騨市、美濃加茂市

静岡県

伊豆市、御殿場市、静岡市、下田市、沼津市、浜松市、富士市、小山町、西伊豆町、松原町、南伊豆町

愛知県

一宮市、岡崎市、蒲郡市、清須市、田原市、豊川市、豊田市、豊橋市、長久手市、名古屋市、日進市、弥富市、武豊町、豊山町、南知多町、飛島村

三重県

伊賀市、伊勢市、津市、名張市、松坂市、四日市市、紀北町

滋賀県

大津市

京都府

木津川市、京丹後市、福知山市

大阪府

河内長野市

兵庫県

小野市、豊岡市、姫路市

奈良県

奈良市、宇陀市、広陵町

和歌山県

和歌山市、紀の川市

鳥取県

境港市、鳥取市、米子市、江府町、大山町、南部町、日南町、日野町、日吉津町、
伯耆町

島根県

大田市、松江市

岡山県

井原市、岡山市、倉敷市、瀬戸内市、高梁市、久米南町

広島県

江田島市、呉市、廿日市市、東広島市、福山市、三原市、上大崎町、坂町、
神石高原町

山口県

山陽小野田市、下関市、周南市、萩市、山口市

徳島県

阿南市、阿波市、小松島市、徳島市、鳴門市、三好市、美馬市、吉野川市

香川県

高松市、土庄町、小豆島町

愛媛県

西条市、新居浜市、東温市、松山市、愛南町

高知県

安芸市、香美市、高知市、香南市、四万十市、宿毛市、須崎市、土佐市、土佐清水市、南国市、室戸市

福岡県

朝倉市、北九州市、久留米市、筑紫野市、中間市、福岡市、豊前市、那賀川町

佐賀県

唐津市、佐賀市、玄海町、吉野ヶ里町

長崎県

壱岐市、諫早市、雲仙市、大村市、五島市、西海市、佐世保市、島原市、対馬市、長崎市、平戸市、松浦市、南島原市

熊本県

熊本市、人吉市、水俣市、八代市、大津町、嘉島町、多良木町、和水町、錦町、湯前町、あさぎり村、五木村、球磨村、相良村、水上村、山江村

大分県

大分市、中津市

宮崎県

えびの市、大崎市、延岡市、日向市、宮崎市、美郷町、門川町、椎葉村、諸塚村

鹿児島県

鹿児島市、鹿屋市、霧島市、薩摩川内市

沖縄県

那覇市

おわりに

　人口ピラミッドの変化を始めとする日本の社会構造の変化は「すさまじい」の一語に尽きるが、決して今に始まったわけではなく、1990年代前半にバブル経済が崩壊し、生産年齢人口が減少を始め、非正規雇用者が急増する等数々の現象はその証左であった。1985年の「経済白書」では高齢化に関して、特に、年金、医療を中心に論じているが、それから30年、いくつかの施策は講じられたが抜本的な対策はなされなかった。人口増加等を前提とした諸制度を基に生活してきた日本人にとっては、激しい痛みを伴うものであり、高齢者・若者の世代間格差を顕現化するものであった。それが故に、問題を先送りしたことも否めない。しかし、本稿で述べた通り、現実は非常に過酷なものである。なんとかなるだろうといった甘い予想は捨てるべきである、というのが筆者の偽らざる実感である。「偶然と言ってもよいほどの幸運」をつかみ続けた日清・日露戦争、高度経済成長下の成功体験を持つ世代と失われた20（30）年の世代と比べると大きく人生観が違うと言われるが、どのような制度設計、施策を講じるにしても、高齢化し、人口減少が今後、数十年（2世代分以上）の長期にわたって続くことだけは何人も否定できない以上、少なくとも将来世代に負担をかけることだけは決してしてはならない。

　東西ドイツ統一後、年2％以上の人口減少で非常に深刻な事態に陥った東ドイツ地区と同レベルの人口減少が、すでに日本の数多くの過疎地で生じているし、今後ますます増加するであろう。

　2035年頃の県庁所在市（政令指定市を除く）の交通の姿を考えてみるというのが、筆者の問題意識であった。現在、地方中枢拠点都市を地方における「受皿」（一極集中を避け、地方で自立していく核になる）とする政策が講じられているため、また、県内の人口移動はやはり県庁所在市へ向かうことが多いため、さらに、県と市との役割分担も今後変化するとしても、県にとってもその県庁所在市がどうなるか、というのは非常にインパクトが大きいだろう、というのが研究の対象とした理由であった。

　2035年というと約20年後、約1世代後であり、人口は2010年に比べ約12.5％（1/8）減少し（1975年の約1億1,200人のレベルに戻る）、高齢化率は約33％と約8％上昇する（高齢者が総人口の1/4から1/3になる）。高度経

済成長を支えた最大のボリュームゾーンである団塊の世代も80代後半にな
る。地域的に見ると、ほとんどの道府県はすでに人口減少が始まっており
（神奈川県、埼玉県が2020年、沖縄県が2025年頃から人口減少が始まる）、
東京都はようやく2030年頃から人口減少が始まる。三大都市圏、福岡県、
沖縄県を除けば、高齢者も減少し続けている。三大都市圏等では高齢者の
急増は2045年頃まで止まらない。高齢化率の上昇も同様で、全国平均より
高齢化率が低いのは三大都市圏と沖縄。秋田県、青森県では40％に達する。
人口構造を見ると、地域格差が著しく、「全国平均」の意味があまりない
のではないかとも思える。各県内で見ると、県庁所在市や多くの中核市、
それ例外の市町村は三大都市圏とそれ以外の関係に似ている。

　このあまりに激しい人口減少・高齢化のスピード、規模に加えて、新し
い社会問題が数多く生じている、住宅問題、貧困問題、医療・介護・福祉
問題等であり、非常に深刻で、かつ、地域差も大きい。さらに、国・地方
自治体の財政悪化も著しく、今後、人口減少・高齢化、単独世帯増加等の
人口問題の社会構造の変化から、さらに悪化する可能性が極めて高い。こ
のため、社会資本の老朽化、交通分野を含む各種施策への支援等への財政
負担も一層厳しくなると考えられる。

　一方、生活の足を支えてきた公共交通事業者の経営は悪化の一途をたど
り、人口減少・高齢化はそれに拍車をかける。2035年頃、三大都市圏を除
くと、民営バス事業が成立している市町村は数えるばかりではないかとす
ら考えられる。さらに、労働環境の悪さ等から、第二種免許保有者が減る
とともに、高齢化が進み、事業用自動車の運転者が不足する事態が近い将
来に到来するおそれが大きい。

　ゼロサムではなく、全体が縮小する中で、どのようにしていくべきか。

　都市政策の面では、現在の都市規模を維持することは不可能であり、現
状の集落機能の維持にとどまらず、移転を含む「空間的再編」＝「スマー
トシュリンク」を進めるべきである。その際、社会インフラ、都市機能、
行政機能等の「維持する範囲（取捨選択）の判断」を、市民に可視化した
時期、量、費用、負担者、財源等情報の開示をしたうえで、市民参加、と
りわけ負担の可能性が高い若年層を含めて実施すべきである。

　人がどこに住み、生活を営むかによって、各種施策が変わり得るが、交

通分野では、まちの「スマートシュリンク」と合わせて、サービス縮小(「維持する範囲・レベル」(取捨選択))の判断をしていかなければならない。

しかし、まちのシュリンクも社会構造の変化に「完全には対応しきれない」と考えられる。①移動制約者、いわゆる交通弱者の増加(高齢者、医療・介護、認知症、貧困等が原因) ②「移住」のための財源確保には、通常、現在の家の処分が必要だが売却可能か ③「移住」を望まない人の存在 ④合意形成の難しさ ⑤シュリンクの必要性・規模・スピード等に関する認識、判断、効果のタイムラグ ⑥社会構造の変化が早く、かつ、大きいため、時期的に・規模的に対応できるか等が原因である。このため、「交通」の分野でカバーせざるを得ないし、時期、地域により異なる対応が必要である。

交通事業者、運転者を巡る上記のような状況から、現在の道路交通法、道路運送法では現実への対応が困難な局面が出現すると考えられる。その結果、自家用車、第一種免許保有者の活用が不可避になると考える。もちろん、地域により、時期、規模などに違いはあるが、具体的な提案として、①「みなし第二種限定」免許 ②一般私人運営の自家用有償運送、を挙げたい。従来の制度からは大きく一歩を踏み出すことになるが、社会全体を「スマートシュリンク」させていくためには避けて通れないと考える。

2035年の全国平均的な人口構造に到達するスピードは、研究対象とした県庁所在市(政令指定市を除く)30都市の中で大きく違いがある。交通を巡る状況が人口構成に相当程度影響を受けている実態に鑑みると、青森市、秋田市といったグループでは2025年までに、2035年の全国平均並みの状況になる。あと10年もないのである。さらに、人口20万人未満(県庁所在市は概ねすべて20万人以上)の市町村に全人口の約半分が居住していることを考えると、小規模な市町村ではもっと早く到来することになる。また、すでに到来している市町村もある。今回の提案を含む制度設計を行ううえでは、人口の半分どころか、そのまた半分が対象エリアになることでも大変なことである。要するに2035年の全国平均の姿、平均的な県庁所在市の姿を考察するにあたっても、早い県庁所在市、小規模な都市に対する施策も含めて、もっと早くから考えておかなければならないのである。

今後10年の間に日本社会にはすさまじく大きな変化が生じる。我々に残された時間は決して多くない。

図6.2　経済成長と諸問題

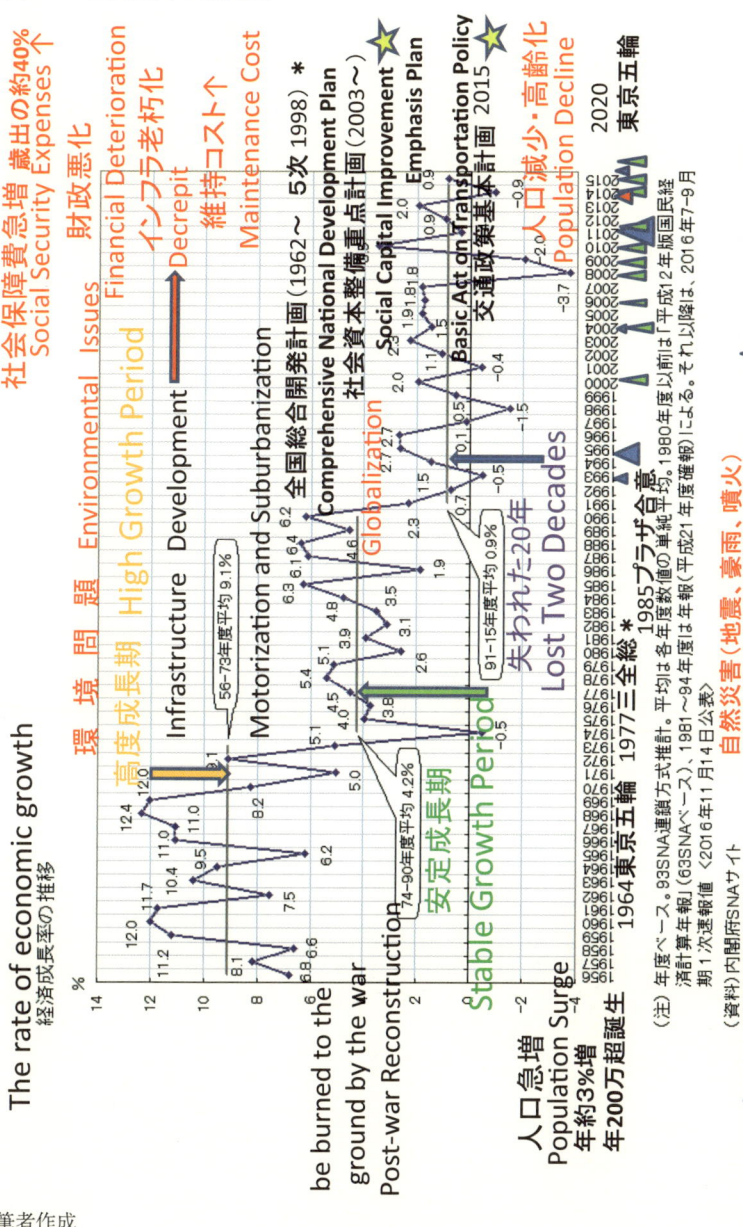

筆者作成

著者略歴

越 智 秀 信 (おち　ひでのぶ)

1957年3月　愛媛県生まれ
1980年3月　東京大学法学部卒業
1980年4月　運輸省（現 国土交通省）入省
　　　　　　運輸政策局、鉄道局、航空局、地方運輸局、在外公館などの勤務を経て、
　　　　　　政策調整官（総合交通）、大臣官房参事官を歴任
2007年6月　国土交通省を退官。その後、民間企業を経て、
2014年7月〜2018年6月　運輸総合研究所招聘研究員

地方都市　生活交通の将来像 "スマートシュリンク"への羅針盤　**運政研叢書008**

2019 年 8 月 30 日　初版第1刷発行

著　　　者　　越 智 秀 信
発 行 者　　宿 利 正 史
発　　　行　　一般財団法人 運輸総合研究所
　　〒105-0001 東京都港区虎ノ門 3-18-19　虎ノ門マリンビル
　　　　　　電話　03-5470-8410 FAX　03-5470-8411
　　印刷／製本　株式会社 大　應

©2019 Hidenobu Ochi　　　　　　　　　　　　　　　Printed in Japan
ISBN　978-4-903876-90-0　C0065　　¥3000E
資料No. 3065-310233-0519